Sir Arthur Conan Doyle

Ausgewählte Werke ~ Supplement 1

Das Spukhaus

Sir Arthur Conan Doyle

Das Spukhaus

Supplement 1:
Prosa, Aufsätze & Werkverzeichnis
zu
Sir Arthur Conan Doyle
Ausgewählte Werke.

MIT EINEM
ANNOTIERTEN WERKVERZEICHNIS
VON
KLAUSPETER BUNGERT,

nebst einigen Beiträgen von und über
Arthur Conan Doyle,
sowie mit zeitgenössischen Illustrationen versehen.

HERAUSGEGEBEN VON OLAF R. SPITTEL

VERLAG 28 EICHEN
BARNSTORF

Quellen, Originaltitel und Übersetzer
am Ende des Buches.

Mit einem Dank an
die zahlreichen Mitstreiter
dieses Bandes sowie der ganzen Buchreihe,
vor allem an die Übersetzer
und an Alexis Barquin.

Deutsche Erstveröffentlichung.

Die Deutsche Bibliothek verzeichnet diese Publikation
in der Deutschen Nationalbibliographie.
Detaillierte bibliographische Daten sind im Internet über
http://dnb.ddb.de abrufbar.

ISBN 978-3-940597-99-1

Cover unter Verwendung einer Photographie
von Walter Benninton (1914)

Schattenriß auf Seite 2 aus: Bernhard Fehr: Die englische Literatur des 19. und 20. Jahrhunderts. Akademische Verlagsgesellschaft Athenaion, Berlin-Neubabelsberg 1923 nach: Bookman 1912.

Inhalt

Olaf R. Spittel

Vorwort

Warum Conan Doyle? muß sich der deutsche Leser fragen, da ihm seit den vierziger Jahren des vorigen Jahrhunderts der Name des Autors lediglich mit dessen literarischer Figur Sherlock Holmes in Verbindung angeboten wurde. Und Sherlock Holmes kennt man doch nun wirklich gründlich und zur Genüge. Ein Blick auf den englischen Buchmarkt läßt schnell erkennen, daß es da doch viel mehr aus seiner Feder gibt, und alles ist präsent bis heute. Ein sehr lebendiger Klassiker – überall, nur nicht im deutschen Sprachraum. Der Verdacht, wir verpassen in Deutschland da etwas, besteht zu Recht. Conan Doyle ist ein literarischer Gigant; er ist von atemberaubender Vielfalt und literarischer Unterhaltsamkeit wie selten einer der großen Autoren. Möge sich der Leser selbst überzeugen. Das vorliegende Werkverzeichnis der 44-bändigen Ausgabe seiner Werke in deutscher Übersetzung im Verlag 28 Eichen soll helfen, einen Einstieg zu finden, soll Neugier und Leselust wecken. Das Werkverzeichnis ist mit Annotationen des Doyle-Kenners Klauspeter Bungert versehen und durch zeitgenössische Illustrationen zu Doyles Werken bereichert.

Neben einigen bibliographischen Angaben zur Buchreihe finden sich als Zugaben zwei Erzählungen Conan Doyles, wovon eine bislang auf Deutsch noch nicht publiziert wurde, zwei kleine Variationen zum Thema Sherlock Holmes, kriminologische, militärhistorische und autobiographische Aufsätze, ein Theaterstück sowie ein Gedicht von Sir Arthur.

Arthur Conan Doyle, 1892

Klauspeter Bungert

Annotiertes Werkverzeichnis

zu

Sir Arthur Conan Doyle.
Ausgewählte Werke
im
VERLAG 28 EICHEN

Meiner lieben Frau,
der Doyle-Verehrerin Sigrid Ertl

Conan Doyle als Prosaschriftsteller

Arthur Conan Doyle (ab 1902 Sir), geboren 22.5.1859 in Edingburgh, gestorben 7.7.1930 in Crowborough, Sussex, gilt vielen ausschließlich als Schöpfer von Sherlock Holmes und Klassiker der Kriminalliteratur. Und da Kriminalliteratur geringes Ansehen genießt, ist die akademische Literaturexegese schnell mit ihm fertig. Umso mehr, als er hohe Auflagen erzielte, dies mit den Erzählungen um den Meisterdetektiv immer noch tut und von den Anfängen des abendfüllenden Stummfilms bis zu heutigen Actionfilmen Eingang in die Massenmedien fand. Der außerliterarische Einfluß seiner Ermittlerfigur auf die moderne Forensik trägt ein übriges dazu bei, von der Vielseitigkeit des gelernten Arztes und schließlichen Botschafters des Spiritismus in seinen Eigenschaften als Denker und Schriftsteller abzulenken.

Als James Joyce seinen Ulysses herausbrachte, hatte Conan Doyle den letzten Band seiner Sherlock-Holmes-Kurzgeschichten noch nicht geschrieben. Er überlebte Kafka. Die Expressionisten und Dadaisten gingen spurlos an ihm vorüber. Seine Distanz zu den Neuerungen in Kunst und Literatur der Zeit handelte ihm das Verdikt eines anspruchslos in bewährten Gleisen verharrenden, unbedeutenden, kommerziell ausgerichteten Schriftstellers ein. Diese Zuordnung findet sich in nahezu allen Kurzartikeln und durch die Blume selbst in der einzigen bislang auf deutsch erschienenen Biographie (Daniel Stashower: Sir Arthur Conan Doyle, New York 1999, aus dem Englischen von Michael Ross und Klaus-Peter Walter, Köln 2008). Gelegentlich wird dieses Image aufgebrochen durch einen gönnerhaften Hinweis auf Versuche, mit historischen Romanen dem Sherlock Holmes-Image zu entrinnen, und den weiteren, in der Regel nicht erläuterten Hinweis, Doyle habe seine historischen Romane vielleicht mit Recht für literarisch wertvoller gehalten. In Meyers Handbuch über die Literatur, 2., neu bearbeitete Auflage, Mannheim 1970 steht dagegen noch lapidar, sie seien unbedeutend.

Es fragt sich, ob die zunehmend linguistisch ausgerichtete Ästhetik der jüngeren Vergangenheit sich nicht schon überlebt hat. Die Überbetonung des Sprachkörpers, lexikalischen Materials und experimenteller Eingriffe in die – von Doyle so meisterhaft beherrschte – noch spannungsorientierte Erzähldramaturgie ist ohne ein dazugehöriges spekulatives, postreligiöses Element doch gar nicht vermittelbar. Der zeitlebens ideologiekritische, als Literat auch meistens bei seinem Agnostizismus verbliebene Doyle gewann der Neuerungssuche um der Neuerung willen, der Überbetonung des Mediums gegenüber dem Inhalt logischerweise denn auch wenig ab. Der Inhalt aber betrifft bei ihm immer den Menschen.

Den Menschen in einer Bandbreite, einer Differenzierung und Nähe aber, wie sie nur bei größten Meistern begegnen. Eine Kunst, die sich nicht erstrangig mit dem Platz des Menschen in der Welt befaßt, sondern mit sich selber, erschien ihm marginal. Bei jemandem, der den Arztberuf ergriffen hatte, um Menschen Gutes zu tun – und sie dabei in allen ihren Facetten studieren zu können! – , lag dieses unausgesprochene Credo immerhin nahe.

Unabhängig davon, daß Conan Doyle am Konzept allgemeinmenschlicher Themenstellung festhielt, blieb er am Prozeß literarischer Innovationen gleichwohl nicht ganz unbeteiligt. In wenigstens vier Teilbereichen erscheint sein erzählerisches Schaffen wegweisend für literarische Entwicklungen späterer Jahrzehnte:

Der Sherlock-Holmes-Komplex mag als literarhistorisch unauffällige Übergipfelung schwächerer, im 19. Jahrhundert bekannter Vorbilder durchgehen. In einigen Kurzgeschichten anderer Themenkreise setzt und verteilt er die erzählerischen Marker indessen auf eine so diskret-distanzierte, unterschwellige und zeichenhafte Weise, daß Vergleiche mit der jüngeren Short-Story der Hemingway-Generation naheliegen. Eine erfüllte Stunde von 1911 (in *Lord Barrymore*, Bd. 29), der als

Diktat eines Mediums ausgegebene Bericht eines Unfallhergangs Wie es geschah von 1913 (in *Lady Sannox*, Bd. 16) oder die bis zum letzten Satzzeichen überraschende schwarze Satire auf Erfindergeist und Erfinderkooperation *Der Wettstreit* wiederum von 1911 gehören dazu.

Einige dieser modernen Short-Stories wirken wie einem Konzept Franz Kafkas entsprungen, allerdings um einiges witziger, beschwingter oder auch zynisch: so das drastische *Fiasko von Los Amigos* von 1892 (im selben Band), das sogar noch früher, 1885, veröffentlichte *denkwürdige Experiment in Keinplatz* und weitere im Erzählband *Das Grauen* (Bd. 33). Es sind frühe Belege absurder Literatur.

Den Short-Storys in ihrer zeichenhaften Sachlichkeit und Offenheit verwandt siedle man das Entführungsdrama *Ein gefährlicher Ausflug* (Bd. 2) als Beispiel eines frühen Dokumentarromans an, die ihm stilverwandten *Bekenntnisse des Stark Munro* (Bd. 31) und einige längere Erzählungen bis kürzere Romane, die sich mit ihrer sinnbildhaften Handlungsführung in die großartige Tradition literarischer Parabeln einreihen. Parabeln, wenn sie übertragbar bleiben, eignet immer etwas, das mit überzeitlicher Modernität oder zeitloser Aktualität ausnahmsweise zu recht umschrieben wird. Mehrfach gibt Conan Doyle in diesem Rahmen vertrauten Mythen neue Wendungen, paraphrasiert sie auf der Grundlage neuer Erkenntnisse oder persifliert sie: die Arche Noah in *Der Giftstrom* (Bd. 3), das berühmte fehlende Glied zwischen Affe und Mensch nach Darwins Evolutionstheorie in *Die verlorene Welt* (Bd. 6), die Sage von Atlantis (in Bd. 33), das Gold der Alchimisten (Bd. 39) und andere.

Das erzählerische Werk Conan Doyles, ergänzt durch einige prominente Beispiele seines Sachbuchschaffens, liegt erstmals nun fast vollständig auf deutsch vor. Aus technischen Gründen halten sich die nachfolgenden Einzelbetrachtungen an die Reihenfolge, in der die Romane, Erzählungen und Aufsätze beim Verlag 28 Eichen erschienen.

Das Geheimnis von Cloomber

Sir Arthur Conan Doyle: Das Geheimnis von Cloomber.
Roman. Originaltitel: The Mystery of Cloomber Hall (1888).
Aus dem Englischen von Max Kleinschmidt.
Sir Arthur Conan Doyle: Ausgewählte Werke, Band 1.
Herausgegeben von Olaf R. Spittel.
Verlag 28 Eichen, Barnstorf 2005. 184 S. 14,00 €.
ISBN: 978-3-9809387-3-0.
eBook: ISBN: 978-3-96027-051-5. 9,99 €.

Der erste Leseeindruck dieses frühen Romans mag zur Einschätzung verleiten, daß Doyle Bücher von größerem Belang geschrieben habe. Der entzückende Text, anmutig, von pittoresker Sogwirkung, behandelt die Geschichte zweier Familien und ihrer Beziehungen zueinander. Diese sind von dunklen Geheimnissen überschattet und, wie für die eine oder andere späte Erzählung Doyles erst wieder typisch, mit einem Hauch jenseitiger, hier fernöstlicher Esoterik behaftet. Und das erscheint hintergründiger und prägnanter motiviert, als man dies von manchen effektgetrimmten Horrorfilmen etwa kennt. Auch spielt das Ganze am Meer bereits in einer der reizvollen englischen Landschaften, die so manchem späteren Werk Conan Doyles ein unverwechselbares Flair geben, und einem den Baskerville-Hund vorausahnen lassenden Moorgebiet.

Aber der erst 26jährige Doyle leistet im ersten buchdicken Text, der seine persönliche Handschrift trägt, bereits mehr. In einer freien Weise, die fast experimentell anmutet, spielt er Möglichkeiten des Romans und der Reportage gegeneinander aus und fokussiert bemerkenswerte, für sein späteres Schaffen charakteristische Themen. Er benutzt den Text als Sondiergelände für psychologische Studien. Die Lebensangst des alten Generals im Energiezentrum des Geschehens, erscheint als die gleiche, die einen Kandidaten in der Todeszelle befällt oder einen Todkranken beim Näherrücken der Krisis und damit leicht übertragbar.

Über das beamtenmäßige Selbstverständnis eines ein Gemetzel veranstaltenden Soldaten und die „Milde" des Christentums aufseiten der dafür zuständigen Kolonialmacht enthält der Roman bemerkenswerte sozialkritische Aussagen. Die sozusagen eingeflickten Selbstaussagen eines Analphabeten und des Generals selber sind bereits Kabinettstücke von Doyls ausgefeilter Porträtierungskunst.

Ein gefährlicher Ausflug

Sir Arthur Conan Doyle: Ein gefährlicher Ausflug.
Roman. Originaltitel: The Tragedy of the Korosko (1898).
Aus dem Englischen von Ferdinand Mangold.
Sir Arthur Conan Doyle: Ausgewählte Werke, Band 2.
Herausgegeben von Olaf R. Spittel.
Verlag 28 Eichen, Barnstorf 2006. 200 S. 15,50 €.
ISBN: 978-3-9809387-4-7.
eBook: ISBN: 978-3-96027-052-2. 10,99 €.

Dieser fiktionale Dokumentarroman begleitet eine kleine Reisegesellschaft am Nil auf ihrem Ausflug an die gefährdete Landesgrenze. Entführung durch arabische Milizen. Zwei der Touristen kommen um, die andern werden verschleppt und nach strapaziösen Etappen auf erschöpften Kamelen von der britisch-ägyptischen Armee gerettet.

Die Geschichte bildet scheinbar einen authentischen Vorfall aus den 1880er Jahren nach. Die knappe Schilderung erfaßt Zustände, Gedanken und das exotische Ambiente einer faszinierenden Wüsten- und Flußlandschaft und konfrontiert den Leser mit existentiellen Situationen und Reaktionen. Der Arzt und Menschenkenner Doyle beschreibt, wie sich Menschen von der frommen Wohltäterin bis zum Freigeist, vom gefühlsblockierten Pedanten bis zum altgedienten Soldaten, vom verwöhnten Mädchen aus gutem Hause bis zum Geistlichen einer Minderheitenkirche verhalten, solidarisieren und wandeln. Die Beschreibung ist so gehalten, daß sie sich mühelos auf andere Extremsituationen übertragen läßt.

Im Giftstrom

Sir Arthur Conan Doyle: Im Giftstrom.
Roman. Originaltitel: The Poison Belt (1913).
Aus dem Englischen von Leopold Wölfling (d.i. Leopold Ferdinand Salvator).
Sir Arthur Conan Doyle: Ausgewählte Werke, Band 3.
Herausgegeben von Olaf R. Spittel.
Verlag 28 Eichen, Barnstorf 2006. 152 S. 12,00 €.
ISBN: 978-3-9809387-5-4.
eBook: ISBN: 978-3-96027-053-9. 8,99 €.

Frühes Beispiel eines Science-fiction-Romans auf der Grundlage umfassenden Wissens um chemische, physiologische und medizinische Zusammenhänge. Das Wissenschaftliche wird ordentlich aufgepeppt durch Begebenheiten um den cholerisch-rüpelhaften Professor Challenger, dieser nach Sherlock Holmes zweiten auch in Deutschland bekanntgewordenen Kunstfigur Conan Doyles.

Das Weltuntergangsszenario findet eine unerwartete, aber gut begründete Wendung. Die anrührenden Gespräche um Tod und Abschied in den stilleren Momenten des kurzen Romans erschließen sich umso mehr, je besser man Doyle im gesamten kennt. Ob er auf den letzten Seiten vielleicht ein wenig zu sehr einem sonst selten hervortretenden Predigerton verfällt? Die Grundüberlegung, daß psychiatrische Phänomene rein toxische Wurzeln haben können, birgt bis heute wissenschaftlichen, gesellschaftlichen und juristischen Sprengstoff.

Die Abenteuer des Louis de Laval

Sir Arthur Conan Doyle: Die Abenteuer des Louis de Laval.
Roman. Originaltitel: Uncle Bernac (1897).
Aus dem Englischen von Dr. Victor Eltz.
Sir Arthur Conan Doyle: Ausgewählte Werke, Band 4.
Herausgegeben von Olaf R. Spittel.
Verlag 28 Eichen, Barnstorf 2006. 216 S. 15,50 €.
ISBN: 978-3-9809387-6-1.
eBook: ISBN: 978-3-96027-054-6. 10,99 €.

Was für ein großartiger Autor! Bei jedem Buch eine neue Facette! Hier führt Doyle den Leser in unmittelbare Nähe Napoleon Bonapartes. Wir sind bei einem ungezogenen Emporkömmling, Träumer, Workoholic und Alleswoller zu Hause. Alles kontrolliert er, nichts gibt er aus der Hand. Seine Umgebung drangsaliert er mit Launen und zynischen Ausfällen. Wen er schätzt – oder für seine Absichten benutzt, was auf eines hinausläuft – , dem verhilft er unerwartet zum Glück. Peinliche Widersprüche, maßlose Auftritte – Napoleon steht über den Normen.

Es liest sich wie der Archetypus eines Löwegeborenen (der Napoleon war) der unangenehmen Sorte, mit allem Visionären, ins Allgemeine Weisenden, Mitdenkenden und Anmaßenden. Wer möchte, kann die Darstellung, die in eine nette Privatgeschichte eingelagert ist, als Typologie eines Diktators lesen. Wobei man selbstverständlich nicht alle Details auf jeden Despoten übertragen darf. So brachte Napoleon niemanden aus weltanschaulichen oder rassischen Gründen um. Er hatte es mit Frauenäffären und -affärchen und war von ungeheurem Fleiß. Seine Visionen hatten einen vernünftigen Kern, er bedauerte dabei, nicht wie Alexander der Große Halbgottstatus zu erlangen.

Man möchte Doyles unmittelbare Darstellung als Intimporträt des historischen Napoleon nehmen. Falls das täuscht, ist es eine perfekte Täuschung.

Mammon und Co.

Sir Arthur Conan Doyle: Mammon & Co.
Roman. Originaltitel: The Firm of Girdlestone (1890).
Anonyme Übersetzung aus dem Englischen.
Sir Arthur Conan Doyle: Ausgewählte Werke, Band 5.
Herausgegeben von Olaf R. Spittel.
Verlag 28 Eichen, Barnstorf 2006. 224 S. 16,50 €.
ISBN: 978-3-9809387-7-8.
eBook: ISBN: 978-3-96027-055-3. 11,99 €.

Motive heutiger Wirtschaftskriminalität und Operieren am Rande der Legalität überraschen an diesem frühen Roman.

Ein gigantischer Spekulationsbetrug soll eine Firma retten. Betrugsmanöver, Pleiten, Pech und Pannen, Morde aus niedrigsten Beweggründen, Konventionelles und fast seherisch in heutige Verhältnisse Vorausleuchtendes fügen sich in 42 kurzen Kapiteln zu einer furiosen Spannungskurve. Doyle beherrscht schon in diesem Frühwerk eine große Palette spannungschaffender Wendungen, Verknotungen und Überraschungen. Und eines hat der Schriftsteller sich gleich zum Grundsatz gemacht: das Bedürfnis des Durchschnittslesers nach guten Ausgängen für die Guten und schlechten für die Bösen, wenn irgend möglich, zu befriedigen.

Einige Charaktere sind freilich noch nicht so durchgebildet, und die liebenswürdige Ironie späterer Werke steht noch aus. An mehreren Schnittstellen der Handlung denkt man an Vorbilder: den gesellschaftskritischen englischen Roman des frühen 19. Jahrhunderts und, bei der Darstellung der Entführung an de Sade und seine abgelegenen Schlösser.

Doyle-typisch kommt der diskrete Abscheu gegenüber der Frömmelei asozialer Geschäftsleute und gegenüber gesellschaftlicher Heuchelei im allgemeinen herüber. Doyle blickte früh hinter die Fassaden und fand faszinierende Formen, das zu vermitteln.

Die verlorene Welt

Sir Arthur Conan Doyle: Die verlorene Welt.
Roman.
Originaltitel: The Lost World (1912).
Ein Bericht über die jüngsten erstaunlichen Abenteuer des Professors George E. Challenger, Lord John Roxtons, Professor Summerlees und Mr. E. D. Malones von der Daily Gazette.
Aus dem Englischen übersetzt, mit Anmerkungen und einem Nachwort versehen von Reinhard Hillich.
Sir Arthur Conan Doyle: Ausgewählte Werke, Band 6.
Herausgegeben von Olaf R. Spittel.
Verlag 28 Eichen, Barnstorf 2007. 260 S. 19,50 €.
ISBN: 978-3-9809387-8-5.
eBook: ISBN: 978-3-96027-056-0. 13,00 €

Mit Professor Challenger etablierte Doyle einen zweiten, Sherlock Holmes äußerlich entgegengesetzten Forschertypus, der mit einer kleinen Reihe von Romanen Schule machte. Eine Menge Science-fiction-Literatur und -Filme um Giftkatastrophen oder, wie hier im eröffnenden Werk, um urweltliche Tiere, die auf einem verborgenen Plateau überleben, gehen auf ihn und den cholerischen Professor zurück.

Im Zauber einer üppigen, manchmal unheimlichen Fauna und Flora changiert das Buch zwischen mehreren Ebenen. Mit liebenswürdigem Sarkasmus jubelt er dem Leser Mediensatire, Gelehrtensatire, Wissenschaftssatire und philosophische Erörterungen um das alte Wahrheitsthema unter. Wer sich in Akademikerkreisen auskennt, findet manches Unglaubliche dort real wieder. Der Ich-Erzähler, der Journalist E. D. Malone, erklärt seine beständige Furcht, für feige gehalten zu werden, zur Triebfeder seiner Teilnahme an der gefährlichen Expedition. Freilich legt er damit auch die Prüfungen ab, die ein Prinz bestehen muß, um die Hand seiner Prinzessin zu erlangen. Der Ausgang wirkt wie eine grimmige Variante von Schillers Handschuh-Ballade.

Wissen Sie, wie ein durchschnittlich empfindender Bürger in einen Blutrausch gerät? Dann lesen Sie nach auf Seite 184. Daß Doyle, um S. 97, aber auch ausnahmsweise eine „Länge“

produziert, sei dem vielleicht nicht gern um die Ecke denkenden Leser erklärt: So wie Forscher auf ihrem Weg Durststrecken erleben und vor die Alternative rücken, entweder ergebnislos umzukehren oder in Erwartung späterer Erkenntnisse auszuharren, hängen die Teilnehmer von Challengers Expedition im Roman für eine zunächst unabsehbare Strecke in einem monotonen Bambuswald.

Wer möchte, liest in dieser Gipfelleistung Doylescher Fabulierkunst eine augenzwinkernde Kritik an Darwins Evolutionstheorie heraus. Für das bis heute ungelöste Problem des Verbindungsgliedes zwischen Affe und Mensch wird eine Lösung angeboten. Aber nicht zu früh gejubelt! Ein Kleinkrieg radiert die Spuren rechtzeitig wieder aus.

Der Parasit

SIR ARTHUR CONAN DOYLE
DER PARASIT
NOVELLE
VERLAG 28 EICHEN

Sir Arthur Conan Doyle: Der Parasit.
Novelle. Originaltitel: The Parasite (1894).
Aus dem Englischen von Reinhard Hillich.
Sir Arthur Conan Doyle: Ausgewählte Werke, Band 7.
Herausgegeben von Olaf R. Spittel.
Verlag 28 Eichen, Barnstorf 2007. 84 S. 8,00 €.
ISBN: 978-3-9809387-9-2.
eBook: ISBN: 978-3-96027-057-7. 5,99 €.

Dichte, mit der Konsequenz eines Räderwerks entwickelte, tiefgründige Erzählung, die sich erst beim wiederholten Lesen erschließt.

Neben einer Art fortschreitender Persönlichkeitsspaltung im weitgefaßten Anklang an *Dr. Jekyll und Mister Hyde* (Robert Louis Stevenson, 1886) und neben Parallelen zu den okkulten Interessen ihres mit seinem Protagonisten gleichalten Verfassers, handelt die in ihrem sachlichen Tagebuchstil modern anmutende Novelle von den Nöten einer körperbehinderten Frau, die mit ihrem Liebesverlangen scheitert. Was wäre, wenn sie über manipulatorische Mittel verfügte, dennoch an das ersehnte Objekt ihrer Begierde zu gelangen?

Doyle entwickelt ein Feuerwerk an Verwicklungen und Zuspitzungen. Das bedauernswerte Schicksal der selbst vom Protagonisten heftig abgewerteten Frau (Parasit) wird nach und nach immer transparenter.

Geschichten am Kamin

Sir Arthur Conan Doyle: Geschichten am Kamin.
Erzählungen. Originaltitel: Round the Fire Stories (1908).
Übersetzung aus dem Englischen von Carl Feßler, Reinhard Hillich und Olaf R. Spittel.
Sir Arthur Conan Doyle: Ausgewählte Werke, Band 8.
Herausgegeben von Olaf R. Spittel.
Verlag 28 Eichen, Barnstorf 2007. 296 S. 19,50 €.
ISBN: 978-3-940597-00-7.
eBook: ISBN: 978-3-96027-058-4. 13,99 €.

Doyle gilt der akademischen Lehre, als ehrenwerter, aber nicht weiter beachtenswerter Unterhaltungsschriftsteller. De facto wird Kunst aber meist für Menschen ohne Ideologie, Insider-Vorkenntnisse und Wertschablonen gemacht. Und die dafür erforderliche freimütige Geberlaune prägt das literarische Vorgehen des gewesenen Arztes auch im vorliegenden Band faszinierender, verschiedensten Bereichen entnommener Kurzgeschichten. Menschenkenner, Philanthrop, Skizzierer anziehender Umgebungen und immer sehr intelligent – Doyle entwickelt eine spannende Situation nach der anderen. Gemeinsames Etwas: ein mysteriöser oder krimineller Hintergrund, manchmal beides. In einer Geschichte – Der verschwundene Sonderzug – darf sogar Sherlock Holmes in einem anonymen Auftritt als ein in jenen Tagen recht berühmter privater Ermittler dem Vorfall einen Leserbrief widmen. Wenn das kein Spaß ist!

INHALT
Der Ledertrichter / Der Käfersammler / Der Mann mit den Uhren / Die Kaviardose / Das Lackkästchen / Der schwarze Doktor /

Wenn man mit dem Feuer spielt / Die Brustplatte des Juden /
Der verschwundene Sonderzug / Der Krämer mit dem Klumpfuß /
Das versiegelte Zimmer / Der schwarze Panther /
Der Lehrer an der Lea House Schule / Die braune Hand /
Der Dämon in der Küferei / Die Reise der Toten /
B 24. Eine Geschichte aus dem Zuchthaus

9/10

Die Abenteuer des Brigadier Gérard. Band 1 + Band 2

Sir Arthur Conan Doyle: Die Abenteuer des Brigadier Gérard. Band 1.
Erzählungen.
Originaltitel: The Exploits of Brigadier Gérard (1896) / Adventures of Gerard (1903) /
The Marriage of the Brigadier (1910).
Übersetzung aus dem Englischen von
Luise Schroeter, Rudolf Lautenbach,
Reinhard Hillich und Jürgen Meyer (2007).
Sir Arthur Conan Doyle: Ausgewählte Werke, Band 9.
Herausgegeben von Olaf R. Spittel.
Verlag 28 Eichen, Barnstorf 2008. 210 S. 15,50 €.
ISBN: 978-3-940597-03-8.
eBook: ISBN: 978-3-96027-059-1. 10,99 €.

Sir Arthur Conan Doyle: Die Abenteuer des Brigadier Gérard.
Band 2.
Erzählungen. Originaltitel: The Exploits of Brigadier Gérard (1896) / Adventures of Gerard (1903).
Übersetzung aus dem Englischen von Luise Schroeter, Rudolf Lautenbach.
Sir Arthur Conan Doyle: Ausgewählte Werke, Band 10.
Herausgegeben von Olaf R. Spittel.
Verlag 28 Eichen, Barnstorf 2008. 216 S. 15,50 €.
ISBN: 978-3-940597-04-5.
eBook: ISBN: 978-3-96027-060-7. 10,99 €.

In einem billigen französischen Café berichtet der 60jährige Kriegsveteran Etienne Gérard Gästen von seinen Großtaten als Husar in der weiland ruhmreichen Armee Napoleon Bonapartes. Bedingungslos gehorsam gegenüber seinem Kaiser, liebt er die Frauen nicht beständiger, als es seine Pflicht als Agent für besondere Aufgaben und sein Verlangen nach

Abenteuer und Abwechslung erlauben, und wirtschaftet, seine besser beratenen Kameraden mit ihren Familien still beneidend, vereinsamt mit einer kleinen Pension und selbstangebautem Kohl.

Das sieht nach einem kompensatorischen Charakter aus. Und ein solcher ist der alte Gérard auch. Aber im Unterschied zu manchem Rentner, der sich vor anderen die Taschen vollügt, hat dieser Offizier seinen Mann gestanden. Die mit überwältigender Fabulierkunst unterbreiteten Episoden schillern spannungsvoll zwischen offensichtlich Aufgebauschtem, frei Erfundenem und ganz in den Ehrbegriffen und strategischen Überlegungen eines Elitesoldaten aufgehobener Realität.

Doyle hat den Reiteroffizier, den er bereits in seinem frühen Roman *Die Abenteuer des Louis de Laval* (Bd. 4) als Nebenfigur auftreten ließ, zu einer vielschichtigen Figur ausgebaut und mit zwei Sammlungen zauberhafter Episoden bedacht. Da der Brigadier kein reiner Aufschneider ist, werden diese, metasprachlich betrachtet, zum Prototypen autobiographischer Literatur im Gewand der Münchhausiade.

Der Leser erhält überdies, wie bereits in Die Abenteuer des Louis de Laval und erneut in *Napoleons großer Schatten* (Bd. 42), spannende Bausteine eines originellen Porträts Napoleon Bonapartes mitgeliefert. Gar so großartig, wie der Brigadier gern hätte, kommt der Korse nicht weg. Die Episoden Wie der Brigadier vom Teufel versucht wurde und Wie der Brigadier sein letztes Abenteuer bestand stellen unerwartet radikal Gérards Selbstpräsentation und sein Verhalten als treuer Soldat zur Diskussion. Schonungslos entzaubern sie seinen Gehorsam gegenüber einem eroberungssüchtigen Hasardeur als hündisch. Dessen Zielen und Wendungen folgt er mit einer Dienstwilligkeit, die einem Europäer des 21. Jahrhunderts noch problematischer erscheinen will, als sie Doyle erschienen haben mag. In den Episoden Das Verbrechen des Brigadiers und Wie der Brigadier in England Triumphe feierte schimmern augenzwinkernd Ressentiments eines Briten gegenüber einem Franzosen durch. Diesem werden-Takt und Fairness im Bereich des, ach, so wichtigen Sportes und der Jagd abgesprochen. Umgekehrt macht sich Doyle an anderer Stelle über die Ernsthaftigkeit lustig, mit der Briten bis zum Absurden Gesetze achten, als seien diese unwiderruflich göttliches Gebot. Hier läßt der Franzose den angemesseneren Realitätssinn erkennen. Die Anhänglichkeit an die Mutter teilt Gérard mit einer Reihe von Hauptfiguren Doyles und diesem selber.

INHALT

Band 1: Vorwort / Wie der Brigadier das Ohr verlor /
Wie der Brigadier Saragossa eroberte /
Wie der Brigadier an einer Fuchsjagd teilnahm /Wie der Brigadier eine Armee rettete / Wie der Brigadier die „Brüder" erschlug / Wie der Brigadier der König hatte /
Wie der König den Brigadier hatte / Wie der Brigadier gegen Millefleurs zog /
Die Hochzeit des Brigadiers

Band 2: Wie der Brigadier das Schicksal Deutschlands in der Tasche hatte /
Wie der Brigadier nach Minsk ritt / Wie der Brigadier nach der Schreckensburg kam / Wie sich der Brigadier seine Medaille holte /
Wie der Brigadier vom Teufel versucht wurde /
Wie der Brigadier in England Triumphe feierte /
Wie sich der Brigadier bei Waterloo auszeichnete:
I. Die Geschichte in der Waldschenke /
II. Die Geschichte von den neun preußischen Reitern /
Wie der Brigadier sein letztes Abenteuer bestand

Die grüne Flagge

Sir Arthur Conan Doyle: Die grüne Flagge.
Erzählungen.
Originaltitel: The Green Flag and Other Stories of War and Sport (1900).
Übersetzung aus dem Englischen von Reinhard Hillich, Jürgen Meyer und Olaf R. Spittel.
Sir Arthur Conan Doyle: Ausgewählte Werke, Band 11.
Herausgegeben von Olaf R. Spittel.
Verlag 28 Eichen, Barnstorf 2008. 288 S. 23,- €.
ISBN: 978-3-940597-05-2.
eBook: ISBN: 978-3-96027-061-4. 15,99 €.

Diese Zusammenstellung aus einer umfangreichen und 15 kürzeren Erzählungen enthält deren zwei oder drei, die zu den zeitgebundenen und heute wahrscheinlich nicht mehr sonderlich attraktiven Texten Conan Doyles gehören: die eingangs gebotene Titelgeschichte, die die Kampfmoral irischer Soldaten innerhalb der britischen Afrikaeinheiten thematisiert, oder die Entdeckung eines raffinierten Truhenmechanismus in einer anderen. Hier fehlt etwas, das Doyles Erzählkunst sonst so liebenswert macht: der Blick auf den Menschen in seinen Belangen und seiner Stellung in der Welt.

Den gewinnt man in Der Meister von Croxley dann aber umso mehr. In diesem nobelpreiswürdigen farbenprallen Kurzroman verarbeitet der Autor seine entbehrungsreichen Jahre als medizinischer Assistent. Eine spannendere Schilderung eines sportlichen Ereignisses dürfte nie verfaßt worden sein. Und gleichspannende nur noch wieder in *Rodney Stone* (Bd. 43). Darüberhinaus erfrischen der Humor, ein begründeter Daseinsoptimismus und die klarsichtige Haltung gegenüber Kirche und religiöser Konvention.

Die Boxkampfschilderung findet ein Pendant in der Versteigerungsszene der Börsengeschichte Schatten an der Wand. Pferde, Aktienkurse, ländliche Großereignisse – Themen, mit denen Doyle immer wieder punktet, ähnlich wie es Degas in der Malerei mit seinen Reitern und Tänzerinnen tat, und fast noch mehr als mit den Seegeschichten, von denen die um Kapitän Sharkey wohl einmal hatten in größere Serie gehen sollen.

Die Perlen, obenan der Kurzroman, machen einige schwächere Glieder der Sammlung wett. Doyle beherrscht die Dramaturgie unaufdringlich entwickelter Motive. Er setzt den aufmerksamen Leser auf die richtige Fährte und überrascht ihn dennoch. In Die neue Katakombe münden Charaktere und Beruf zweier befreundeter Kollegen, ihr nüchternes Fachgespräch und ein zunächst beiläufig erwähntes Privatgeschehen in ein schauriges, unerwartet-erwartetes Ende.

Es stimmt, daß Doyle selten so drastisch schließt wie hier, aber Mord, Blut und Leichenzahlen gehören sowieso zu den hoffentlich bald überlebten Abwegen neuerer Serienmörderromane. Nähe zum Menschen, mit wenigen Strichen entwickelte lebendige Charaktere, Vielfalt der Themen und des Ambientes machen den Reiz der Geschichten aus.

Preface by A. Conan Doyle

It is difficult to make a volume of short stories homogeneous, but these have this in common, that they concern themselves with war and sport – a fact which may commend them to the temper of the times. Such as they are, I have chosen them as the fittest survivors out of the tales which I have written during the last six years.

A. CONAN DOYLE.
Undershaw, Hindhead
February 18th, 1900

INHALT

12

Mein Freund der Mörder

Sir Arthur Conan Doyle: Mein Freund der Mörder
Erzählungen.
Originaltitel: Mysteries and Adventures (1889) /
My Friend the Murderer (1893).
Übersetzung aus dem Englischen von Nadine Erler, Adolf Gleiner und Reinhard Hillich.
Sir Arthur Conan Doyle: Ausgewählte Werke, Band 12.
Herausgegeben von Olaf R. Spittel.
Verlag 28 Eichen, Barnstorf 2008. 256 S. 19,50 €.
ISBN: 978-3-940597-06-9.
eBook: ISBN: 978-3-96027-062-1. 13,99 €.

Wenn ich das zutreffend überblicke und recht beurteilen kann, ist diese großenteils im australischen Goldgräbermilieu spielende Sammlung kurzer bis höchstens mittellanger Novellen eines der frühesten Bücher, in denen Conan Doyle sein Format als Schriftsteller gefunden hat. Erstaunlich früh, denn die älteste Erzählung muß er erstmalig mit höchstens 20 Jahren veröffentlicht haben, die jüngste mit allenfalls 26.

Bereits hier überrascht Doyle mit einer Fülle interessanter Geschichten, knapp und bündig erzählt, und einer unverwechselbaren Art, sich in abgelegene Perspektiven hineinzuversetzen. Er berichtet gleichgut aus dem Blickwinkel eines intellektuell beschränkten Menschen oder – größte und besonders reizvolle Aufgabe für ein so robustes Naturell – eines Mädchens und einer jungen Frau, wie aus demjenigen eines Kriminellen mit skurrilen Moralvorstellungen. Oder aus der Perspektive eines Angsthasen, der zum Opfer seiner Obsessionen wird. Konsequent und idiomatisch, treffsicher und mit einem ordentlichen Schuß Humor tut er das. Allenfalls Puschkin entwickelte als noch nicht 30jähriger einen vergleichbar abgeklärten Blick für die Dinge und die verschiedensten Menschentypen.

Eine vorurteilsfreie Sicht auf Doyle wird vielleicht diesen Vergleich aus der anerkannt hohen Literatur bemühen müssen und den zwar in USA, England und auch Deutschland zu Lebzeiten hochgeschätzten, aber nie mit literarischen Ehren ausgezeichneten Briten zu den richtig guten und bedeutenden Prosaschriftstellern zählen.

INHALT

Wie Braxton die Buschklepper fing / Pastor Hopkins / Mein Freund der Mörder / Das silberne Beil / Der Mann aus Archangelsk / Das geheimnisvolle Kästchen / Auch ein Kornhandel / Die Geister von Goresthorpe Grange / Das Geheimnis des Sasassatals / Unsere Derby-Wette / Die Erzählung des Amerikaners / Der Aprilscherz von Harvey's Sluice

SIR ARTHUR CONAN DOYLE

DIE RÉFUGIÉS

HISTORISCHER ROMAN

VERLAG 28 EICHEN

13

Die Réfugiés

Sir Arthur Conan Doyle: Die Réfugiés.
Historischer Roman.
Originaltitel: The Refugees. A Tale of Two Continents (1893).
Anonyme Übersetzung aus dem Englischen.
Sir Arthur Conan Doyle: Ausgewählte Werke, Band 13.
Herausgegeben von Olaf R. Spittel.
Verlag 28 Eichen, Barnstorf 2008. 388 S. 24,50 €.
ISBN: 978-3-940597-07-6.
eBook: ISBN: 978-3-96027-063-8. 16,99 €.

Doyles Romane sind bedeutende Kunst, und dieses hierzulande kaum bekannte große Epos aus seiner früheren Schaffenszeit ist es in hohem Maße. Es erhebt sich weit über das gängige Niveau historischer Schmöker und bereitet herzhaftes, dazu lehrreiches Lesevergnügen. Dennoch trennen das Werk des 33jährigen ein paar Schwächen von den technisch unanfechtbaren Spitzenleistungen Doyles.

Der Roman gliedert sich im Verhältnis 2 zu 3 in zwei Teile. Der erste spielt in Versailles am Hofe Ludwigs XIV., Paris und Umgebung. Die Jesuiten versuchen, über die fromme Frau von Maintenon, deren Heirat mit dem König sie protegieren, diesen dazu zu bringen, das Edikt von Nantes aufzuheben. In Nantes war der hugenottischen Minderheit freie Ausübung der Religion zugestanden worden. Jetzt sollen sie zwangsbekehrt oder verfolgt werden. Ein hugenottischer Leibgardist, der seinen Aufstieg einer Rettungstat am König verdankt, weigert sich, die Konfession zu wechseln, und flieht mit seiner Verlobten, deren Vater und zwei amerikanischen Besuchern über den Atlantik. Das zweite Buch schildert die Ankunft und neue Verwicklungen in den Wäldern der Provinz Quebec.

Meine schnell lesende Frau hatte die *Réfugiés* eben zum zweiten Mal kurz hintereinander genossen und rühmte mit leuchtendem Blick Doyles umfangreiches Buch (ca. doppelter Umfang der größeren Holmes-Romane) als eines ihrer liebsten. Ich konnte beim Nachlesen ihre Begeisterung erst einmal nicht ganz nachvollziehen. Der Hauptmann Catinat, seine hugenottische Familie, der kanadische Besucher, der alte Seemann – wunderbar. Das Hofleben in Versailles – so köstlich und so gut recherchiert, daß Zeitgenossen Versailler Fremdenführern anrieten, sich bei Doyle zu informieren. Die geistlichen Ratgeber um Ludwig herum, die Jesuiten speziell – entwickelt von jemandem, der die katholische Demagogie bis zu den Wurzeln kannte. Die eifersüchtige Montespan, Ludwigs abgeschriebene Mätresse – mit allen Wassern gewaschenes Rasseweib. Aber die Figuren des Königs selber und seiner späten Liebe Maintenon?

Klar, ein Romancier muß historische Figuren nicht historisch getreu übertragen, darf aus einem normalgroßen einen kleinwüchsigen Mann, aus einer frommen Frau eine noch frömmere oder frömmelnde machen. Es bleibt aber zu fragen, ob der labile, mit leichten Argumenten schnell zu beeindruckende, religiös verängstigte Mensch, den Doyle aus Ludwig macht, wohl imstande gewesen wäre, einen Staat zu lenken, wie dies ein Regent erwiesenen Kalibers hätte bewerkstelligen können. Und ob er sich von einer Frau hätte so faszinieren lassen, die mehr mit einer bigotten Internatsleiterin als mit einer verhalten manipulierenden Begleiterin der Macht und Person von einigem Esprit gemein hat. Hier mochte Doyle eigene Begegnungen subalternen Ordensfrauen und eingeschüchterten Schulkameraden aus Internatszeiten projizieren.

Aber wie bringt er große Politik und private Schicksale zusammen, spinnt Fäden weiter, überrascht, baut Spannung auf, fängt Reiseeindrücke ein, erweckt Recherchiertes plastisch zum Leben! Phänomenal! Die zweite Hälfte, eine einzige Klimax, endet mit der furiosen Schilderung eines Indianerüberfalls auf weiße Kolonialisten.

Gattungstechnisch ähnelt das Ganze einem Historiengemälde, das als Abenteuerroman in der Nachfolge von Lederstrumpf endet. Beide Teile bleiben aber als Schilderung der Folgen von Ludwigs verhängnisvoller Religionspolitik und über Personal und einige teilweise groteske Begegnungen mit Exilfranzosen innerlich verbunden. Und vor allem: Doyle steht seinen Vorbildern nicht nach, sondern übertrifft sie.

14

Die Abenteuer des Micha Clarke

Sir Arthur Conan Doyle: Die Abenteuer des Micha Clarke.
Historischer Roman. Originaltitel: Micah Clarke (1889).
Übersetzung aus dem Englischen von Robert Koenig.
Sir Arthur Conan Doyle: Ausgewählte Werke, Band 14.
Herausgegeben von Olaf R. Spittel.
Verlag 28 Eichen, Barnstorf 2008. 444 S. 33,- €.
ISBN: 978-3-940597-08-3.
eBook: ISBN: 978-3-96027-064-5. 22,99 €.

Kaum zu glauben, daß dieses umfängliche, spannende, ausgereifte Werk von einem erst dreißigjährigen Autor stammt, dazu in der unglaublich kurzen Zeit von angeblich nur wenigen Monaten verfaßt. Ein packendes Stück Geschichte, mit Leichtigkeit und dennoch konzentriert erzählt – wo außer bei Puschkin findet sich das bei einem jungen Erzähler vergleichbar?

Micha Clarke ist ein Bildungsroman, der, würde er nicht so kritisch Religion und Geschichte hinterfragen, auch als Abenteuer- oder Jugendroman durchginge. Ein Beteiligter arbeitet seine Erinnerungen an einen religiösen Bürgerkrieg auf, die Monmouth-Rebellion von 1685. Als 70jähriger berichtet er das Erlebte an langen Winterabenden seinen Enkeln. Es ist ein pazifistischer Roman, der Faszination für das Kriegshandwerk verrät. Seine Kampf- und Fechtszenen, krönend in der von verblüffenden Einzelbeobachtungen überbordenden, ausgetüftelten Schilderung der Entscheidungsschlacht im längsten Kapitel, lassen Analoges anderer Autoren, und heißen sie Shakespeare, Schiller, Kleist, Grillparzer, verblassen. Selten wurde die Tapferkeit von Soldaten in einer von vornherein als aussichtsschwach eingestuften Situation unter einem verräterischen Führer in einem hoffnungslos sinnentleerten Krieg, selten das Unrecht, die Korruption, die Brutalität, der Menschenhandel im Schlepptau einer entschiedenen Schlacht ähnlich eindrucksvoll vermittelt.

Zugegeben, Conan Doyle befriedigt auch hier wieder das Verlangen seiner Leser nach einer harmonischen Welt, indem er sympathische Akteure aus verzwickten Situationen entkommen läßt. In willkommener Abrundung erscheinen Helfergestalten wieder, um den dringenden Gegendienst für erwiesene Freundlichkeiten zu erbringen oder gegenteils erforderliche Dienste zu erpressen. Wunderbare Gestalten prägen das Geschehen: ein wunderlicher alter Seebär, der alles in Bildern aus der Seefahrt ausdrückt, ein Dorfphilosoph, der auf seine einfache Art den Unfug religiöser Streitereien beweist, ein zweifelhafter Glücksritter, der sich als militärischer Führer erster Güte, Opportunist und trotzdem treuer Freund erweist, ein eitler Baron, der tapfer sein Leben dreingibt. Verrückte Prediger, Bilderstürmer, vernagelte Fanatiker, als Fanatiker getarnte Spione, abgeklärte Humanisten. Und, als eine der vielen liebenswürdigen Dreingaben, die tapfere Fünfjährige, die in Schlachtfeldnähe das verwaiste Haus der Großmutter verteidigt und vor Stolz dahinschmilzt, als der gutmütige Titelheld ihr die Milch bezahlt und sie in Sicherheit trägt. Ähnlich anrührend ist nur noch der Abschied des alten Seebären, der seine letzte Stunde gekommen sieht und in seiner Seemannssprache seine Sicht von Schuld und Sühne und sein von Verfehlungen nicht wirklich belastetes Leben beschreibt. Auch hier wieder ein Hinweis auf den Unsinn des Krieges, in dem Menschen, die einander nicht hassen, töten, weil es die Pflicht verlangt.

Tausend Einzelheiten, grandios zusammengefügt zu einem geschlossenen Panorama einer vergangenen Zeit, zeitlos übertragbar in der Thematik und sogar – von der Entstehungszeit aus betrachtet – fast seherisch. Bringt doch immer noch die Hydra religiösen Fanatismus ihre häßlichen Köpfe hervor. Und Doyles Charakterisierung des königlichen Oberrichters George Jeffreys (1645 bis 89), der beauftragt wurde, die gefangenen Aufständischen abzuurteilen, war in mehr als einer Hinsicht Vorwegnahme des berüchtigten Nazi-Volksgerichtspräsidenten Roland Freisler.

In der Reihe der für den Literaturnobelpreis ausgezeichneten Romane finden sich nur wenige von vergleichbarer Güte.

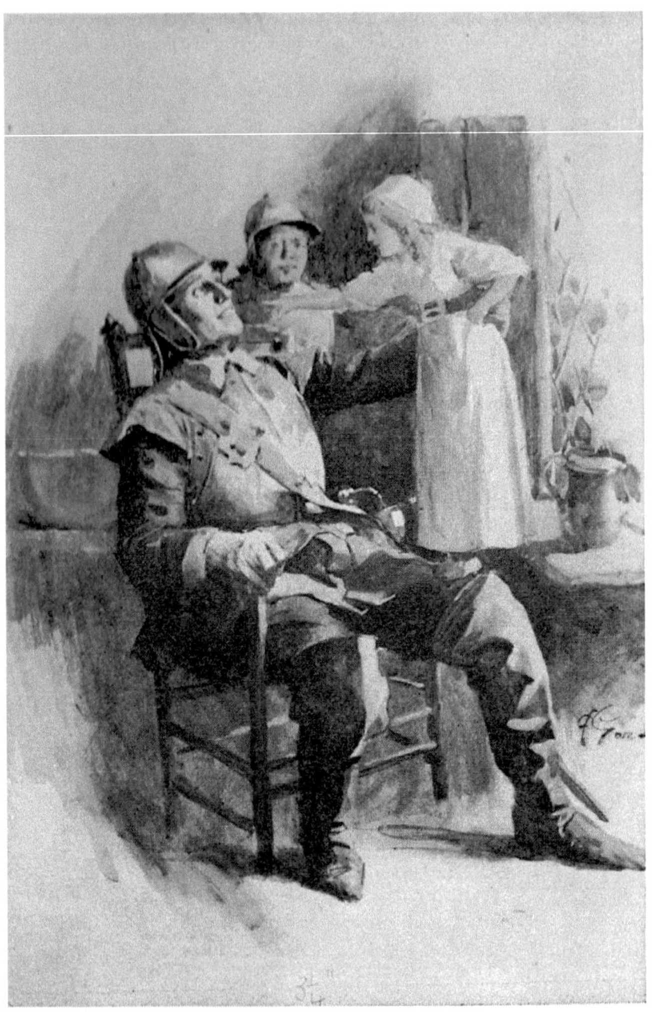

Ein Duett

Sir Arthur Conan Doyle: Ein Duett.
Roman einer Ehe. Originaltitel: A Duet with an Occasional Chorus (1899).
Übersetzung aus dem Englischen von Leopold Rosenzweig.
Sir Arthur Conan Doyle: Ausgewählte Werke, Band 15.
Herausgegeben von Olaf R. Spittel.
Verlag 28 Eichen, Barnstorf 2008. 232 S.
ISBN: 978-3-940597-09-0.
eBook: ISBN: 978-3-96027-065-2. 11,99 €.

Nach einem guten Viertel der Lektüre unterbrach ich enttäuscht Das hat Doyle veröffentlicht? Dann folgte ich der Anregung meiner Frau, die Gutes zu späteren Kapiteln zu berichten wußte.

In der Tat, ziemlich sorglos um eine durchgeplante Handlung reiht der große Menschenkenner Episoden einer Beziehung zwischen Verlobung und erstem Nachwuchs aneinander, führt mit anderswo nicht verwendbaren Resten in Form übrigens brillanter Stadtführerliteratur seitenweise Exkurse und erweist sich, zumindest in der hier neuaufgelegten deutschen Übersetzung von 1909, nicht sonderlich originell im Nachzeichnen von Verliebtensprache.

Das Buch ist mehr Werk praktischer Menschenliebe als der Kunst. Die Szenen einer Ehe, die es beschreibt, taugen, anders als der Film dieses Namens, nachgerade als Ratgeber für Menschen, die eine Liebe im Alltag zu pflegen und am Leben zu erhalten suchen. Warum soll Literatur so etwas nicht leisten?

Einige Großabschnitte immerhin fesseln auch unter erzähltechnischem Gesichtspunkten. Die Sache mit der unerwartet eintreffenden Bürgschaftsforderung zum Beispiel. Die glücklich mißlungene Aktienspekulation. Die Irritation durch die Exgeliebte.

Das Buch gehörte zu den am wenigsten erfolgreichen des Erfinders von Sherlock Holmes. Es atmet aber denselben Scharfsinn der Menschenbeobachtung und unverwechselbaren Humor.

16

Lady Sannox

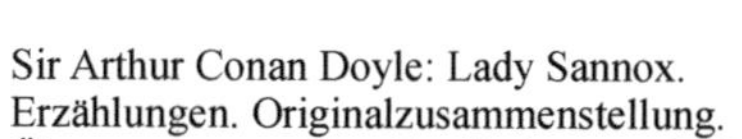

Sir Arthur Conan Doyle: Lady Sannox.
Erzählungen. Originalzusammenstellung.
Übersetzung aus dem Englischen von Reinhard Hillich.
Sir Arthur Conan Doyle: Ausgewählte Werke, Band 16.
Herausgegeben von Olaf R. Spittel.
Verlag 28 Eichen, Barnstorf 2008. 200 S. 16,- €.
ISBN: 978-3-940597-18-2.
eBook: ISBN: 978-3-96027-066-9. 10,99 €.

Der Band enthält Erzählungen aus mehreren Sammlungen und vermittelt einen Eindruck von Doyles Vielseitigkeit in verschiedenen Schaffensperioden. Die längste, *J. Habakuk Jephsons Bericht*, wurde zum ersten literarischen Erfolg des erst 25jährigen. Vier weitere Texte stammen aus der Sammlung *Round the Red Lamp* (deren überwiegenden Teil siehe Band 30). Der inzwischen 35jährige schlägt mit Humor und farbenreicher Palette Kapital aus seinem intensiven, wenn auch kurzen Gastspiel als praktizierender Arzt. Sechs zeigen den inzwischen Mittfünfziger auf den Spuren seltsamer Nebenwelten oder, in der konkreten Kriegssituation von 1914/18 brandaktuell, einer hintergründigen Spionagegeschichte.

Manche Texte greifen auf oder parodieren Motive aus der romantischen Horrorliteratur, so die zum Leben erweckte Mumie, das Monstertier, das Geisterschiff, den blutig die Untreue seiner Frau rächenden Ehemann. Wie ein Delinquent den Elektrischen Stuhl überlebt, ist dagegen lange vor Kafka absurde Literatur und zugleich witzig und als drastische Gesellschaftskritik am Barbarismus amerikanischer Hinrichtungspraxis prekär. Und immer wieder benutzt der Autor die Genres, um Stellung zu beziehen.

Bereits die früheste Erzählung stimmt unter dem Eindruck aktueller Anschläge durch Undercover-Agenten auf unbeteiligte Zivilisten nachdenklich. Man erweitere das Zitat auf S. 126 nur minimal und landet heute: „Ich kämpfte gegen die gesamte weiße Rasse, um ihr etwas von dem zu vergelten, was sie uns Schwarzen seit Jahrhunderten antut.“

INHALT

Das Fiasko von Los Amigos / Das Ungeheuer von Blue John Gap / Der Fall Lady Sannox / Der großartige Brown-Pericord-Motor / Der Wettstreit / Durch den Schleier / Ein Dorf in Angst / J. Habakuk Jephsons Bericht / Los Nr. 249 / Seine erste Operation / Wie es geschah / Das Plädoyer des Angeklagten

17-25

SIR ARTHUR CONAN DOYLE
SHERLOCK HOLMES
SPÄTE RACHE
ROMAN
VERLAG 28 EICHEN

Sherlock Holmes
Romane und Erzählungen

Sir Arthur Conan Doyle: Sherlock Holmes.
Sämtliche Romane und Erzählungen.
Übersetzung aus dem Englischen Medienteam Verlagsgesellschaft mbH, Hamburg. Herausgegeben von Olaf R. Spittel.
Verlag 28 Eichen, Barnstorf 2009. Format 12 x 19. 202 g. Softcover.

Band 1: Späte Rache. Roman. Originaltitel: A Study in Scarlet (1888). Sir Arthur Conan Doyle: Ausgewählte Werke, Band 17. 116 S. 10,00 €. ISBN 978-3-940597-19-9.

Band 2: Das Zeichen der Vier. Roman. Originaltitel: The Sign of Four (1890). Sir Arthur Conan Doyle: Ausgewählte Werke, Band 18. 129 S. 10,00 €. ISBN 978-3-940597-20-5.

Band 3: Die Abenteuer. Erzählungen. Originaltitel: The Adventures of Sherlock Holmes (1892). Sir Arthur Conan Doyle: Ausgewählte Werke, Band 19. 280 S. 22,00 €. ISBN 978-3-940597-21-2.

Band 4: Die Erinnerungen. Erzählungen. Originaltitel: The Memoirs of Sherlock Holmes (1893). Sir Arthur Conan Doyle: Ausgewählte Werke, Band 20. 232 S. 18,00 €. ISBN 978-3-940597-22-9.

Band 5: Der Baskerville-Hund. Roman. Originaltitel: The Hound of the Baskerville (1902). Sir Arthur Conan Doyle: Ausgewählte Werke, Band 21. 164 S. 13,00 €. ISBN 978-3-940597-23-6.

Band 6: Die Auferstehung. Erzählungen. Originaltitel: The Return of Sherlock Holmes (1905). Sir Arthur Conan Doyle: Ausgewählte Werke, Band 22. 296 S. 23,00 €. ISBN 978-3-940597-24-3.

Band 7: Das Tal der Angst. Roman. Originaltitel: The Valley of Fear (1905). Sir Arthur Conan Doyle: Ausgewählte Werke, Band 23. 160 S. 13,00 €. ISBN 978-3-940597-25-0.

Band 8: Die Zugabe. Erzählungen. Originaltitel: His Last Bow (1917). Sir Arthur Conan Doyle: Ausgewählte Werke, Band 24. 184 S. 16,00 €. ISBN 978-3-940597-26-7.

Band 9: Das Archiv. Erzählungen. Originaltitel: The Case-Book of Sherlock Holmes (1927). Sir Arthur Conan Doyle: Ausgewählte Werke, Band 25. 232 S. 18,00 €. ISBN 978-3-940597-27-4.

Der Meisterdetektiv Sherlock Holmes und sein Assistent Dr. Watson sind in Buch und Film so gegenwärtig, daß sich wenig Erhellendes nach Maßgabe dieser Seiten ergänzen läßt, Netzwerke haben sich gegründet, Lexika informieren über Widersprüche in nebenrangigen Details, über den korrekten Vornamen des Dr. Watson oder die tatsächliche Stelle seiner Verwundung im Afghanistankrieg. *Der Baskerville-Hund* (meist etwas irreführend *Der Hund von Baskerville*) ist die meistverfilmte Romanvorlage aller Zeiten. Das Ermittlerpaar Holmes-Watson inspiriert bis heute Krimiformate in allen Spielarten von komisch bis ernst und stimuliert Neudeuter zu mitunter gewöhnungsbedürftigen Adaptionen der Originale wie in der aufwendigen BBC-Serie Sherlock. Doyle hätte über deren hektischen Aktionismus und Rückführung des Hauptthelden auf einen zappligen Hyperaktiven womöglich die Stirn gerunzelt.

Weit über dies hinaus setzte der gesellschaftspolitisch immer interessierte Doyle über seinen Beitrag zum Krimigenre neue Maßstäbe in der kriminalpolizeilichen Ermittlungsarbeit und löste eine forensische Revolution aus. Davon schwärmen moderne Ermittler bis heute in Reportagen aller Kanäle. Eine außergewöhnliche und in der Kombination von literarischer Meisterschaft, Fabulierkunst und wissenschaftlicher Vorausschau einzigartige Leistung!

Der Blick für das Charakteristische war es dann auch, der mich sofort an den Erzählungen und vier Romanen in den Bann schlug. Es war nicht nur die sorgsame logische Aufschlüsselung der immer interessant gesetzten Indizien, es war weit umfassender die Gabe Conan Doyles, Personen und Situationen aller Art mit wenigen Strichen ins Bild zu setzen. In den Romanen, vor allem dem in seiner Zweigliedrigkeit noch etwas ungelenken Erstling Späte Rache, am wenigstens im berühmten Baskerville-Hund, nutzt er überdies die Chance, große gesellschaftliche Themen einzubeziehen im Sinne sozial engagierter Literatur. In Späte Rache betrifft dies gleich eines seiner lebenslänglichen Kernthemen: die Intoleranz fanatischer Religionen. Aufgezeigt wird eine orthodoxe Mormonengemeinde, aber nur der Blinde wird den Fingerzeig auf den fundamentalistischen Wahnsinn jeder Ausrichtung und Epoche übersehen.

Als nicht typischer Krimileser las ich diese Werke immer wieder, denn sie sind mehr als Abspulungen spektakulärer Verstöße gegen Normen und Gesetze. Die Faszination der gedanklichen Kombination, deren der Leser Zeuge wird, funktioniert in ihnen sogar ohne Tote. Allerdings hat Doyle, vermutlich einer schon damals einsetzenden Mode folgend, die Zahl der Mordfälle in den späteren Serien erhöht. Nagelprobe für die Qualität der Erzählungen: Aller Krimiflut und allen Adaptionen heute zutrotz behalten Doyles Texte ihren Vorsprung und ihren Reiz.

Humorvolle Würze erhalten sie durch das von Ironie, skurrilem Schüler-Lehrer-Gebahren und spitzfindigen Neckereien geprägte Verhältnis des seltsamen Ermittlerpaares. Daß Doyle den Holmes-Assistenten einen unterbeschäftigten Arzt sein läßt, der jederzeit die Streifzüge von Holmes begleitet, klingt nach Selbstironie des gelernten Mediziners Conan Doyle. Auch die Seßhaftigkeit im familiären Refugium teilt Doyle mit Watson. Niemals hätte er wie sein Brigadier Gérard das Leben einsam beschließen wollen.

Aber die Denkmaschine Holmes, der, außer am sporadischen Austausch mit Watson kaum an Kontakten interessiert, nur seine Fälle und seine Freiheit sieht und wie ein Kind leidet, wenn er unbeschäftigt ist, entspricht ebenfalls einer Seite ihres Erfinders. Immer wieder suchte Conan Doyle Anlässe, dem häuslichen Alltag zu entfliehen. Vor allem aber: Er hat ihn erfunden, seinen Detektiv, sich in alle Windungen seines Hirns hineingedacht. Die Frage, worin Conan Doyle mehr stecke, in Watson oder Doyle, erübrigt und beantwortet sich damit von selbst.

Der Vielseitigkeit von Sherlock Holmes entspricht es, daß sein Erfinder selbst nicht in der Erfindung dieser einen Erfindung aufgeht. Der Komplex der Romane und Erzählungen um den Meisterdetektiv vertritt einen reichhaltigen und wesentlichen Teil des Schaffens von Conan Doyle, aber nicht den einzigen.

INHALT

6 **Die Auferstehung**. Erzählungen
Das leere Haus
Der Baumeister von Norwood
Die tanzenden Männchen
Die einsame Radfahrerin
Spuren im Moor
Der schwarze Peter
Charles Augustus Milverton
Die sechs Napoleons
Die drei Studenten
Der goldene Kneifer
Der vermißte Rugbyspieler
Abbey Grange
Der zweite Fleck

7 **Das Tal der Angst**. Roman

8 **Die Zugabe**. Erzählungen
Das Abenteuer in der Wisteria Lodge
Das Abenteuer mit dem Pappkarton
Der Rote Kreis
Die Bruce-Partington-Pläne
Der sterbende Detektiv
Das Verschwinden des Lady Frances Carfax
Das Abenteuer mit des Teufels Fuß
Sein letzter Fall

9 **Das Archiv**. Erzählungen
Der vornehme Klient
Der bleiche Soldat
Der blaue Stein
Die drei Giebel
Der Vampir von Sussex
Die drei Garridebs
Thor Bridge
Der kriechende Mann
Die Mähne des Löwen
Die verschleierte Mieterin
Shoscombe Old Place
Das Abenteuer des Pensionärs

SIDNEY PAGET
1893

26 / 27

Der Krieg in Südafrika / Das Congoverbrechen

Sir Arthur Conan Doyle: Der Krieg in Südafrika. Seine Ursache und Führung. Eine Streitschrift. Originaltitel: The War in South Africa – Its Cause and Conduct (1902).
Anonyme Übersetzung aus dem Englischen.
Sir Arthur Conan Doyle: Ausgewählte Werke, Band 26.
Herausgegeben von Olaf R. Spittel.
Verlag 28 Eichen, Barnstorf 2009. 188 S. 17,- €.
ISBN: 978-3-940597-28-1.
eBook: ISBN: 978-3-96027-076-8. 11,99 €.

Sir Arthur Conan Doyle: Das Congoverbrechen.
Eine Streitschrift. Originaltitel: The Crime of the Congo (1909).
Übersetzung aus dem Englischen von Kurt Abel-Musgrave.
Sir Arthur Conan Doyle: Ausgewählte Werke, Band 27
Herausgegeben von Olaf R. Spittel.
Verlag 28 Eichen, Barnstorf 2009. 140 S. 12,- €.
ISBN: 978-3-940597-29-8.
eBook: ISBN: 978-3-96027-077-5. 7,99 €.

Wer sich für die reichen Facetten des Schriftstellers und Menschen Arthur Conan Doyle interessiert, sollte diese Neuauflage zweier Streitschriften von 1902 bzw. 1909 nicht übergehen. Sie zeigen den Autor als brillanten Analysten und Anwalt von Fairness und Menschlichkeit.

Die ältere Schrift – *Der Krieg in Südafrika* – erklärt die Hintergründe des zweiten Burenkriegs (1899 – 1902) aus Sicht eines Briten. Um unparteiischen Standpunkt bemüht und einräumend, daß spätere Quellenfunde sein aktuelles Urteil relativieren könnten, legt Doyle dar, daß der Krieg von

Großbritannien nicht gewünscht, aber durch fortwährende Verletzung der Bürgerrechte britischer Bürger in einer formell London unterstellten Kolonie unvermeidbar geworden sei. Doyles Darstellung setzte angesichts einer proburisch eingeschworenen europäischen Presse einen bewußten Gegenakzent.

Besonders um das Verhältnis zum Deutschen Reich zu entspannen, das er durch ihre Kampagnen belastet sah, ließ er die Schrift parallel auf deutsch erscheinen. Die zweite Hälfte fokussiert das Verhalten der verfeindeten Kriegsparteien und zitiert auch von burischer Seite Augenzeugenberichte, die die Fairness und Diszipliniertheit der britischen Armee bestätigen.

Es lohnt sich, Doyles Argumenten zu folgen. Sicher schreibt er als Patriot, aber er tut es ohne Pomp und Pathos aus dem Gefühl heraus, einer Nation anzugehören, die auch in ihren Kolonien, bisher jedenfalls, die Verhältnismäßigkeit wahre.

Für seine Berichterstattung, die er über Monate vor Ort betrieb, und seinen Einsatz für die Rehabilitierung des britischen Namens in der Welt wurde Conan Doyle 1902 geadelt.

In seiner zweiten Streitschrift – *Das Congoverbrechen* – rollt er einen der schrecklichsten Skandale der afrikanischen Geschichte auf und appelliert an die europäischen Hauptmächte, zu intervenieren. Immerhin hatten diese, unter Führung Otto von Bismarcks, im guten Glauben an die frommen Absichten des belgischen Königs Leopold II., der Gründung des Kongo-Freistaates im Jahre 1885 zugestimmt. Bereits ein Jahr später erwies sich, was Doyle in seinem an die deutschen Leser gerichteten Vorwort so zusammenfaßt: „Man hat eine Religion gegen die andere listig ausgespielt, ein Land gegen das andere, Katholiken gegen Protestanten, Deutsche gegen Engländer – hat alle gegeneinander gehetzt, damit ein kleiner Kreis reicher, gewissenloser Gummihändler den Vorteil ziehe. Leicht erklärliche Eifersucht, angeschürt durch ein schlau geleitetes Preßbureau, hat die Mächte veranlaßt, sich voller Mißtrauen zu beobachten, während sie ihre Augen auf den Übeltäter hätten richten sollen, um seinen Opfern Rettung zu bringen.“

Zweieinhalb Jahrzehnte spielte sich am Kongo ein zynischer Enteignungsfeldzug und brutaler Völkermord ab. Bis zu zehn Millionen Menschen fanden im unbezahlten Frondienst für eine Kautschukmafia den Tod, deren Kopf und Hauptprofiteur der belgische König war. Dieser Tartuffe und Jack the Ripper in einer Person (O-Ton Doyle) schaffte es, ein System abhängiger Agenten, Unteragenten und kannibalischer Milizionäre zum Gegenteil dessen zu zwingen, was er der Öffentlichkeit laut verkündete.

Über die schauderhaften Details hinausgehend, die Doyle aus dieser Hölle am Kongo zusammenträgt, vermittelt die Schrift einen Eindruck davon, warum die Urbevölkerung Schwarzafrikas den Tricks der zivilisierten weißen Rasse nie Paroli bieten konnte. Wenn man die üblen Methoden sieht, wie Konzerne und die EU schon wieder die Afrikaner um ihre Lebensgrundlagen betrügen, kann man nur aufschreien, auch wenn den Menschen nicht mehr die Hände abgehackt, die Angehörigen entführt, totgepeitscht, mit Stangen durchbohrt und ausgeweidet werden. Was am anderen Ende von hohen Dividenden – zu Leopolds Zeiten bis zu 700 %! – und Dumpingpreisen herausschaut, wird dem aufmerksamen Leser eindrücklich gezeigt.

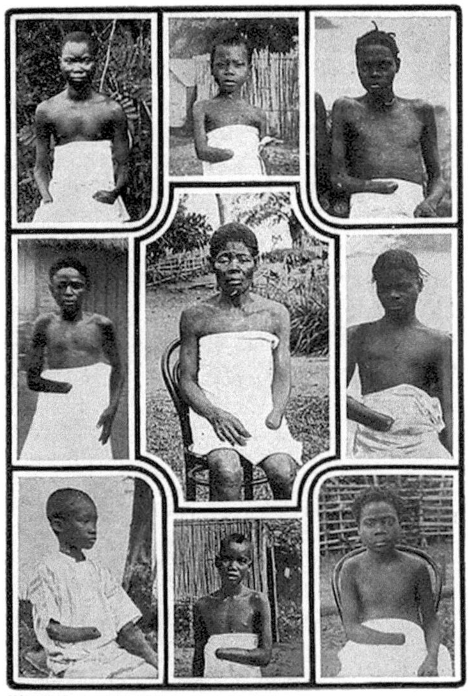

FROM PHOTOGRAPHS, CONGO STATE

"The pictures get sneaked around everywhere."— *Page 40.*

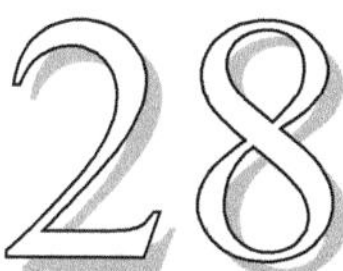

Der Tauchbootkrieg

Sir Arthur Conan Doyle: Der Tauchbootkrieg.
Novelle.
(Danger! Being the Log of Captain John Sirius / A Story of England's Peril. 1914).
Übersetzung aus dem Englischen von Stanislaus Schanzer.
Sir Arthur Conan Doyle: Ausgewählte Werke, Band 28.
Herausgegeben von Olaf R. Spittel.
Verlag 28 Eichen, Barnstorf 2009. 104 S. 9,- €.
ISBN: 978-3-940597-30-4.
eBook: ISBN: 978-3-96027-078-2. 12,99 €.

In mehreren Kampagnen, die zu ihrer Zeit große Aufmerksamkeit erregten, engagierte Conan Doyle sich für Recht und Gerechtigkeit, legte Mißstände in Politik und Justiz bloß und unterbreitete der Regierung praktische Vorschläge. So in diesem fiktiven Kriegstagebuch des mutmaßlich belgischen Kapitäns Sirius, der es mit seinen wenigen U-Booten schafft, die Handelsflotte des mächtigen Kriegsgegners England lahmzulegen und die Briten sprichwörtlich auszuhungern.

Am Vorabend des Ersten Weltkriegs wirkte das wie eine scharfsichtige Prophezeiung oder, wie einige Kommentatoren warnten, Aufforderung an das Festland, die Achillesferse der britischen Verteidigungspolitik auszunutzen. Heute, hundert Jahre danach, auf dem Hintergrund von Globalisierungseuphorie und Völkerwanderungen, liest sich die schwungvolle Erzählung immer noch brisant. Die Auslöser der Not sind andere, zugegeben: nicht mehr ein paar modernisierte U-Boote, sondern Destabilisierung großer Regionen durch Invasionen aus der Luft, Umweltzerstörung und wirtschaftlicher Druck. Aber die Erstursache ist identisch: die Unfähigkeit einer Population, sich aus eigener Kraft mit dem Nötigsten zu versorgen. Doyles Appell galt einem Staat, der sich nur zu 20 Prozent aus Produkten der einheimischen Landwirtschaft und zu 80 Prozent aus den Kolonien versorgte, seine Bauernschaft vernachlässigte und jederzeit durch eine Blockade von der Versorgung abgeschnitten werden konnte. Heute wäre Doyles Appell zu richten an die meisten unserer Politiker, mit den Lebensgrundlagen der Weltbevölkerung endlich verantwortungsvoll umzugehen, die Versorgung im eigenen Land zu sichern und schlecht aufgestellten oder künstlich unter Druck gesetzten Staaten zu helfen, ihre Bevölkerung wieder mit eigenen Produkten zu versorgen. Das wäre nicht nur eine unverzichtbare Maßnahme für den Verteidigungsfall, sondern eine Voraussetzung für einen Frieden weltweit.

INHALT

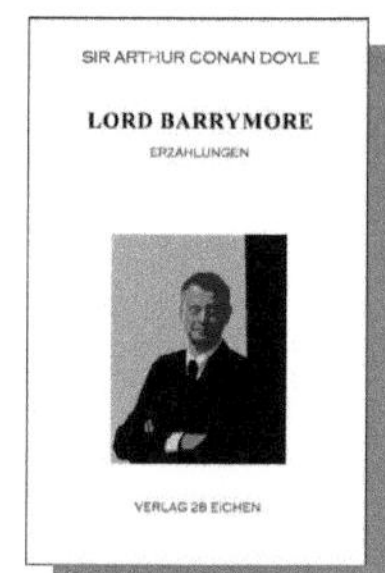

Lord Barrymore

Sir Arthur Conan Doyle: Lord Barrymore.
Erzählungen.
Übersetzung aus dem Englischen von Adolf Gleiner, Anne Koch, Rudolf Lautenbach, Jürgen Meyer und Olaf R. Spittel.
Aus den Originalbänden: „The Captain of the Polestar and Other Stories“ (1890) und „Danger! And Other Stories“ (1918).
Die Mehrzahl der Erzählungen erscheint hier in deutscher Erstveröffentlichung.
Sir Arthur Conan Doyle: Ausgewählte Werke, Band 29.
Herausgegeben von Olaf R. Spittel.
Verlag 28 Eichen, Barnstorf 2009. 224 S. 19,- €.
1. Auflage: ISBN: 978-3-940597-31-1 (nicht mehr lieferbar).
2., veränderte Auflage (2013): ISBN: 978-3-940597-70-0.
eBook: ISBN: 978-3-96027-079-9. 12,99 €.

Diese Geschichtensammlung erlaubt einen Blick auf die Anfänge Doyles als Schriftsteller. Während seines Dienstes als junger Schiffsarzt auf hoher See schnappte er eine Menge Seemansgarn auf. Er spann es, unter dem Einfluß Edgar Allan Poes, zu zwei längeren Erzählungen aus. Der Anfang-Zwanziger suchte noch nach Thema und Stil.

Auch Randständiges aus späterer Schaffenszeit bietet der Band, literarische Satire vor allem. Neben der pfiffigen Titelgeschichte um einen drollig gelösten Ehrenhandel unter Gentlemen glänzt er vor allem mit einer anrührenden Liebes- und Lebensgeschichte: Ein gealtertes Paar findet sich nach langer Trennung wieder. *Die unterbrochene Existenz des John Huxford.* Sie ertsrahlt wie eine Steilvorlage für die inzwischen zahlreichen Filme und Romane, die aus Gedächtnisverlust nach hirntraumatischen Einwirkungen ihre Substanz beziehen. Doyle leistete wie so oft auch hier exponierte Pionierarbeit. Diese Erzählung allein schon hätte ihn zum Nobelpreis empfohlen.

INHALT

Die rote Lampe

Sir Arthur Conan Doyle: Die rote Lampe.
Tatsachen und Fantasien aus dem Leben eines Mediziners. Erzählungen.
Originaltitel: Round the Red Lamp (1894).
Übersetzung aus dem Englischen von Nadine Erler.
Sir Arthur Conan Doyle: Ausgewählte Werke, Band 30.
Herausgegeben von Olaf R. Spittel.
Verlag 28 Eichen, Barnstorf 2009. 192 S. 17,- €.
ISBN: 978-3-940597-33-5.
eBook: ISBN: 978-3-96027-080-5. 11,99 €.

Die rote Lampe, das Emblem der Ärzte Großbritanniens, gab dieser Sammlung origineller Begebenheiten aus dem Berufsstand, dem Doyle anfangs angehörte, den Titel. Sein diagnostischer Blick, seine Erfahrung als praktischer Arzt werden ja kaum sonst bei ihm thematisiert Sie befeuern eher untergründig und generell seine Empathie mit Menschen aller Schichten und die wärmende Freundlichkeit, mit der er seine Ironie entspannt.

Als Erfinder der legendären Kunstfiguren Sherlock Holmes, Professor Challenger, des Brigadier Gérard hat Doyle angeblich kaum zur Entwicklung einer bestimmten literarischen Form oder eines neuen Stils beigetragen. Einige Texte in diesem Band bieten überraschend Anlaß, diese Einschätzung einmal literaturkundlich zu überprüfen, und zwar im Hinblick auf die Entwicklung der in spezieller Weise pointierten späteren Short-Story eines Salinger oder Hemingway.

Überprüfen Sie es selbst!

INHALT

31

Die Bekenntnisse des Stark Munro

Sir Arthur Conan Doyle: Die Bekenntnisse des Stark Munro.
Ein Konvolut von 16 Briefen des Arztes J. Stark Munro an seinen Freund und ehemaligen Kommilitonen Herbert Swanborough in Lowell, Massachusetts, geschrieben in den Jahren 1881 - 1884.
Bearbeitet und geordnet von A. Conan Doyle.
Aus dem Englischen übersetzt, mit Anmerkungen und einem Nachwort versehen von Reinhard Hillich.
Sir Arthur Conan Doyle: Ausgewählte Werke, Band 31.
Herausgegeben von Olaf R. Spittel.
Verlag 28 Eichen, Barnstorf 2009. 256 S. 22,- €.
ISBN: 978-3-940597-39-7.
eBook: ISBN: 978-3-96027-081-2. 14,99 €.

Dieser Briefroman vermittelt unverkennbar Einblicke in Doyles Situation und innere Verfassung während seiner Anfangsjahre als Arzt. Das darf vermutet werden, ehe man es in der Autobiographie (Bd. 44) bestätigt findet. Die ungeschminkten Analysen, der klare Blick auf Realitäten unserer Existenz (und der Geistesgeschichte), die uneitle (Selbst-)Darstellung, herzhaft mit Humor gewürzt, verschaffen eine erfrischende Lektüre. Das hat ein blitzgescheiter Kopf geschrieben, einer der richtig guten Menschenkenner und Überblicker des realen Lebens.

32

Der Silberspiegel

Sir Arthur Conan Doyle: Der Silberspiegel.
Erzählungen.
Aus dem Englischen übersetzt von Nadine Erler.
Sir Arthur Conan Doyle: Ausgewählte Werke, Band 32.
Herausgegeben von Olaf R. Spittel.
Verlag 28 Eichen, Barnstorf 2012. 208 S. 18,- €.
ISBN: 978-3-940597-44-1.
eBook: ISBN: 978-3-96027-082-9. 11,99 €.

Doyle spann eine Zeitlang an einem umfassenden poetisch-historischen Überblick über die Entwicklung der abendländischen Kultur in der Art römischer Schriftsteller wie Livius oder Tacitus. Vor allem Livius versucht, anhand einzelner Begebenheiten, mitunter sagenhafter Herkunft, Haltungen und ethische Dilemmata aufzuzeigen. Geschichte als Abfolge exemplarischer Einzelereignisse.

Von dem angedachten, aber nie zur vollen Ausführung gelangten Projekt wurden die hier vereinigten Novellen realisiert. Und der vielseitige Doyle, immer auf der Suche nach spannenden Aufgaben, liefert den alten Autoren in den der Antike gewidmeten Erzählungen auf seine Art Konkurrenz. Und typisch für ihn, den römischen Vorläufern noch nicht präsent, ist er immer dort zur Stelle, wo er auf den Wahn christlicher Religionsparteien hinweisen darf. Exemplarisch dafür die fünfte Erzählung: Der Tag des Zorns. Ein friedliebender Eremit gerät vor die Entscheidung, mit einem brachialen Husarenstreich seine Ideale zu verraten oder Tausende seiner Landsleute dem sicheren Tod auszuliefern.

Der Streit, in einem Zitat bei Conrad Ferdinand Meyer, zwischen zwei höchsten Werten prägt auch die später angeordneten und überwiegend auch später spielenden Erzählungen. So zwischen Sportlerehre und der Gelegenheit, sich auf höchst unsportliche Art ein ansehnliches Zubrot zu erwerben. So der Entscheidungsprozeß zwischen zwei Ehekonzepten, der eine ungewöhnliche und für Doyle ungewöhnlich rührselige Erweiterung erfährt. So zwischen prosaischem Realitätsglauben und dem Glauben an die Realität paranormaler Erscheinungen wie in der Titelgeschichte. Hier hätte eine ironische Perspektive gutgetan, aber die flog dem immer öfter dem Okkultismus zugeneigten Autor nicht immer mehr so zu.

INHALT

Das Grauen

Sir Arthur Conan Doyle: Das Grauen.
Erzählungen.
Aus dem Englischen übersetzt und mit Fußnoten versehen von Detlef Fischer.
Sir Arthur Conan Doyle: Ausgewählte Werke, Band 33
Herausgegeben von Olaf R. Spittel.
Verlag 28 Eichen, Barnstorf 2015. 308 S. 19,50 €.
ISBN: 978-3-940597-45-8.
eBook. ISBN: 978-3-96027-083-6. 13,99 €.

Band 33 vereinigt sechs Erzählungen, die formal die Genres Science-fiction und Fantasy berühren. Die erste, *Prof. Maracot und die Schrecken der Tiefsee*, erreicht mit 165 Seiten Romanlänge und entführt in den legendären Unterwasserstaat Atlantis. Ein weiser Fürst hat vor vielen tausend Jahren in einer dekadenten Epoche Vorkehrungen getroffen, die ihm und seinen Nachfahren in der versinkenden Stadt das Überleben ermöglichen. Futuristische Sauerstoffgeräte und ein hochentwickeltes Wissen auf den Gebieten Elektrotechnik, Physik und Chemie verblüffen die in einer Taucherglocke auf dem Meeresgrund strandenden Besucher. Der Roman, in zwei zeitlich getrennten Folgen erstveröffentlicht, gehört zu den letzten Werken Doyles, schließt tendenziell bei den Texten um Professor Challenger an, muß im letzten Fünftel aber etwas über das episch zuträgliche Maß hinaus als Vehikel für Doyles Ansichten über Reinkarnation und Telepathie herhalten. Seine Hauptstärke entfaltet er, wenn er die Entwurzelung spürbar werden läßt, die Menschen erfaßt, wenn sie außerhalb ihrer irdischen Umwelt überleben (müssen). Eine eindrückliche Warnung vor potentiellen Marsausflügen!

Bruchlos packend die fünf Erzählungen der zweiten Hälfte des Bandes, zwei davon Ergänzungen zu den Challenger-Romanen und ebenfalls aus Doyles Spätzeit, aber in erfrischend selbstironischer Distanz abgefaßt zu den Grenzgebietserfahrungen, die die gemeinsame Klammer des Bandes bilden. Die Maschine, die die Welt beherrscht zeigt den bärbeißigen Professor nicht nur auf dem Gipfel bauernschlauen Humors, sondern auch auf der Höhe gesellschaftlicher Verantwortung in einer elementaren Grenzsituation. Eine hervorragend übertragbare Parabel von kafkaesker Absurdität, nur witziger, vitaler, spannender und, wenn's erlaubt ist: besser.

Kafkaesk (Die Verwandlung) mutet auch das wesentlich früher entstandene Denkwürdige Experiment in Keinplatz an, darin Doyle die Idee einer Seelenwanderung bei Hypnose und Rückkehr in den falschen Körper verhohnepiepelt. Hollywood produzierte über Analoges Dutzende pseudotragischer Schnulzen, Doyle löst den Knoten mit einem schäkernden Augenzwinkern.

Die einem Sicherheitstechniker gewidmete Abschlußerzählung Der Aufzug zeichnet das Täterprofil eines Attentäters aus religiösen Gründen als eindrückliche Warnung vor religiös anfälligen Persönlichkeiten spätestens in sensiblen Berufen.

INHALT

34

Der Skandal im Regiment

Sir Arthur Conan Doyle: Der Skandal im Regiment. Erzählungen.
Aus dem Englischen übersetzt von Olaf R. Spittel.
Sir Arthur Conan Doyle: Ausgewählte Werke, Band 34.
Herausgegeben von Olaf R. Spittel.
Verlag 28 Eichen, Barnstorf 2014. 316 S. 24,- €.
ISBN: 978-3-940597-47-2.
eBook: ISBN: 978-3-96027-084-3. 15,99 €.

Farbig übersetzt und benutzerfreundlich kommentiert, beglücken diese 15 zwischen neun und 41 Seiten differierenden Erzählungen mit einer kaum zu bändigenden Fülle von Facetten. Doyle entwirft eine Vision, wie der Erste Weltkrieg anders geendet hätte, hätte der deutsche Kaiser sich noch einmal einer Seeschlacht gestellt. Oder von einer Bürgerwehr, die in einer korrupten Stadt zur Selbstjustiz greift. Er berichtet von einem neuen Aufschlag beim Cricket und schlägt auch aus diesem Thema Funken, die einen sonst wenig Sportbegeisterten mitreißen können. Mehrfach wird von Vorkommnissen beim Militär gehandelt. So in der rührenden und überraschenden Titelgeschichte. So von Ehrenhändeln unter Offizieren oder, wie in *Sir John Hawker* hat ausgespielt, Gentlemen der Lord Byron-Zeit. Sie werden erzählt mit der Leichtigkeit und Präzision einer Puschkin-Novelle, freilich fast ein Jahrhundert nach Puschkin und aus dem Blickwinkel einer abstrakten Literaturkritik, mag sein, zu spät. Drei der Erzählungen erschienen kurz nach dem Tod Conan Doyles, darunter die erstmals auf Deutsch übersetzte *Das Kirchenblatt*. Als ich sie las, habe ich laut schallend lachen müssen. Junge Leute erlauben sich einen Scherz und bringen einen ahnungslosen Drucker dazu, für ein Kirchenblatt ein Supplement zu veröffentlichen, das entlarvende Klatschgeschichten über Gemeindemitglieder verbreitet – aus dem Leben gegriffen und doch am Ende ins Irreale und Utopische gewendet.

INHALT

Das Duell

Sir Arthur Conan Doyle: Das Duell.
Erzählungen.
Aus dem Englischen übersetzt von Ilona Limke-Bollweg.
Sir Arthur Conan Doyle: Ausgewählte Werke, Band 35.
Herausgegeben von Olaf R. Spittel.
Verlag 28 Eichen, Barnstorf 2012. 292 S. 23,- €.
ISBN: 978-3-940597-46-5.
eBook: ISBN: 978-3-96027-085-0. 15,99 €.

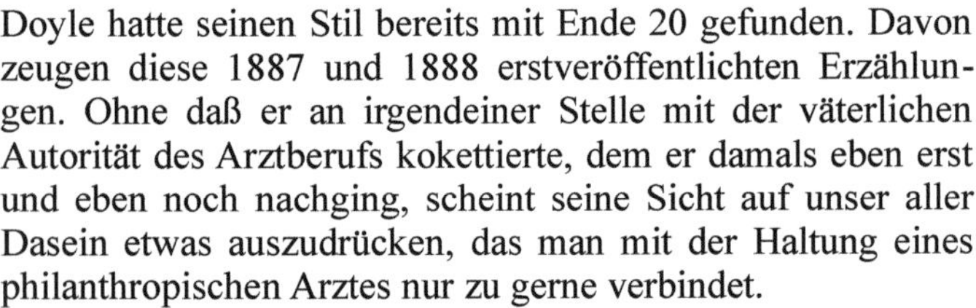

Doyle hatte seinen Stil bereits mit Ende 20 gefunden. Davon zeugen diese 1887 und 1888 erstveröffentlichten Erzählungen. Ohne daß er an irgendeiner Stelle mit der väterlichen Autorität des Arztberufs kokettierte, dem er damals eben erst und eben noch nachging, scheint seine Sicht auf unser aller Dasein etwas auszudrücken, das man mit der Haltung eines philanthropischen Arztes nur zu gerne verbindet.

Einmal allerdings plaudert der Arzt aus dem Nähkästchen. In der Kurzgeschichte Crabbes Praxis erfährt der geneigte Leser, daß nicht erst heute Vertreter des medizinischen Standes Leiden erfinden, um als deren Beheber Aufmerksamkeit, Kunden und Vermögen zu ergattern. Heute sind es eher medial hochgepeitschte Virusepidemien, in Doyles Erzählung erfüllt ein fingierter Unfall diesen Zweck.

Für sein gesamtes Schaffen typisch, verweist er auch schon in diesem frühen Buch auf die Attraktivität äußerlich unscheinbarer oder fehlerbehafteter Personen und läßt den Leser sich, wie in der Erzählung *Gentleman Joe*, an deren endlich gefundenem Lebensglück herzlich mitfreuen. (Im Gegenzug dazu vgl. Bd. 7.)

Ist so etwas literarisch relevant? mag eingewendet werden. Aber für wen schreibt jemand: zur linguistischen Selbstbefriedigung? Um linguistische Tugendwächter mit Material für ihre stilhistorischen Profilierungen zu versorgen? Ist gegen Schreiben mit einer mitlaufenden therapeutischen oder utopischen Absicht etwas zu sagen?

INHALT

Das Nebelland

Sir Arthur Conan Doyle: Das Nebelland.
Roman. Originaltitel: The Land of Mist (1926).
Aus dem Englischen von Eve Fritsche.
Sir Arthur Conan Doyle: Ausgewählte Werke, Band 36.
Herausgegeben, bearbeitet und mit Anmerkungen versehen von Olaf R. Spittel.
Verlag 28 Eichen, Barnstorf 2014. 272 S. 24,00 €.
ISBN: 978-3-940597-57-1.
eBook: ISBN: 978-3-96027-086-7. 15,99 €.

Doyles bereits im Erscheinungsjahr 1926 auf deutsch übersetztes und jetzt in korrigierter Fassung neu aufgelegtes *Nebelland* (*The Land of Mist*) bereitete Lesern Kopfzerbrechen. Der erfolgreiche Erzähler und vormalige Arzt bekannte sich inzwischen offen zum Spiritismus und missionierte die Welt nun also auch mit einem Roman.

Der gescheite Erfinder des gescheitesten Detektivs der Welt habe wohl seine Denkkraft eingebüßt, womöglich als Tribut an das Alter (mit 66 galt er als nicht mehr ganz jung). Aus einem scharfsinnigen Denker sei ein gutgläubig verführbarer Greis und intellektuelles Leichtgewicht geworden. So die Tendenz der auch bei Stashower zusammengetragenen Resonanzen.

Mit Vorurteilen dieser Art ging auch ich zunächst an die Lektüre heran – und wurde eines besseren belehrt. Bereits darin, wie Doyle die gegen das Buch und seine spiritistischen Aussagen erhobenen Vorwürfe vorwegnehmend diskutiert, zeigen sich das bekannte Feuer, die Frische und, wenn auch ein wenig zurückgenommener, der Humor. Das Buch entlarvt mitreißend wie ein Lavastrom den Umgang von Journalisten sowie der akademischen Elite und der Justiz mit Informationen, die nicht ins Konzept passen, und pointiert eine in der Substanz bis heute unverbrauchte Satire auf Medien und Bildungsanstalten.

Man unterschätzt das Potential des Werks, wenn man es auf seine Aussagen zum Spiritismus verengt. Es hieße, genau den Tricks, der Effekthascherei und der Oberflächlichkeit auf den Leim gehen, die es so überzeugend angreift. Denktabus und vorgefertigte Klischees werden unter dem Scheinsiegel wissenschaftlicher Sauberkeit auch heute immer wieder benutzt, um Interessen zu stützen, Gleichklang zu erzwingen, Eigeninitiative zu blockieren, Existenzen zu zerstören.

Mehrfach geht der studierte Mediziner Doyle – selbstkritisch? – mit einer Haltung ins Gericht, die, im Sinne einer Redensart und Molières, lieber den Patienten vom Arzt umbringen als ihn von Unberufenen kurieren läßt.

Da wird eine verzweifelte Witwe und Mutter dreier Kinder durch die Ratschläge eines Geistes ins Leben zurückgeführt (Kap. 6), der Überbringer aber wegen Formverstoßes laut britischem Recht (akribisch von Doyle dargelegt) zu einer Haftstrafe verurteilt (7). Da tun zwei schwer mißhandelte Geschwister, 10- und 8jährig, aufgrund einer Eingebung das rettend Richtige, indem sie die elterliche Wohnung verlassen, ehe es zu spät ist (11). Da erlangt ein medizinisch aufgegebener MS-Patient infolge von Botschaften und deren Umsetzung vollständige Genesung (14 ff.).

Die Kapitel, in denen Eigenbeobachtung aus spiritistischen Sitzungen, fremde Quellen, aber auch einige Betrugsfälle zitiert werden, leiden stellenweise unter mangelnder epischer Distanz. Varietee lasse ich mir gern gefallen, aber vor einigen ektoplasmischen Materialisationen hätte ein Filter dem Auge gutgetan. Abweichend vom Gewohnten mischt sich Doyle hier mit bekennerhaften Eigenkommentaren ein. Das ist aber bitte nicht zu verwechseln mit verminderter Zurechnungsfähigkeit. Bis auf diese Passagen im dritten Viertel unmittelbar vor der ergreifenden Kinderepisode in Londons Proletarierviertel ist es ein packendes Buch, von dem eine große Sogwirkung ausgeht.

Ob der Arzt Doyle wußte, daß Zeitgenossen wie Gerson, Bircher-Benner, Brauchle, Eppinger, aber auch einige Therapeuten ohne akademische Weihen, mit Methoden des Mediums von Kapitel 14 durchschlagende Heilerfolge bei sogenannt unheilbar Kranken dokumentieren konnten? Die Heilung führt der Roman anders als sie hauptsächlich auf geistige Einflüsse zurück, nennt aber die entscheidenden Grundlagen immerhin beiläufig (S. 219): „Was ihr Modernen eine Hungerkur nennt, würde nicht übel sein." Doyles Heilergeist kennt darüber hinaus die enge Verbindung zwischen Darmtätigkeit, Erkrankung und Hautbeschaffenheit.

Gibt die rührende Domestizierung des aufbrausenden Challenger (zu deutsch: Herausforderer) und Wandlung zu einem menschenfreundlichen, ergebnisoffenen Forscher, verbunden mit einem überraschenden persönlichen Offenbarungsfall (im Zusammenhang mit einer in den anderen Challenger-Romanen allerdings verschwiegenen medizinischen Anfangskarriere), nicht eine klassische Parabel ab? Stehen Alternativen zu heutigen Therapieangeboten, ungeachtet harter Fakten, nicht ähnlich im Abseits wie, sagen wir, der US-Politik unliebsame Faktenanalysen kriegerischer Konfliktherde, Forderungen nach Eindämmung der Bankenspekulation oder eben, in Doyles Lesart, der Spiritismus?

Die Bereiche sind austauschbar. Man muß, ja sollte den Roman nicht auf der beschränkten Folie eines schwer zu beurteilenden Phänomens einer vergangenen Epoche lesen.

Der Rand des Unbekannten

Sir Arthur Conan Doyle: Der Rand des Unbekannten.
Originaltitel: The Edge of the Unknown (1930).
Aus dem Englischen übersetzt, mit Anmerkungen und einem Nachwort versehen von Reinhard Hillich.
Sir Arthur Conan Doyle: Ausgewählte Werke, Band 37.
Herausgegeben von Olaf R. Spittel.
Verlag 28 Eichen, Barnstorf 2014. 312 S. 26,00 €.
ISBN: 978-3-940597-61-8.
eBook: ISBN: 978-3-96027-087-4. 17,99 €.

In dieser Zentralschrift aus seinem vorletzten Lebensjahr gibt der bekennende Spiritist Doyle mannigfache Einblicke in seine Wissenschaft, seine Begegnungen mit Medien, Betrügern und dem zwiespältig zwischen den Fronten changierenden Magier und Entfesselungskünstler Houdini. Der scheinbare Widerspruch zwischen der okkulten Seite des studierten Arztes und der Erfindung der menschlichen Denkmaschine Sherlock Holmes beschäftigt bis heute die Interpreten. Der von Reinhard Hillich übersetzte und kommentierte Band gibt möglicherweise einige Antworten.

Sir Nigel

Sir Arthur Conan Doyle: Sir Nigel.
Historischer Roman. Originaltitel: Sir Nigel (1906).
Übersetzung aus dem Englischen von Nadine Erler.
Sir Arthur Conan Doyle: Ausgewählte Werke, Band 38.
Herausgegeben von Olaf R. Spittel.
Verlag 28 Eichen, Barnstorf 2014. 328 S. 25,- €.
ISBN: 978-3-940597-63-2.
eBook: ISBN: 978-3-96027-088-1. 16,99 €.

Niemand muß Conan Doyles Selbsteinschätzung teilen, wonach er, folgt man der Biographie Daniel Stashowers, diesen Roman und den eng mit ihm verflochtenen *White Company* (Bd. 40) für seine literarisch besten Leistungen hielt. Anderseits kann man den Stolz eines Autors nachvollziehen, der sich erfolgreich in eine nun allerdings fremde Zeit hineindenkt mit einem ritterlichen Moralkodex, der Verrat und List auch zwischen Gegnern unterbindet, im Gegenzug dann wieder unerbittliche Grausamkeiten hervorbringt.

Das Buch ist innerhalb der Gattung, die es bedient, musterhaft. Die bis zum bitteren Ende durchgehaltenen ritterlichen Grausamkeiten einiger Kapitel könnten diesbezüglich empfindsame Leser abschrecken. Es gelingt Doyle dessen ungeachtet jedoch, ein Feuerwerk leuchtender und sogar heiterer Farben in die Landschaft und das gesellschaftliche Leben des 14. Jahrhunderts zu schicken. Die Geschichte endet für die Hauptpersonen glücklich.

Es kann selbstredend kaum beurteilt werden, inwieweit das vermittelte Bild der Historie entspricht, das Buch hat aber nichts von historischen Romanen, die offenkundig heutige Menschen mit den Kleidern früherer Jahrhunderte drapieren.

Für Doyle typisch sind komplexe Ablaufschilderungen – im vorliegenden Fall Ritterturniere, oft blutig ausgetragene Freundschaftsturniere, um der Tatenlosigkeit eines Waffenstillstands zu entgehen, Erstürmung einer Burg, Aufeinanderprallen gegnerischer Heere –, die gegliedert und aufgebaut sind wie ein Krimi und soghafte Lesespannung erzeugen. Ebenso typisch ist aber auch die Ambivalenz, die Doyle entwickelt: große Faszination vor dem Mut, der Geschicklichkeit und Disziplin ritterlicher Menschen und dem Planungsvermögen herausragender Strategen einerseits, Erfassen der Absurdität und mörderischen Stumpfsinnigkeit kriegerischer Schlächtereien andererseits.

Die bleiern auf dem Körper lastende, schwerbewegliche Ritterrüstung wird an mehr als einer Stelle zum Symbol für eine absurde Epoche. Aber glauben die meisten Zeitgenossen im Westen heute nicht auch, mithilfe von Technik die Natur zu überlisten, ja, noch absurder: sie, weit darüber hinausgehend, zu verbessern? Und machen sie unter der Last der Apparaturen nicht ebenso schlapp wie die Ritter, die nach einigen Stunden Kampftätigkeit den bewaffneten Arm nicht mehr heben konnten oder erschöpft vom Pferd stürzten, wenn sie denn nicht vorher schon einem Anschlag erlegen waren?

Es hieße vielleicht, den Bogen überspannen, dem Roman solche Symbolik zu unterstellen. Die symbolische Lesart greift vielleicht besser bei Doyles Challenger-Romanen, dem Geiseldrama *Ein gefährlicher Ausflug* oder der Parabel *Mr. Raffles Haw*. Dennoch lohnt auch *Sir Nigel* einen Blick hinter die Zeilen.

Mr. Raffles Haw

Sir Arthur Conan Doyle: Mr. Raffles Haw.
Roman. Originaltitel: The Doings of Raffles Haw (1892).
Aus dem Englischen von Bastian Ludwig.
Sir Arthur Conan Doyle: Ausgewählte Werke, Band 39.
Herausgegeben von Olaf R. Spittel.
Verlag 28 Eichen, Barnstorf 2014. 164 S. 16,- €.
ISBN: 978-3-940597-73-1.
eBook: ISBN: 978-3-96027-089-8. 10,99 €.

Zwischen zweien seiner umfangreichsten historischen Romane, vielleicht angeregt durch ein Kapitel in Die Abenteuer des Micha Clarke, verfaßte Doyle einen in Stil und Intention gänzlich anders ausgerichteten Kurzroman. Mr. Raffles Haw erinnert mehr an eine Parabel als an epische Großformate, mehr an amerikanische Short-Storys jüngeren Datums als an Edgar Allan Poe, der von Daniel Stashower oberflächlicherweise als Ideengeber angeführt wird. Poes magere Erzählung Die Entdeckung des Herrn van Kempelen, ein fiktiver Zeitungsbericht, der zur Hälfte aus Präliminarien besteht und von der Überführung eines alchimistischen Goldherstellers berichtet, mag in den wissenschaftsfiktionalen Teil des Kurzromans eingeflossen sein, aber Poe und Doyle verhalten sich wie Stichwortlieferant und Antwortgeber zueinander; Doyle erkennt erst die Potentiale, die im Thema stecken, und schöpft sie aus. Mehr als von Poe und dem Alchimistenkapitel in Micha Clarke hat der Roman etwas vom Dritten Buch von Swifts Gullivers Reisen, dem El Dorado-Kapitel in Voltaires *Candide* und, last but not least, den Gleichniserzählungen des *Neuen Testamentes* – Parallelen, in deren Reihe sich das schnell hingeworfene Opus stellt und behauptet.

Der erzählerische Trick besteht wie prinzipiell bei Gleichniserzählungen darin, daß von einem Punkt, den es so nicht gibt, die Welt neu gesehen, hinterfragt und gedanklich umgestaltet wird. Raffles Haw (raffle bedeutet auf deutsch übrigens Verlosung, Tombola) erweist sich als reichster Mann der Welt, der das Geheimnis der Alchimisten gelöst hat, Blei in Gold zu verwandeln, und nun nahe Birmingham einen Palast errichtet, um sein unerschöpfliches Geld gemeinnützig anzubringen. In einem angegliederten Laboratorium produziert er das kostbare Metall. Ähnlich wie Swifts Unsterbliche auf der fliegenden Insel die Schrecken nimmerendenden Daseins, durchlebt Haw neben den Höhen und der Machtfülle die Niederungen einer reichtumsbedingten Ausgegrenztheit bis zur bitteren Neige.

Doyles (beinahe Thesen-)Roman (wären da nicht seine menschlich anrührenden Zuspitzungen und kontrastreichen Personenporträts) bietet reichlich Diskussionsstoff zu folgenden Themen: Eigentum verpflichtet. Kapitalismus kontra Grundeinkommen, Caritas kontra Sozialismus. Wenn Grundeinkommen, wo kämen die Mittel her? Wie wirkte sich ein Grundeinkommen auf das Verhalten des einzelnen aus? Wie wirkt sich die Tatsache eklatanten Mehrbesitzes auf soziale Bindungen aus?

Übergeordnete politische und psychologische Themen springen den Leser auf jeder zweiten Seite an. Dieser unbekannte, doch für viele Züge des Denkers und Schriftstellers charakteristische Kurzroman wäre übrigens als Schullektüre für höhere Jahrgänge ein hervorragender Lernstoff.

SIR ARTHUR CONAN DOYLE

WHITE COMPANY

ROMAN

VERLAG 28 EICHEN

White Company

Sir Arthur Conan Doyle: White Company.
Historischer Roman. Originaltitel: The White Company (1891).
Übersetzung aus dem Englischen von Nadine Erler.
Sir Arthur Conan Doyle: Ausgewählte Werke, Band 40.
Herausgegeben von Olaf R. Spittel.
Verlag 28 Eichen, Barnstorf 2017. 368 S. 22,- €.
ISBN: 978-3-940597-87-8.

Das Arbeitspensum des jungen Familienvaters und noch Arztes Conan Doyle erstaunt. Er hatte kaum, neben kleineren Werken, darunter den ersten Sherlock-Holmes-Romanen, mit *Die Abenteuer des Micha Clarke* einen Coup als Verfasser umfangreicher historischer Romane gelandet, als er die Öffentlichkeit mit einem weiteren Werk gleichen Umfangs überraschte. *White Company* betitelt sich nach knapp 400 teils auf dem Festland marodierenden, teils in ordentlichen Verhältnissen in England lebenden Recken. Unter der Führung des Ritters Sir Nigel vereinigen sie sich zu einem schlagkräftigen Kampfverband und rücken zu tapferer Feldschlacht in den Pyrenäen an. Hintergrund ist der Aufruf Edward of Woodstocks an die englischen Kronvasallen, die vertriebenen Könige von Spanien und Mallorca in ihre Rechte wiedereinzusetzen.

Die Handlung spielt binnen weniger Monate und verrät gründliches Quellenstudium. Schon dieses Vorgängerwerk *Sir Nigels* (Bd. 38), das die Jugendgeschichte Nigel Lorings nachholt, zehrt von Doyles erklärter Absicht, eine bis dahin wenig bekannte Periode des 14. Jahrhunderts literarisch zu durchleuchten. Und mit einer regelrechten Chuzpe, farbensprühend, ohne den oftmals dozierenden Professorenton seines Vorläufers, Sir Walter Scott, oder, in unseren Tagen, eines Umberto Eco, gelingt ihm das. Wissen wird in konkrete Erzähleinheiten aufgelöst (hier und da bis an die Grenze des Wahrscheinlichen), die Gestalten wirken frisch, der Erzählstrom zügig und energetisch. Distanzierende Wendungen wie „Es war das Zeitalter der kriegerischen Frauen“, „ein exotischer Anblick im England jener Zeit“ oder „in einer Zeit, in der Kerzen knapp und teuer waren“ sind vereinzelt und unterbrechen die Illusion, im Geschehen mittendrin zu sein, nur selten. Umständliche Erklärungen bleiben dem Leser trotz der fast 140.000 Wörter Umfang erspart.

Dem eingeschränkten zeitlichen Rahmen zu trotz ist das Buch wie schon *Micha Clarke* ein ausgewachsener Entwicklungsroman. Der zwanzigjährige Alleyne Edricson, im Kloster aufgewachsen und auf dem Weg in eine mönchische Existenz, will sich vor der Entscheidung ein Jahr lang außerhalb der Klostermauern umtun. Mit der ruppigen aber auch herzlichen Welt konfrontiert, begreift er schnell die Fragwürdigkeit monastischen Denkens und kirchlicher Moral. Binnen kurzem lassen er und ein hünenhafter ehemaliger Mitnovize – Zentralfigur des fulminanten Auftaktkapitels – sich für die White Company anwerben. Er zieht in den Krieg und kehrt, zum Ritter geschlagen, nach England zurück. Er heiratet und steigt in der englischen Feudalgesellschaft immer höher auf. Es ist ein Ende fast wie im Märchen.

Doyle stand nach seiner Schulzeit bei den Jesuiten der Kirche distanziert gegenüber und verfaßte die letzten Zeilen des Werks mehr als genregemäße Verbeugung vor jenen Autoren, die ihre Bücher mit erbaulichen Betrachtungen über die gütige Vorsehung beschließen, als zur Bekundung eigener Überzeugungen. Das erste Viertel des Romans reiht ihn als Kirchenkritiker und Religionsskeptiker in eine Linie mit Voltaire, Moliére, C. F. Meyer, de Sade oder Karlheinz Deschner. Aber sein Blick ist nie einseitig. Nicht alle Kleriker verkörpern einen selbstherrlichen Machtapparat. Einzelne werden ihrer sozialen Verantwortung gerecht und unterstützen ausgehungerte Leibeigene in deren Kampf gegen ihre Unterdrücker. In Frankreich, heißt es, hätten die Gelehrten „immer ein verdammtes Schafsleder in ihren Truhen, um zu beweisen, daß der Reiche noch reicher und der Arme noch ärmer sein sollte“ (S. 73 f.). Auf ihrem Feldzug geraten, in einer der faszinierendsten Episoden des Romans, Nigel und seine Gefolgsleute in einen blutigen Bauernaufstand. Leider urteilen die aufgebrachten Horden wenig differenziert. Der – gute – Priester wird mit seiner Institution gleichgesetzt und ermordet.

Ein anderes Hauptthema des Romans, in Sir Nigel noch weiter ausgebaut, bildet der ritterliche Ehrenkodex in all seiner Würde und Berechtigung, seinem Dünkel und seiner Absurdität. Darüber hinausgehend thematisiert das Buch den Krieg als Konstante in der Menschheitsgeschichte. Auch wenn es einem nach 1945 sozialisierten Westeuropäer schier unmöglich erscheint, die Verluste an Menschenleben, Land und Natur und das Elend der Hinterbliebenen als Mittel der Politik billigend inkaufzunehmen – Zerstörungen, die Doyle nie ausblendet –, trifft es ebenso zu, daß Soldaten, Heerscharen unbekannter Gefallener inbegriffen, dafür sorgten, daß Menschen in Frieden und Sicherheit dort leben, wo sie es heute tun. Für ein Mitglied der White Company stellte der Krieg darüber hinaus die einzige Plattform für Chancengleichheit und sozialen Aufstieg innerhalb einer streng hierarchischen Ständegesellschaft dar.

Im Rittertum, dessen Niedergang mit dem Aufkommen mechanischer Waffen absehbar und von Nigel wie einem Don Quichotte bedauert wird, stehen Wahn und Vernunft dicht beieinander. Daß man einem Regenten nach einem Putsch wieder auf den Thron verhilft, ist vom Standpunkt des Law-and-Order nachvollziehbar, daß dies aber auch gelten soll in Verteidigung der Herrschaftsansprüche eines Menschen, der „zuviel von einem Henker an sich“ habe „und zu wenig von einem Prinzen“ (S. 188), gibt dagegen zu denken. Die Tapferen der White Company verspielen unter ihrem ehrenwerten Thronfolger ihr kostbares Leben im Kampf gegen einen fragwürdigen Usurpator zugunsten eines Tyrannen, der das gleiche Schicksal auf sein Haupt herabbeschwört wie jener französische Regionaldespot, dem die Bauern den Garaus machen.

Der Erzähler Doyle liebt es, die Widersprüche unserer Welt aufzuzeigen. Etwa wenn er Nigel, den Inbegriff eines tugendhaften Ritters mit durchschlagender Kampfkraft, einen kleingewachsenen, nach einem Unfall sehbehinderten Mann sein läßt, die Frau, die er abgöttisch liebt und gegen alle Welt verteidigt, eine ihn um Haupteslänge überragende herbe Matrone. Nur das junge Liebespaar am Ende besteht aus zwei im herkömmlichen Sinn attraktiven Menschen. Und, wie so oft bei Doyle, kommen die Guten unter den Hauptpersonen meistens mit dem Leben davon – Verbeugung vor dem Leserwunsch, hier aber in Übereinstimmung mit historischen Fakten.

Vor der Stadt

Sir Arthur Conan Doyle: Vor der Stadt.
Roman. Originaltitel: Beyond the City (1893).
Übersetzung aus dem Englischen von Olaf R. Spittel.
Sir Arthur Conan Doyle: Ausgewählte Werke, Band 41.
Herausgegeben von Olaf R. Spittel.
Verlag 28 Eichen, Barnstorf 2018. 196 S. 14,- €.
ISBN: 978-3-940597-90-8.

Wenn in den mittleren Kapiteln nicht ein Anliegen grotesk verulkt würde, für das der übrige Text eine kapitale Lanze bricht – dieser hierzulande unbekannte Gesellschaftsroman hätte das Zeug zum Literatur gewordenen Fanal der Frauenemanzipation.

In einen Villenvorort Londons – zum Verlieben einladend gezeichnet – ziehen ein verwitweter Arzt mit seinen Töchtern, ein pensionierter Flottenadmiral mit Frau und Sohn und eine robuste Frauenrechtlerin mit ihrem etwas unbedarften Neffen ein. Der Frauenrechtlerin gelingt es, den alten Soldaten von seinen Rollenklischees abzubringen und für ihre Ziele zu gewinnen, und auch den verwitweten Arzt fesselt sie mehr, als den besorgten Töchtern lieb ist. Diese gehen zum Schein bei der kämpferischen Raucherin und Starkbiertrinkerin in die Schule und übertreiben das Gelernte mutwillig, um dem arglosen Vater eine Lektion zu erteilen.

Nach diesen klamaukhaften Szenen geht es subtil und mit überraschenden Wendungen weiter, die das Leben in seinem ganzen Auf und Ab widerspiegeln. In dem fast unwahr schönen Happy-End entwirft Doyle in nuce die Utopie einer Gesellschaft, in der sich alle Menschen verständig, unaufgeregt, friedlich und solidarisch begegnen.

Von den Persiflage-Kapiteln abgesehen, ist das Buch, das in Einzelheiten an *Die rote Lampe*, *Ein Duett*, *Mammon & Co.*, *Rodney Stone* und andere erinnert, ein leidenschaftliches Plädoyer für die Gleichstellung der Frau als Akt überfälliger Wiedergutmachtung und Gerechtigkeit. Es verknüpft das politische Mitspracherecht allerdings mit einem plutokratischen Element: Wählen soll dürfen, wer mit Steuergeld aus selbsterwirtschaftetem Einkommen den Staat unterstützt. Frauen gebührt wie Männern das gleiche Recht auf einen Beruf eigener Wahl, kirchliche und militärische Karrieren inbegriffen. Berufsverbote sind aufzuheben.

Die vielen scharfsinnigen Einlassungen kulminieren im erschütternd plausiblen Hinweis Mrs. Westmacotts, daß im England des ausgehenden 19. Jahrhunderts ein Taugenichts, der seinen Verstand im Whisky ersäufe, wählen dürfe, während sie als umfassend gebildete Person, die im Ausland eine Firma geleitet habe, aufgrund ihres Geschlechts von jeder politischen Teilhabe ausgeschlossen bleibe.

Noch ein anderer Aspekt sei hervorgehoben. In der zauberhaften Evokation der Vorstadtatmosphäre fehlt es nicht an diskreten Hinweisen auf den mit dem Bauboom einhergehenden Landverbrauch. Eine von grünen Inseln und einem Tennisparadies unterbrochene Steinwüste erhält in Erinnerung an verlorene Zeiten den Namen *The Wilderness* / Die Wildnis. Viele Zeitgenossen in den Industriestaaten lebten aber überwiegend in der Euphorie des Machbaren und des technischen Komforts. Eine Aufbruchsstimmung, die 125 Jahre danach einer kritischen Einschätzung der Folgen zu weichen beginnt.

PAUL HARDY

Napoleons großer Schatten

> Sir Arthur Conan Doyle: Napoleons großer Schatten.
> Historischer Roman. Originaltitel: The Great Shadow (1892).
> Übersetzung aus dem Englischen von Detlef Fischer.
> Sir Arthur Conan Doyle: Ausgewählte Werke, Band 42.
> Herausgegeben von Olaf R. Spittel.
> Verlag 28 Eichen, Barnstorf 2017. 164 S. 16,- €.
> ISBN: 978-3-940597-91-5.

Das handliche Werk stellt Doyles früheste literarische Annäherung an die Napoleonischen Kriege dar (vgl. Bände 4, 9, 10 und 43). Darüber hinaus teilt es die Rückschauperspektive des erzählenden Alten mit *Rodney Stone* (Bd. 43) und den *Abenteuern des Brigadier Gérard* (Bd. 9 und 10) und nimmt, aus der seitenverkehrten Perspektive des Briten, Gérards Appell an einen respektvollen und friedlichen Umgang der Völker miteinander vorweg.

Es ist ein teilweise politisches Buch mit einem nachdenklichen Ende. Allerdings läßt es der Lust an Schlachtenschilderungen ein Kapitel zuvor freieren Lauf, als der sonst feinnervigen Erzählung guttut.

Jock Calder wächst an der schottischen Ostküste als Sohn eines Schafzüchters auf. Napoleon Bonaparte schwebt wie ein Schatten über der friedlichen Gegend. Wird er eines Tages landen und das Land okkupieren?

Eine verwaiste Cousine, ein Schulfreund und ein im Kampf gegen Napoleon verwundeter Major begleiten das Schicksal des Jungen, bis ein Fremder an Land gespült wird und die Regie über das Leben der Landleute an sich zieht. Man denkt an die geheimnisvollen Wiedergänger von *Cloomber* (Bd. 1), aber es klärt sich ganz anders auf.

Das Buch bietet faszinierende Überraschungen und geschickte Vorausnahmen. Der Leser weiß meistens mehr als die Figuren der Erzählung – um dann verblüfft dazustehen, wenn sich die Sache unerwartet dreht. Cousine Edie erweckt im vorpubertären Knaben erotische Faszination, die dieser nichtsahnend verkennt, der Leser aber errät. Der eben erst Erwachsene wird dann vom Reiz der jungen Dame mitgerissen, die sicher zu Doyles und nicht nur Doyles ungewöhnlichsten Frauenporträts gehört. Das Gewahrwerden des erotischen Interesses an ihr gehört zu den hinreißendsten Frühlingserwachen-Geschichten der Literatur. Die Intensität der Darstellung bis zur grimmigen Entzauberung legt Rückschlüsse auf Doyles frühen Frauentypus nahe.

Aber auch die Vermenschlichung des geheimnisvollen Fremden und das tragische Schicksal Jims gehören zu den Momenten des Buchs, die man nicht vergißt.

Rodney Stone

Sir Arthur Conan Doyle: Rodney Stone.
Roman. Originaltitel: Rodney Stone (1896).
Übersetzung aus dem Englischen von Mandana Bagheri, Martin Fischer, Heike Holtsch, Britta Köhler, Kristina Mundt, Eva Scharenberg, Anja Schindler, Jennifer Schwartz, Jennifer Thomas, Sara Walczyk, Constanze Wehnes, Zita Weiß und Fabienne Weuffen.
Koordination: Heike Holtsch.
Lektorat: Heike Holtsch, Jennifer Thomas, Martin Fischer, Fabienne Weuffen.
Mit den Original-Illustrationen von Sidney Paget aus dem „Strand Magazine".
Sir Arthur Conan Doyle: Ausgewählte Werke, Band 43.
Herausgegeben von Olaf R. Spittel.
Verlag 28 Eichen, Barnstorf 2015. 308 S. 19,95 €.
ISBN: 978-3-940597-92-2.
eBook: ISBN: 978-3-96027-093-5. 13,99 €.

Rodney Stone heißt der Erzähler dieser Geschichte, in der Doyle ein üppiges Panorama der frühen, von Verboten bedrohten Epoche des modernen Boxsports im malerischen Südostengland Anfang des 19. Jahrhunderts entfaltet. Darüber hinaus gibt der Roman Einblick in eine den Standesdünkel des beschäftigungslos gewordenen Adels nicht mehr akzeptierende Gesellschaft und analysiert die Verfaßtheit einer sportfixierten Nation zuzeiten der Bedrohung durch den übermächtigen Napoleon.

Die Zähigkeit, Leidensbereitschaft und Entschlossenheit der Preisboxer wird in Beziehung gesetzt zu den englischen Soldaten, denen es nach jahrelangen Rückschlägen zu Land erst zu Wasser gelingen sollte, den Imperator von der Insel fernzuhalten und sich die Vorherrschaft über die Meere zu sichern. Der Held von Trafalgar, Admiral Nelson, bekommt ein eigenes Kapitel.

Über diese äußeren Marker hinaus erklärt der Roman die Faszination des Schriftstellers Doyle und wohl aller Sportbegeisterten bis heute für den Leistungssport. Körperliche Schönheit, geschlechtsunabhängig (unabhängig von sexuellen Orientierungen übrigens auch), und die Verkörperung der Grenzen dessen, was die Gattung Mensch physisch und moralisch zu leisten vermag, bilden ihre Mitte.

Doyle muß beim Schreiben ähnliche Strategien verfolgt haben wie seine Preisboxer: mit Ausdauer Objekt und Objektverhalten taxieren, vorausschauend reagieren, das Ziel auf konzentriertestem Weg erreichen. Ob er mit der Wahl der Krimi-Schauer-Nebenhandlung optimal beraten war, die gegen Ende zwei lange Rückblenden erzwingt und Opernlibretti entnommen wirkt, darf allerdings hinterfragt bleiben.

Ungeachtet dieser Einzelheit trägt die von Standesdünkel unbeeindruckte Freundschaft des Erzählers Rodney zu Jim, dem sportlichen, aus einfachem Hause stammenden Schmiedegehilfen und Pflegling von Box-Exchampion Jack Harrison, auf hinreißende Weise über das ganze Buch. Übrigens war der Sport, das zeigt der an historischen Tatsachen orientierte Roman, schon damals von kriminellen Machenschaften durchsetzt. Noch nicht vonseiten der Sportler selber, aber vonseiten manch eines, der sein Vermögen auf sie verpfändete. Zu den anrührend charmanten Episoden gehört die leider eher utopische Szene, in der der 17jährige Jim die dem Suff verfallene Exschauspielerin Polly Hinton vom Alkohol befreit. Wie ein grundsätzlich friedensfixierter Mensch wie Rodney Wehrertüchtigung als ein unverzichtbares Element einer Gesellschaft legitimiert, erhält in der angespannten Situation zu Beginn des 21. Jahrhunderts dagegen eher beunruhigende Aktualität.

Die vorgelegte deutsche Erstübersetzung entstand als Teamarbeit im Rahmen der berufsbezogenen Praktikumsseminare der Heinrich-Heine-Universität im Europäischen Übersetzerkollegium Straelen unter Mitwirkung und Leitung von Heike Holtsch. Es bleibt zu hoffen, daß von dieser

Kooperation einer Hochschule mit einem Belletristikverlag eine Schubwirkung ausgeht für eine ausgedehntere Rezeption Doyles auch im akademischen Rahmen. Beim Niveau dieser Literatur ist das überfällig.

Erinnerungen und Abenteuer

Sir Arthur Conan Doyle: Erinnerungen und Abenteuer.
Autobiographie. Originaltitel: Memories and Adventures (1924).
Übersetzung aus dem Englischen von Mandana Bagheri, Maximilian Boßeler, Martin Fischer, Heike Holtsch, Britta Köhler, Kristina Mundt, Eva Scharenberg, Anja Schindler, Jennifer Thomas, Sara Walczyk, Constanze Wehnes und Fabienne Weuffen.
Koordination und Lektorat: Heike Holtsch.
Sir Arthur Conan Doyle: Ausgewählte Werke, Band 44.
Herausgegeben von Olaf R. Spittel.
Verlag 28 Eichen, Barnstorf 2017. 424 S. 24,- €.
ISBN: 978-3-940597-93-9.

Erneut in Kooperation mit dem Übersetzerkollegium Straelen unter Heike Holtsch entstand auch dieser seitenstarke Band am Ende der Reihe. Er enthält Doyles 1925 abgeschlossene Autobiographie. Nur wer den Sherlock-Holmes-Erfinder auf seine Kriminalgeschichten reduziert, erwartet womöglich eine Ansammlung gefälliger Anekdoten aus dem Privatleben. Die bekommt der Leser nun aber nicht oder allenfalls am Rande serviert. Etliche Kapitel haben etwas von einem Referat und beleuchten Hintergründe von Kontroversen, die Doyle auf der politischen Bühne ausgetragen hat, und große Zeitgeschichte. Die war im England an der Wende zum und Beginn des 20. Jahrhunderts von zwei großen Kriegen geprägt: dem zweiten Burenkrieg und dem Ersten Weltkrieg. Doyle wurde in beiden als Berichterstatter Augenzeuge. Über beide verfaßte er Einzelartikel und umfangreiche Gesamtdarstellungen. Für seine Streitschrift, in der er 1902 gegen die britische Armee international erhobene Vorwürfe zu widerlegen versuchte (*Der Krieg in Südafrika*, Band 26) wurde er noch im selben Jahr geadelt. Im Burenkrieg organisierte er den Aufbau einer

Krankenstation und übte eingeschränkt seinen ursprünglichen Beruf als Arzt wieder aus. In Eingaben an die Regierung machte er auf Lücken in der Ausrüstung der Soldaten aufmerksam und entwickelte Vorschläge zu deren Abhilfe. Er initiierte Schützenvereine und stellte, als die Gefahr einer Invasion durch das Deutsche Reich im Raume stand, zivile Einsatzgruppen zur Verteidigung der Heimatfront zusammen, was ihm dann allerdings vom britischen Kriegsministerium untersagt wurde. Doyle war eine ernstzunehmende Größe, auf die man hörte, und er machte von seinem Einfluß regen Gebrauch.

Das tat er auch in einigen juristischen Kampagnen, in denen er auf skandalöse Justizirrtümer, schlampige Polizeiarbeit und die Weigerung des Behördenapparats, Unrecht einzugestehen, hinwies. Über den spektakulärsten Fall gibt sein Aufsatz *Ich klage an* in diesem Supplementband.

Die Kapitel über die Kriege, die Doyle als Frontberichterstatter miterlebte, lasen sich für Zeitgenossen wenige Jahre nach Friedensschluß anders als aus großer zeitlicher Distanz. Viele Namen von Politikern und Generälen sind nur noch dem Historiker geläufig und hätten für den Durchschnittsleser einen Anmerkungsapparat nahegelegt, wie ihn ein Belletristikverlag kaum stemmen kann. Den Namen des späteren zweifachen Premierministers und Literatur-Nobelpreisträgers Winston Churchill dürfte aber jeder Leser kennen. Doyle gehörte zu den frühesten Bewunderern von dessen Fähigkeiten als Militär und Autor historischer Abhandlungen.

Die Kapitel über die Kindheit, die ersten Jahre als Arzt (vgl. Bd. 30 und 31), die Justizkampagnen, die Wahlkämpfe, als Doyle sich, allerdings vergeblich, um einen Parlamentssitz bewarb, aber auch die Reisen nach seiner Hinwendung zum Spiritismus lesen sich ausgesprochen spannend. Dasjenige über seine Arktisexkursion auf einem Robben- und Walfängerschiff gehört zu den eindrucksvollsten Schilderungen der einsamen Welt im Eis unter der fremden Einwirkung einer nicht untergehenden Sommersonne überhaupt.

Die Faszination für den Sport in seinen Leistungsspitzen als Selbstfeier der Gattung Mensch, in der eigenen Ausübung als Stätte gesunden Wettkampfs und des Fair Play – ein zentrales Wort für den englischen Gentleman – findet in Doyle seinen Anwalt. Früh warnt er vor den Gefahren der Kommerzialisierung (vgl. Bd. 43).

Was viele Doyle-Leser nicht gewußt haben dürften, ist, daß mehrere seiner Werke nicht in England entstanden, sondern in der Schweiz und in Ägypten. Jahrelang verbrachte die Familie dort einen großen Teil ihrer Zeit, weil Doyles erste Frau an einer sogenannten galoppierenden Schwindsucht erkrankt war und in Davos und im Land am Nil überleben konnte, ehe ein passendes Domizil auch in England gefunden wurde. In der Schweiz legte Doyle in einer aufsehenerregenden Initiative den Grundstein zur Ausbreitung des alpinen Skisports und Skitourismus. In Ägypten nahm er an einer Wüstenexkursion teil, die ihn zu seinem Entführungsroman *Ein gefährlicher Ausflug* inspirierte (Bd. 2).

Dank seines Erfolgs als belletristischer Autor war Doyle, der aus bescheidenen Verhältnissen stammte und sich seiner Familie zeitlebens dankbar erwies, mehrfach in der Lage, sich als Geschäftsmann zu beweisen. Die Tücken von Aktienspekulationen, ironisch aufgespießt in dem frühen Roman *Mammon & Co.* (Bd. 5), kannte er aus eigener Erfahrung.

In den Nachkriegsjahren löste Doyle in vielen Kreisen Widerstand aus und gefährdete seinen Namen als gescheiter Kopf und Autor. Einige Zeitgenossen sollen soweit gegangen sein, ihm Altersgutgläubigkeit und Verlust der geistigen Kontrolle zu unterstellen. Grund waren seine Hinwendung zum Spiritismus und seine nun einsetzende Vortragstätigkeit, die ihn mehrfach in die Vereinigten Staaten und nach Australien führte. Einige Kommentatoren unterstellten ihm auch, über den Verlust des Sohnes und weiterer Angehöriger im Weltkrieg für billige Heilslehren anfällig geworden zu sein.

Ein Hauptanliegen der Autobiographie besteht in der – glaubwürdigen – Zurückweisung dieser Unterstellung. Bereits als Teenager erkannte der damalige Jesuitenzögling die Fragwürdigkeit der christlichen Theologie und bezog einen agnostischen Standpunkt. Seine religiöse Überzeugung beschränkte sich auf die Annahme einer ordnungstiftenden Kraft hinter den Abläufen der Natur, die ihn mit Bewunderung erfüllten. Die Annahme einer sich selber blind erschaffenden, gleichwohl sinnvolle Resultate erzeugenden Materie befriedigte ihn ebenso wenig wie die alten Religionen, und er trat bereits in seinen Zwanzigern einer Gesellschaft bei, in der sich Menschen unterschiedlicher Herkunft der Erforschung parapsychologischer Phänomene widmeten. Das dort Beobachtete und Diskutierte interessierte ihn, konnte aber seinen agnostischen Standpunkt nicht bewegen. Erst konkrete Erlebnisse hätten ihn vom Vorhandensein einer Existenz jenseits des Todes überzeugt.

Auch wenn der Spiritismus heute weitgehend aus der Öffentlichkeit verschwunden ist und der einzelne Leser vielleicht keinerlei jenseitige „Erfahrungen" kennt, läßt sich an der subjektiven Stichhaltigkeit von Doyles Hinwendung zu diesem Phänomen nicht zweifeln. Mit Recht – auch dies mehrfach Thema seiner Werke – verweist er darauf, daß Wissenschaft aufhört, Wissenschaft zu sein, wenn sie aufhört, ihre Resultate infragezustellen.

In Zeiten kollektiver Globalisierungsdogmen und offizieller Gleichsetzung von Freihandel mit Freiheit mögen Doyles Ausführungen zu dessen fatalen Konsequenzen je nach

Standpunkt befremdlich oder im Gegenteil hochaktuell wirken. Ebenso seine kritischen Anmerkungen zum Bildungsangebot in den Schulen und zum Ausbildungssystem an den Universitäten schon damals. Selbst sein Festhalten an einer identitätsstiftenden Nation, die sich verteidigen und jederzeit selbst versorgen kann, könnte sich nach der absehbar möglichen, hoffentlich friedlichen Abwicklung der europäischen Bürokratie als ein Weg herausstellen, bei dem die meisten Menschen zufriedener fahren.

Der Blick auf Doyles Gesamtwerk verführte mehrfach zur Einschätzung eines tendenziellen Nachlassens seiner literarischen Kräfte nach 1900. Fraglos stand die Literatur nicht mehr obenan für den Mann, der sich in Kampagnen verausgabte und seine Aufgabe nicht darin sah, im geschützten Rückzugsraum Nabelschau zu betreiben und heile Welt zu produzieren. Gegen Ende seiner Laufbahn tat Conan Doyle sein reiches literarisches Schaffen fast im Nebensatz ab und begegnete seinem Sherlock Holmes sogar nachgerade ungerecht. Hätte er doch eigentlich erkennen müssen, wie sehr er auch hier einen ernstzunehmenden Beitrag zur Verbesserung des gesellschaftlichen Zusammenlebens, zum gesellschaftlichen Frieden und zur Gerechtigkeit leistete. War es doch die unzureichende Polizeiarbeit gewesen, die jene Justizirrtümer ursächlich verschuldet hatte, gegen die Doyle mit seinem ganzen Gewicht als Autor und *homo politicus* vorging und deren Methoden Holmes-Doyle nachhaltig reformieren helfen sollte.

Der Mensch, der dem Leser aus den Erinnerungen und Abenteuern entgegentritt, ist der gleiche wie der Doyle der Romane und Erzählungen: ein robuster, seinem Verstand und seinem Glück vertrauender Charakter von umfassender Gerechtigkeitsliebe und optimistischem Grundgefühl. Über die Grenzen zeittypischer Einstellungen hinweg, die er in seiner Eigenschaft als aktiver Mitspieler in der Politik ungebrochener mittrug als in seinem literarischen Werk, scheint ein ehrlicher Charakter auf, dessen verantwortungsvoller Umgang mit dem wichtigen Kapital, der Ressource Zeit, zu denken geben kann und dessen Vielseitigkeit schon zu Lebzeiten irritierte und noch heute zu entdecken gilt.

PROSA

Sir Arthur Conan Doyle

Das Zimmer des Grauens

Der Salon der Masons bot ein außergewöhnliches Bild. Auf der einen Seite war er mit beträchtlichem Luxus eingerichtet. Tiefen Sofas, niedrige, luxuriöse Stühle, sinnliche Statuetten und voluminöse Vorhänge, die von reich ornamentierten Metallrahmen herabhingen, schufen die passende Bühne für die schöne Frau des Hauses. Mason, ein junger aber wohlhabender Geschäftsmann, hatte offensichtlich keinen Aufwand und keine Kosten gescheut, um jedem Wunsch und jeder Laune seiner schönen Frau nachzukommen. Dies war nur selbstverständlich, denn sie hatte viel um seinetwillen geopfert. Die bekannteste Tänzerin Frankreichs, die Heldin eines Dutzends außerordentlicher Romanzen, hatte ihr Leben der glitzernden Lust aufgegeben, um das Schicksal des jungen Amerikaners zu teilen, dessen asketischer Lebenswandel sich so stark von dem ihren unterschied. Mit allem, was Reichtum kaufen konnte, versuchte er ihr das zu ersetzen, was sie für ihn aufgegeben hatte. Man sollte meinen, er würde versuchen, diese Tatsache der Öffentlichkeit nicht preiszugeben, ja, ihr nicht einmal ansatzweise Ausdruck verleihen, aber abgesehen von einigen persönlichen Eigenheiten in dieser Frage entsprach sein Verhalten dem eines Ehemannes, der nie auch nur für einen Augenblick aufgehört hat, ein Liebhaber zu sein. Selbst die Anwesenheit von Zuschauern verhinderte die Zurschaustellung seiner überwältigenden Zuneigung nicht.

Aber das Zimmer war einzigartig. Zunächst erschien es nicht ungewöhnlich, doch nach einiger Zeit begann man, seine seltsamen Eigenheiten wahrzunehmen. Es war still – sehr leise. Kein Trittschall war auf den reichen Teppichen und schweren Brücken zu hören. Selbst ein Kampf würde lautlos stattfinden, auch wenn ein Körper zu Boden gestoßen würde. Es war auch seltsam farblos, alles war in ein Licht getaucht, das auf eine gekünstelte Art durchweg abgedunkelt war. Und nicht alles war im gleichen Stil eingerichtet. Man könnte meinen, der junge Bankier, der Tausende in dieses Boudoir gleichsam als eine Schatzkammer seiner kostbarsten Besitztümer verschwendete, habe vergessen, auf die Kosten zu achten und sei dann plötzlich wegen einer drohenden Insolvenz verhaftet worden. Es war luxuriös, wo es auf die belebte Straße nach vorn hinaus sah. Seitlich war es leer, spartanisch und reflektierte eher den Geschmack eines extrem asketischen Mannes als den einer Frau, die Freude an der Schönheit hat. Vielleicht kam sie aus diesem Grunde nur für wenige Stunden am Tag hierher, manchmal zwei, manchmal vier, aber während sie dort war, lebte sie mit intensivem Ausdruck, und innerhalb dieses alptraumhaften Raumes wurde sie zu einer ganz anderen und sehr viel gefährlicheren Frau als an jedem anderen Ort.

Gefährlich – das war das Wort. Wer hätte daran zu zweifeln vermocht, angesichts ihrer zarten Figur, die sich auf dem großen Bärenfell, das das Sofa drapierte, rekelte. Sie stützte sich auf ihren rechten Ellbogen, ihr zartes aber willensstarkes Kinn ruhte in ihrer Hand, während ihre Augen, groß und schmachtend, bezaubernd und erbarmungslos, unbewegt nach vorn gerichtet waren – mit einer Intensität, die etwas undefinierbar Schreckliches an sich hatte. Es war ein schönes Gesicht – das Gesicht eines Kindes, und doch hatte die Natur bereits einige subtile Zeichen hineingeprägt, einen undefinierbaren Ausdruck, der besagte, daß ein Teufel darinnen lauerte. Man erzählte sich, daß Hunde vor ihr zurückgeschreckt und Kinder vor ihren Liebkosungen schreiend davongelaufen waren. Es gibt Instinkte, die schärfer sehen als der Verstand.

An diesem besonderen Nachmittag war sie von irgendetwas stark betroffen worden. Sie hielt einen Brief in der Hand, den sie wieder und wieder las –, die kleinen, faszinierenden Augenbrauen zusammengezogen und die feinen Lippen grimmig zusammengepreßt. Plötzlich fuhr sie auf, und ein Schatten der Angst überflog das katzenartig Bedrohliche ihrer Züge. Sie stützte sich auf ihren Arm und hob ihre Augen voller Sehnsucht zur Tür. Sie lauschte angespannt, lauschte auf etwas, das ihr Furcht einzujagen schien. Für einen Augenblick spielte ein Lächeln der Erleichterung über ihr Gesicht. Dann verbarg sie mit einem Blick des Erschreckens den Brief in ihrem Kleid. Kaum hatte sie das vollbracht, als sich die Tür öffnete und ein junger Mann schwungvoll ins Zimmer trat. Es war Archie Mason, ihr Ehemann – der Mann, den sie geliebt hatte, der Mann, für den sie ihren europäischen Ruhm geopfert hatte, der Mann, der nun aber einem neuen und wunderbaren Erlebnis im Wege stand.

Der Amerikaner war ein Mann um die dreißig, glatt rasiert, sportlich, ausgesucht gekleidet in einen enggeschnittenen Anzug, der seinen perfekten Körper zur Geltung brachte. Er stand mit verschränkten Armen an der Tür und blickte gespannt auf seine Frau – mit einem sonnengebräunten, maskenhaften Gesicht, aus dem lebendige Augen hervorblickten. Sie stützte sich wieder auf ihren Ellbogen, aber ihre Augen blieben auf ihn gerichtet. In diesem stummen Blickwechsel lag etwas Schreckliches. Jeder versuchte, den anderen zu erforschen, und jeder ließ erkennen, daß die Antwort auf seine stumme Frage lebenswichtig war. Er schien zu fragen „Was hast du getan?“ Sie wiederum schien zu fragen „Was weißt du?“ Schließlich trat er näher, setzte sich auf das Bärenfell neben ihr, ergriff zart ihr feines Ohr und drehte ihr Gesicht zu sich.

„Lucille“, sagte er, „willst du mich vergiften?“

Sie entzog sich seiner Berührung mit Entsetzen auf ihrem Gesicht und Protest auf ihren Lippen. Zu bewegt, um sprechen zu können, zeigten sich ihre Überraschung und ihr Zorn eher in ihren fahrigen Händen und ihrem verzerrten Antlitz. Sie versuchte, sich zu erheben, aber sein Griff hielt ihre Handgelenke fest. Wieder stellte er die Frage, aber dieses Mal mit tieferer, schrecklicherer Betonung.

„Lucille, warum willst du mich vergiften?“

„Du bist verrückt, Archie! Verrückt!“ keuchte sie.

Seine Antwort ließ ihr Blut erstarren. Mit blassen, geöffneten Lippen und erbleichten Wangen vermochte sie nur, ihn hilflos schweigend anzustarren, während er eine kleine Flasche aus der Tasche zog und sie ihr vor Augen hielt.

„Das ist aus deiner Schmuckschatulle!“ rief er.

Zweimal versuchte sie zu sprechen und vermochte es doch nicht. Schließlich kamen die Worte, langsam, eines nach dem anderen, über ihre zusammengepreßten Lippen: „Immerhin habe ich es nicht benutzt.“

Wieder griff seine Hand in seine Tasche. Er zog ein Blatt Papier daraus hervor, entfaltete es und hielt es ihr entgegen.

„Es ist die Expertise von Dr. Angus. Es ist von zwölf Gran Antimon die Rede. Ich habe auch die Aussage von Du Val, dem Chemiker, der es verkauft hat.“

Ihr Gesicht war schrecklich anzusehen. Es gab nichts zu sagen. Sie konnte nur mit diesem festen, hoffnungslosen Starren eines erbitterten Wesens antworten, das sich in einer tödlichen Falle sieht.

“Nun?” fragte er.

Es gab keine Antwort außer einer Bewegung voller Verzweiflung und Widerspruch.

„Warum?“ fragte er. „Ich möchte wissen, warum.“ Als er sprach, entdeckte sein Auge den Rand des Briefes, den sie in ihrem Kleid verborgen hatte. Im Nu hatte er ihn ergriffen. Mit einem Schrei der Verzweiflung versuchte sie, ihn zurückzubekommen, aber er wehrte sie mit einer Hand ab, während er ihn überflog.

„Campbell!“ keuchte er. „Es ist Campbell!“

Sie hatte ihren Mut wieder gefunden. Es gab nichts mehr zu verbergen. Ihr Gesicht wurde hart und fest. Ihre Augen waren tödlicher als Dolche.

„Ja“, sagte sie. „Es ist Campbell.“

„Mein Gott! Von allen Männern – ausgerechnet Campbell!“

Er erhob sich und schritt rasch im Zimmer umher. Campbell, der großartigste Mann, den er je gekannt hatte, ein Mann, dessen ganzes Leben eine lange Abfolge von Selbstverleugnung, Mut und all dessen gewesen war, was den auserwählten Mann kennzeichnet. Und nun war auch er ein Opfer dieser Sirene geworden und war so tief gesunken bis hin zu der Absicht, wenn nicht sogar bereits zur eigentlichen Tat, den Mann zu verraten, dessen Hand er in Freundschaft schüttelte. Es war unglaublich – und doch war hier der leidenschaftliche, bittende Brief, in dem er seine Frau beschwor, mit ihm zu fliehen und das Schicksal eines mittellosen Menschen zu teilen. Jedes Wort des Briefes zeigte, daß Campbell zumindest nicht an den Tod Masons dachte, der ihn aller Schwierigkeiten enthoben haben würde. Diese teuflische Lösung war das Ergebnis des dunklen und bösen Verstandes, der hinter einer so makellosen Maske brütete.

Mason war ein Mann unter einer Million, ein Philosoph, ein Denker mit einem weitherzigen und mitfühlenden Verständnis für andere. Innerhalb eines Augenblicks war seine Seele in Bitterkeit versenkt worden. Innerhalb dieses kurzen Zeitraums hätte er töten können – sowohl seine Frau als auch Campbell, und er hätte seinem eigenen Tod mit dem heiteren Geist eines Mannes entgegengesehen, der nur seine Pflicht getan hat. Aber bereits, als er im Zimmer umherschritt, hatten mildere Gedanken begonnen, sich durchzusetzen. Wie konnte er Campbell etwas vorwerfen? Er wußte um die absolute Zauberkraft dieser Frau. Es war nicht nur ihre wunderbare körperliche Schönheit. Sie hatte eine einzigartige Kraft, sich scheinbar für einen Mann zu interessieren, sich in sein innerstes Bewußtsein hineinzuwinden, einzudringen in Bereiche seines Wesens, die zu heilig für die Welt waren, und dabei den Anschein zu erwecken, seinen Ehrgeiz und auch seine Tugend zu fördern. Gerade darin zeigte sich die tödliche Raffinesse ihres Netzes. Er erinnerte sich, wie es in seinem eigenen Fall gewesen war. Sie war frei damals – so jedenfalls hatte er geglaubt –, und er war imstande gewesen, sie zu heiraten. Aber gesetzt den Fall, sie wäre nicht frei gewesen. Angenommen, sie wäre verheiratet gewesen. Und nehmen wir an, sie hätte auf die gleiche Weise von seiner Seele Besitz ergriffen. Hätte er sich zurückgehalten? Wäre er in der Lage gewesen, seine unerfüllten Sehnsüchte zu unterdrücken? Er mußte sich eingestehen, daß er das trotz all seiner Stärke eines Mannes der neuenglischen Staaten nicht vermocht hätte. Warum also sollte er dann so bitter mit seinem unglücklichen Freund ins Gericht gehen, der in der nämlichen Lage war? Mitleid und Sympathie erfüllten seinen Geist, als er an Campbell dachte.

Und sie? Dort lag sie auf dem Sofa, ein armer, verletzter Schmetterling, ihre Träume zerstoben, ihre Absicht enttarnt, ihre Zukunft düster und bedroht. Auch für die Verführerin, die sie war, füllte sich sein Herz mit Mitleid. Er wußte einiges aus ihrem Leben. Er kannte sie als ein von Geburt an verzogenes Kind, ungezähmt, ungehemmt, als eine Frau, deren Raffiniertheit, Schönheit und Charme jegliche Hemmnisse hinwegzufegen vermochten. Sie hatte noch nie ein Hindernis gekannt. Nun aber hatte sich eines auf ihrem Weg erhoben, und sie hatte wahn- und sündhaft versucht, es zu zerstören. Da sie aber dies wünschte, bedeutete das nicht, daß er keinesfalls der Mann war, der Ruhe und Zufriedenheit in ihr Herz zu pflanzen vermochte? Er war zu streng und zu selbstsüchtig für dieses sonnige, flatterhafte Wesen. Er war ein Mann des Nordens, sie kam aus dem Süden, stark zueinander hingezogen für eine kurze Zeitspanne, aber ungeeignet für eine dauerhafte Vereinigung. Er hätte das sehen müssen – er hätte das verstehen müssen. Es war an ihm, mit seinem überlegenen Verstand die Verantwortung für diese Situation zu tragen. Sein Herz erbarmte sich ihrer wie bei einem kleinen Kind, das hilflos in Probleme verstrickt ist. Eine Zeitlang hatte er das Zimmer schweigend mit zusammengepreßten Lippen durchmessen, die Hände geballt, die Nägel in die Handflächen gebohrt. Nun setzte er sich mit einer plötzlichen Bewegung neben sie und nahm ihre kalte und leblose Hand in die seine. Ein Gedanke trommelte in seinem Kopf. „Ist es Ritterlichkeit oder ist es Schwäche?“ Die Frage, die in seinen Ohren klang, sie stand ihm vor Augen, sie schien sich in großen Buchstaben vor ihm zu materialisieren, so daß die ganze Welt sie lesen konnte.

Es war ein harter Kampf, aber er hatte gesiegt.

„Du wirst zwischen uns wählen müssen, mein Liebling“, sagte er. „Wenn du wirklich sicher bist – sicher, du verstehst –, daß Campbell dich als Ehemann glücklich zu machen vermag, so will ich nicht im Wege stehen.“

„Eine Scheidung!“ keuchte sie.

Seine Hand schloß sich um die Giftflasche. „So kann man kann es nennen“, sagte er.

Ein nie gesehenes, seltsames Licht leuchtete in ihren Augen auf, als sie ihn anschaute. Diesen Mann kannte sie nicht. Der harte, praktische Amerikaner war verschwunden. An seiner Statt schien sie einen Helden zu erblicken und einen Heiligen, einen Mann, der sich zu einer unmenschlichen Höhe selbstloser Tugend zu erheben vermochte. Ihre Hände umschlossen die seinen, die die todbringende Phiole bargen.

„Archie“, rief sie, „du vermagst mir sogar das zu vergeben!“

Er lächelte sie an. „Du bist schließlich nur ein kleines, eigensinniges Kindchen.“

Ihre Arme streckten sich ihm entgegen, als es an der Tür klopfte und das Mädchen auf die gleiche, seltsam stille Weise hereintrat, in der sich alles in diesem alptraumhaften Raum abspielte. Auf dem Tablett lag eine Karte. Die Dame warf einen Blick darauf.

„Captain Campbell! Ich will ihn nicht empfangen."

Mason sprang auf.

„Im Gegenteil, er kommt aufs Stichwort. Führe ihn augenblicklich herein."

Kurz darauf wurde ein hochgewachsener, sonnenverbrannter junger Soldat in den Raum geführt. Mit einem Lächeln auf seinen angenehmen Gesichtszügen trat er näher, aber als sich die Tür hinter ihm geschlossen und die Gesichter vor ihm wieder ihren ungezügelten Ausdruck angenommen hatten, hielt er unschlüssig inne und blickte von einem zum anderen.

"Nun?" fragte er.

Mason trat vor ihn hin und legte ihm seine Hand auf die Schulter.

„Ich hege keinen Groll", sagte er.

"Groll?"

„Ja, ich weiß alles. Aber ich hätte mich ebenso verhalten, wären unsere Positionen vertauscht gewesen."

Campbell wich einen Schritt zurück und blickte die Dame fragend an. Sie nickte und zuckte die graziösen Achseln. Mason lächelte.

„Sie müssen nicht befürchten, daß dies eine Falle ist, um ein Geständnis zu erlangen. Wir haben offen über die Angelegenheit gesprochen. Nun, Jack, Sie waren immer ein Sportsmann. Hier ist eine Flasche. Egal, wo sie herkommt. Wenn der eine oder der andere von uns daraus trinkt, würde es die Situation klären." Er sprach beinahe wie im Fieber. „Lucille, wer soll es sein?"

Es wirkte da eine seltsame Macht in diesem alptraumhaften Raum. Es gab einen dritten Mann, obwohl keiner der drei, die sich in der Krise ihres Lebensdramas gegenüberstanden, ihn beachtete. Wie lange er schon da war, wieviel er gehört hatte – niemand vermochte es zu sagen. Er lehnte sich in der am weitesten von der kleinen Gruppe entfernten Ecke gegen die Wand, eine finstere, schlangengleiche Gestalt, leise und unbewegt, abgesehen von einem nervösen Zucken seiner geballten rechten Hand. Er verbarg sich hinter einem quadratischen Gehäuse und unter einem raffiniert darübergeworfenen dunklen Tuch, als wünsche er, seine Gesichtszüge zu verbergen. Konzentriert beobachtete er gespannt jede neue Phase des Dramas, und der Augenblick für ihn einzugreifen war fast gekommen. Die drei jedoch beachteten ihn nicht. Gefangengenommen vom Zusammenspiel ihrer eigenen Emotionen, hatten sie keinen Blick für diese Macht, die stärker war als sie - eine Macht, die zu jedem Zeitpunkt die Herrschaft über diese Szenerie zu übernehmen vermochte.

„Sollen es die Karten sein, Jack?“ fragte Mason.

Der Soldat nickte.

„Nein! Um Gottes Willen, nein!“ rief die Frau.

Mason hatten die Flasche entkorkt, wandte sich zu dem Beistelltisch und zog ein Kartenspiel hervor. Karten und Flasche lagen nebeneinander.

„Wir können die Verantwortung nicht auf sie abschieben“, sagte er. „Nun, Jack, Best-of-Three?“

Der Soldat näherte sich dem Tisch. Er berührte die todbringenden Karten. Die Frau beugte sich, auf ihren Arm gestützt, nach vorn und verfolgte fasziniert das Geschehen.

Und ausgerechnet jetzt fiel die Klappe.

Der fremde dritte Mann hatte sich erhoben, fahl und gewichtig.

Allen drei war seine Anwesenheit plötzlich bewußt. Sie blickten ihm erwartungsvoll fragend in die Augen. Er sah sie kalt und traurig an, mit dem Gestus des Meisters.

„Wie war es?“ fragten sie in einem Atemzug.

„Grauenhaft!“, antwortete er. „Grauenhaft! Die ganze Szene morgen nochmal.“

Arthur Conan Doyle

Dr. Watson kann es jetzt auch

Von dem Augenblick an, in dem sein Freund am Frühstückstisch Platz nahm, hatte Watson ihn eindringlich beobachtet. Endlich blickte Holmes auf und sah ihn direkt an.

„Nun, Watson“, fragte er “worüber denken Sie nach?“

„Über Sie.“

„Mich?“

„Jawohl, Holmes, ich habe gerade darüber nachgedacht, wie leicht zu durchschauen Ihre Tricks doch sind und wie seltsam es doch ist, daß die Öffentlichkeit immer noch davon fasziniert ist.“

„Da stimme ich Ihnen durchaus zu“, sagte Holmes „Es ist in der Tat so, daß ich mich daran erinnere, einst eine ähnliche Bemerkung gemacht zu haben.“

„Ihre Methoden“, sagte Watson mit Nachdruck, „können tatsächlich sehr einfach nachgeahmt werden.“

„Ganz ohne Zweifel“, antwortete Holmes mit einem Lächeln. „Vielleicht möchten Sie eine kleine Vorführung Ihrer Schlußfolgerungen liefern.“

„Mit Vergnügen“, sagte Watson. „Beispielsweise kann ich ihnen sagen, daß Sie mit anderen Dingen beschäftigt waren, als Sie heute Morgen aufstanden.“

„Exzellent!“ sagte Holmes. „Was in aller Welt hat Sie zu dieser Schlußfolgerung geführt?“

„Nun, Sie sind unter normalen Umständen ein sehr gepflegter Mann und dennoch haben Sie heute Morgen vergessen, sich zu rasieren.“

„Meine Güte, wie außerordentlich clever!“ sagte Holmes. „Watson, ich hatte ja keine Ahnung, daß Sie ein so gelehriger Schüler sein könnten. Hat ihr adlerhaftes Auge noch mehr entdeckt?“

„Jawohl, Holmes. Sie haben einen Klienten namens Barlow und Sie hatten in seinem Fall bislang keinen Erfolg.“

„Meine Güte, wie haben Sie dies erfahren?“

„Ich sah seinen Absender auf einem Brief. Als Sie ihn öffneten, wurden Sie mißmutig und haben ihn verärgert in Ihre Tasche gestopft.“

„Bewundernswert. Sie sind in der Tat ein guter Beobachter. Noch weiteres?“

„Ich befürchte, Holmes, Sie haben begonnen, an der Börse zu spekulieren.“

„Wie haben Sie das nur herausbekommen!“

„Sie haben die Zeitung aufgeschlagen, zum Börsenbericht geblättert und ihn mit einem Laut der Zustimmung zur Kenntnis genommen.“

„Nun, das war sehr clever von Ihnen. Noch mehr?“

„Sehr wohl, Holmes. Sie haben Ihren schwarzen Anzug angezogen anstatt Ihres Morgenmantels, was ein untrügliches Zeichen dafür ist, dass Sie wichtigen Besuch erwarten.“

„Sonst noch etwas?“

„Ganz ohne Zweifel könnte ich noch einige andere Dinge benennen, aber ich belasse es hierbei, um ihnen aufzuzeigen, daß es noch andere Menschen auf dieser Welt gibt, die ebenso geistig gewandt sind wie Sie.“

„Und einige, die es nicht sind“, sagte Holmes. „Es sind gewiß nicht viele, aber ich befürchte, mein lieber Watson, ich muß Sie zu diesen zählen.“

„Was meinen Sie damit, Holmes?“

„Nun, mein lieber Freund, ich befürchte, Ihre Herleitungen sind nicht so erfolgreich, wie Sie es gerne hätten.“

„Sie meinen, ich habe mich geirrt?“

„Nur ein bißchen. Lassen Sie uns die Punkte in der von Ihnen gewählten Reihenfolge beleuchten. Ich habe mich nicht rasiert, da ich mein Rasiermesser zum Schärfen gesandt habe. Ich habe meinen Anzug angezogen, da ich unglücklicherweise einen sehr frühen Termin bei meinem Zahnarzt habe. Sein Name ist Barlow, und sein Brief hat den Termin bestätigt. Die Seite mit den Cricket-Ergebnissen ist in der Zeitung direkt neben dem Börsenbericht und ich habe dort nachgeschaut, ob Surrey sich gegenüber Kent behaupten konnte. Aber machen Sie nur weiter, Watson! Der Trick ist wirklich sehr einfach, und Sie werden ihn sicherlich alsbald erlernt haben.“

Arthur Conan Doyle

Nichts leichter als das.
Oder: Der Wohltätigkeitsbasar

„Ich würde es tun, gewiß", sagte Sherlock Holmes.

Überrascht hielt ich inne, denn mein Gesprächspartner hatte sich während des Frühstücks ganz auf die Zeitung konzentriert, die gegen die Kaffeekanne gestellt war. Ich blickte zu ihm hinüber und sah, daß er seine Augen fest auf mich gerichtet hatte mit jenem halb amüsierten, halb fragenden Ausdruck, den er gewöhnlich zeigte, wenn er fühlte, er habe einen Treffer gelandet.

„Tun – was?" fragte ich.

Er lächelte, während er seinen Pantoffel vom Kaminsims holte und eine hinreichende Menge Tabak aus ihm hervorzog, um die alte Tonpfeife stopfen zu können, mit der er gewöhnlich sein Frühstück zu beschließen pflegte.

„Eine Ihrer typischen Fragen, Watson", sagte er. „Sie werden sich nicht, da bin ich sicher, gekränkt fühlen, wenn ich sage, daß jedes Renommee hinsichtlich meiner Geistesschärfe, das ich besitze, vollständig durch den bewundernswerten Gegenpart erlangt wurde, den Sie für mich darstellten. Habe ich nicht von Debütantinnen gehört, die auf einer unansehnlichen Begleitperson bestanden haben? Es gibt eine gewisse Analogie."

Unsere lange Kameradschaft in den Räumen in der Baker Street hatte uns auf jene ungezwungene Stufe der Vertrautheit geführt, auf der viel gesagt werden kann, ohne daß es der andere übelnimmt. Und doch muß ich einräumen, daß mich seine Bemerkung erboste.

„Ich mag gelegentlich ein wenig begriffsstutzig sein", sagte ich, „aber ich gestehe, daß ich nicht in der Lage bin zu sehen, wie Sie es geschafft haben zu wissen, daß ich … daß ich …"

„Gebeten wurde, den Wohltätigkeitsbasar der Universität Edinburgh zu unterstützen."

„Genau. Der Brief ist soeben erst eingetroffen, und ich habe seitdem nicht mit Ihnen gesprochen."

„Ungeachtet dessen", sagte Holmes, lehnte sich in seinem Sessel zurück und legte seine Fingerspitzen aneinander, „wage ich sogar zu behaupten, daß es der Zweck des Wohltätigkeitsbasars ist, das Cricket-Spielfeld der Universität in Fasson zu bringen."

Ich sah ihn mit einer solchen Fassungslosigkeit an, daß es ihn schüttelte – vor lautlosem Lachen.

„Tatsache ist, mein lieber Watson, daß Sie ein ausgezeichnetes Studienobjekt sind", sagte er. „Sie bleiben nie gleichgültig. Sie reagieren sofort auf jeden äußeren Reiz. Ihre Denkprozesse mögen langsam sein, aber sie sind nie undurchsichtig, und ich entdeckte während des Frühstücks, daß Sie leichter zu lesen sind als der Leitartikel der Times vor mir.

„Ich möchte wirklich gern erfahren, wie Sie zu Ihren Schlüssen kamen", sagte ich.

„Ich befürchte, meine Gutmütigkeit, Ihnen gelegentliche Erklärungen zu geben, hat meinen Ruf bereits ernsthaft in Mitleidenschaft gezogen", sagte Holmes.

„Aber in diesem Fall beruht die Folge der Beweisführungen auf solch offensichtlichen Tatsachen, daß dafür kein Verdienst in Anspruch genommen werden kann. Sie betraten den Raum mit einem nachdenklichen Gesichtsausdruck, dem Ausdruck eines Mannes, den ein Problem beschäftigt. In der Hand hielten Sie einen einzigen Brief. Gestern abend nun zogen Sie sich bei bester Laune zurück, also war es klar, daß es dieser Brief in Ihrer Hand war, der die Veränderung bei Ihnen verursacht hatte."

„Das ist offensichtlich."

„Alles ist offensichtlich, nachdem ich es Ihnen erklärt habe. Ich habe mich natürlich gefragt, was der Brief enthalten könnte, um eine solche Wirkung auf Sie auszuüben. Als Sie herumliefen, hielten Sie die Rückseite des Umschlages in meine Richtung, und ich bemerkte darauf das gleiche Wappen, das auf Ihrer alten College-Cricket-Mütze zu betrachten ist. Es war damit klar, daß die Anfrage von der Universität Edinburgh kam – oder aus einem Club, der zur Universität gehört. Als Sie an den Tisch traten, legten Sie den Brief mit der Anschrift nach oben neben Ihrem Teller ab, und Sie gingen zum Kamin hinüber, um die gerahmte Photographie auf der linken Seite über dem Kaminsims zu betrachten."

Es verblüffte mich zu erfahren, mit welcher Genauigkeit er meine Bewegungen beobachtet hatte. „Wie weiter?" fragte ich.

„Ich begann mit einem Blick auf die Adresse, und ich könnte sagen, sogar aus dem Abstand von sechs Fuß, daß es sich um kein amtliches Schreiben handelte. Dies erfaßte ich aus der Verwendung des Wortes Doctor auf dem Anschreiben, auf das Sie als ein Bachelor of Medicine keinen rechtmäßigen Anspruch haben. Ich weiß, daß Vertreter der Universität pedantisch im richtigen Gebrauch von Titeln sind, und ich konnte also mit Sicherheit sagen, daß Ihr Brief inoffiziell war. Als Sie zum Tisch zurückkehrten, drehten Sie den Brief um und gestatteten mir zu erkennen, daß er eine gedruckte Beilage hatte, wobei mir erstmals die Idee von einem Wohltätigkeitsbasar kam. Ich hatte bereits die Möglichkeit eines politischen Anliegens erwogen, aber das schien bei dem gegenwärtig trägen Zustand der Politik unwahrscheinlich.

Als Sie wieder an den Tisch traten, hatte Ihr Gesichtsausdruck keine Veränderung erfahren, und es war offensichtlich, daß Ihr Blick auf die Photographie den Lauf Ihrer Gedanken nicht verändert hatte. In diesem Fall mußte sie sich auf das betreffende Thema selbst beziehen. Ich wandte daher meine Aufmerksamkeit der Photographie zu und sah sofort, daß sie Sie als Mitglied der Mannschaft der Universität Edinburgh zeigte, mit dem Pavillon und dem Cricketfeld im Hintergrund. Meine unbedeutende Erfahrung mit Cricketclubs hat mich gelehrt, daß sie nach Kirchen und Fähnrichen der Kavallerie die am meisten mit Schulden beladenen Dinge auf Erden sind. Nach Ihrer Rückkehr an den Tisch sah ich, wie Sie Ihren Bleistift herausnahmen und Linien auf den Umschlag zeichneten, und war überzeugt, daß Sie bemüht waren, sich einige geplante Umbauten vorzustellen, die durch einen Basar arrangiert werden sollen. Ihr Gesicht zeigte noch ein wenig Unentschlossenheit, so daß ich in der Lage war, mit meinem Rat auf Sie einzuwirken, ein so gutes Vorhaben zu unterstützen."

Ich konnte nicht umhin, ob der extremen Einfachheit dieser Erklärung zu lächeln.

„Natürlich, nichts leichter als das", sagte ich.

Meine Bemerkung schien ihn zu ärgern.

„Ich könnte hinzufügen“, sagte er, „daß die besondere Hilfe, um die Sie gebeten wurden, darin besteht, einen Beitrag für ihr Jahrbuch zu schreiben, und daß Sie sich bereits darüber schlüssig wurden, daß der heutige Vorfall das Thema Ihres Artikels sein wird.“

„Aber wie?“ rief ich aus.

„Nichts leichter als das“, sagte er, „und die Lösung überlasse ich mit Vergnügen Ihrer eigenen Vorstellungskraft. In der Zwischenzeit“, fügte er hinzu und griff nach der Zeitung, „werden Sie mich wohl entschuldigen, wenn ich zu diesem sehr interessanten Artikel über die Bäume von Cremona und die exakten Gründe für ihre Bevorzugung bei der Herstellung von Geigen zurückkehre. Es ist eines jener kleinen unbedeutenden Probleme, die mich gelegentlich in Versuchung führen, ihnen meine Aufmerksamkeit zu widmen.“

Arthur Conan Doyle

Das Spukhaus von Goresthorpe

Da ich nunmehr auf mein Leben zurückblicke, ragt jene grauenvolle Nacht wie ein großer Leuchtturm daraus hervor. Sogar jetzt noch, nach so vielen Ereignissen in so vielen Jahren, kann ich nicht daran zurückdenken, ohne zu erschaudern. All die kleineren Zwischenfälle und Ereignisse ordne ich zeitlich ein, je nachdem sie vor oder nach jenem Augenblick stattfanden, als ich einen Geist sah.

Ja, ich sah einen Geist. Seien Sie nicht ungläubig, meine Leser, spotten Sie nicht darüber; obwohl ich Ihnen kaum einen Vorwurf deswegen machen könnte, denn damals war ich selbst ungläubig. Hören Sie aber die Tatsachen meiner Geschichte, bevor Sie ein Urteil abgeben.

Das alte Farmhaus befand sich auf meinem Landsitz Goresthorpe in Norfolk. Es ist inzwischen abgerissen worden, stand aber noch, als Tom Hulton 184… kam, um mich zu besuchen. Es war ein baufälliger alter Kasten, dort, wo sich die Morsely und die Alton Street kreuzen und jetzt die neue Landstraße ist. Der Garten drum herum war überwuchert von wild wachsendem Unkraut, und Tümpel von abgestandenem Wasser und der ganze angesammelte Unrat vergifteten die Luft des Dorfes ringsum. Trostlos war der Ort bei Tag und unheimlich des Nachts, denn seltsame Geschichten erzählte man sich über das Haus; Geräusche drangen, so sagte man, aus diesen verwitterten Wänden, wie sie die Lippen eines Sterblichen nie hervorbringen könnten, und die Älteren des Dorfes wußten noch von Job Garston zu erzählen, der vor dreißig Jahren die Unverfrorenheit besessen hatte, eine Nacht darin zu verbringen, und den man am nächsten Morgen als weißhaarigen, gebrochenen Mann wieder herausgeführt hatte.

Ich hatte, ich erinnere mich, all dies dem Einfluß des unheimlichen und finsteren alten Gebäudes auf die ungebildeten Gemüter zugeschrieben und moralisierend auf die Nützlichkeit einer liberalen Erziehung bei der Beseitigung solcher geistigen Schwächen hingewiesen. Ich allein wußte jedoch, daß das Farmhaus, mit größerer Berechtigung als jedes andere Gebäude seinen Titel als Spukhaus trug und daß ein übler Frevel aktenkundig auf ihm lastete. Der letzte Mieter war, wie ich aus den Aufzeichnungen meiner Familie entnommen hatte, ein Godfrey Marsden gewesen, ein Schurke reinsten Wassers. Er lebte dort etwa in der Mitte des vergangenen Jahrhunderts und war in der ganzen Gegend sprichwörtlich bekannt für seine Grausamkeit und Brutalität. Schließlich setzt er seinen vielen Verbrechen die Krone auf, indem er auf schreckliche Weise seine zwei kleinen Kinder erschlug und ihre Mutter erwürgte. In den Wirren des Marsches des Prätendenten[1] auf England wurde die Rechtsprechung nur unzureichend ausgeübt, und Marsden gelang die Flucht auf den Kontinent, wo jede

1 Charles Edward Stuart, genannt Bonnie Prince Charlie, versammelte 1745 ein schottisches Heer um sich, um seinen Thronanspruch durchzusetzen; er wurde 1746 in der Schlacht bei Culloden durch englische Regierungstruppen (zu denen auch hannoversche Kavallerie gehörte) geschlagen und floh nach Frankreich.

Spur von ihm verlorenging. Wohl gab es ein Gerücht unter seinen Gläubigern – die einzigen, die bedauerten, daß Reue ihn zum Suizid geführt habe –, wonach seine Leiche an der französischen Küste angespült worden wäre, jedoch diejenigen, die ihn am besten kannten, lachten nur bei dem Gedanken daran, daß dergleichen Banalitäten auf einen so hartgesottenen Rohling Eindruck gemacht haben sollten. Seit jener Zeit stand das Farmhaus leer und begann zu verfallen.

Tom Hulton war einer meiner alten College-Freunde, und ich war richtig froh, sein redliches Gesicht unter meinem Dach zu sehen. Er erhellte das ganze Haus. Einen fröhlicheren, wackereren, sorgloseren Bursche hat es nie gegeben. Seine einzige Schwäche war, daß er durch seine deutsche Ausbildung eine seltsam spekulative Art des Denkens erworben hatte, was ständig zu Auseinandersetzungen zwischen uns führte, denn ich hatte eine medizinische Ausbildung genossen und sah die Dinge daher aus der Sicht eines ausgesprochen praktischen Standpunktes. An jenem Abend, ich erinnere mich, es war der erste nach seiner Ankunft, glitten wir von einer Debatte zur nächsten, bestritten aber alle in der besten guten Laune – und ausnahmslos, ohne zu einem Ergebnis zu kommen.

Ich erinnere mich nicht mehr, wie die Frage der Existenz von Geistern aufgeworfen wurde; auf jeden Fall befanden wir, Tom Hulton und ich, uns um Mitternacht in den Tiefen einer Debatte über Geister und Spiritualismus. Tom war es gewohnt, beim Debattieren eine einigermaßen große Bruyere-Pfeife hervorzuholen, und mittlerweile war er von einem dichten Kranz von Rauch umgeben, aus dessen Mitte heraus seine Stimme wie das Orakel von Delphi erklang, während seine solide Gestalt sich durch den Dunst hindurch nur schwach abzeichnete.

„Ich sage dir, Jack", dozierte er, „daß die Menschheit in zwei Klassen eingeteilt werden kann: in die Männer, die vorgeben, nicht an Geister zu glauben, aber eine tödliche Angst vor ihnen haben, und in die Männer, die zumindest die Möglichkeit ihrer Existenz zugeben und bereit sind loszuziehen, um einen zu sehen. Jetzt zögere ich nicht zu bestätigen, daß ich zur zweiten Gruppe gehöre. Natürlich, Jack, ich weiß, du bist einer von diesen *Credo-quod-tango*[2]*-Medizinern*, die auf dem schmalen Pfade sicherer Tatsachen wandeln, und auch ganz richtig in so einem Beruf wie dem deinen aufgehoben sind; aber ich hatte schon immer eine seltsame Neigung zu dem Unsichtbaren und Übernatürlichen, vor allem in dieser Frage der Existenz von Geistern. Denke aber nicht, daß ich so ein Idiot bin, an das orthodoxe Gespenst mit seinem Fluch und seinem Kettengerassel zu glauben und es in einem schattigen Refugium einer nach unten führenden Hintertreppe oder in einem Keller vermute; nein, nichts von dieser Art."

„Na ja, Tom, dann laß mal deine Vorstellung von einem achtbaren Geist hören."

„Es ist nicht so leicht, verstehst du, es einem anderen zu erklären, obwohl ich es gut genug in meinen eigenen Gedanken definieren kann. Wir beide, du, Jack, und ich, meinen, wenn ein Mann stirbt, so hat er mit all den Sorgen und Probleme dieser Welt abgeschlossen und ist künftig, in Freud und Leid, ein reiner, ätherischer Geist. Nun ja, ich fühle, daß es möglich sein kann, wenn jemand mit einer Seele, die geschwängert ist mit einer alles vereinnahmenden Leidenschaft, aus dieser Welt herausgetrieben wird, sich diese Seele an diese Leidenschaft anklammert, auch nachdem der Mann die Portale des Grabes durchschritten hat. Nun", fuhr Tom fort und fuchtelte eindrucksvoll mit seiner

2 Ich glaube, was ich anfassen kann.

Pfeife in der Wolke, die ihn umgab, herum, „mit Liebe oder Patriotismus oder einer anderen reinen und erhebenden Leidenschaft könnte ein Geist wohl ganz gut zurechtkommen, aber mit solch gröberen Gefühlen wie Haß oder Rache verhält es sich, glaube ich, anders. Diese behindern, kann man sich vorstellen, auch nach dem Tod die arme Seele, so daß sie weiterhin jenen grobschlächtigen menschlichen Körper bewohnen muß, der am besten für die grobschlächtigen Leidenschaften, die er in sich aufgesogen hat, geeignet ist, und demnach möchte ich den tiefverwurzelten Glauben an Geister zu den unerforschten und unerforschlichen Dingen zählen, die selbst in unserer Zeit zu finden sind und in jeder Brust und jeder Epoche existieren, aber von uns unklugerweise unterdrückt werden."

„Vielleicht hast du recht, Tom", sagte ich, „aber, wie du sagst: *quod tango credo,* und da ich nie einen deiner *geschwängerten Geister* gesehen haben, mußt du mir gestatten, an ihrer Existenz zu zweifeln."

„Es ist sehr einfach, sich darüber lustig zu machen", antwortete Tom, „aber es gibt einige Dinge in dieser Welt, über die man nicht lachen sollte. Sag mir, Jack, hast du jemals versucht, ein Gespenst zu sehen? Bist du jemals auf Gespensterjagd gegangen, mein Junge?"

„Nun, das könnte ich nicht behaupten. Und wie sieht es bei dir aus?" fragte ich.

„Eben jetzt bin ich dabei, Jack", sprach er, und beschäftigte sich einige Zeit mir seiner Pfeife. „Hör zu", fuhr er sodann fort, „ich erinnere mich, wie du von jenem alten Herrenhaus oder Farmhaus gesprochen hast, das du da unten besitzt, in dem es spuken soll. Ich habe die Absicht, mir den Schlüssel dazu auszuleihen und dort morgen Abend mein Quartier aufzuschlagen. Wie lange hat niemand mehr darin übernachtet, Jack?"

„Um Himmels Willen, denk nicht mal daran, etwas derart Törichtes zu tun“, rief ich aus. „Nur ein Mann hat in den letzten hundert Jahren in Goresthorpe Grange geschlafen, und nach meinem besten Wissen ist er darüber verrückt geworden!“

„Ha! Das klingt vielversprechend, sehr vielversprechend“, rief Tom hocherfreut. „Nun schau dir doch die Dummheit der britischen Öffentlichkeit an, dich eingeschlossen, Jack. Du glaubst nicht an Geister, und du gehst nicht dorthin, wo man angeblich ein Gespenst treffen kann, um dich zu überzeugen. Jetzt nehmen wir einmal an, es hieße, es gebe weiße Krähen oder irgend eine andere Kuriosität in Yorkshire, und jemand versichert dir, die gibt es nicht, weil er durch ganz Wales gekommen sei, ohne auch nur eine einzige zu sehen, so würdest du den Mann natürlich einen Dummkopf nennen. Nun, trifft das gleiche nicht auf dich zu, wenn du dich weigerst, zu dem Farmhaus zu gehen und der Sache ein für alle Mal auf den Grund zu gehen?“

„Wenn du morgen gehst, werde ich sicherlich mit dir gehen“, antwortete ich. „Und sei es auch nur, um zu verhindern, daß du mit einigen Ammenmärchen über einen *geschwängerten Geist* wieder nach Hause fährst. Also, gute Nacht, Tom“, sagte ich, und damit trennten wir uns.

Ich gestehe, daß ich am Morgen zu fühlen begann, etwas unbesonnen gewesen zu sein, Tom bei seiner lächerlichen Expedition zur Seite stehen zu wollen. „Das war der verflixte Irish Whisky“, dachte ich. „Nach dem dritten Glas verliere ich immer ein wenig den Überblick, aber vielleicht hat Tom es sich in der Zwischenzeit noch einmal überlegt.“ In dieser Erwartung wurde ich jedoch bedauerlicherweise enttäuscht, denn Tom schwor, er habe die ganze Nacht wachgelegen und Pläne für den Abend geschmiedet.

„Wir müssen Pistolen mitnehmen, nicht wahr, alter Junge; das macht man immer so; dann brauchen wir unsere Pfeifen und ein paar Unzen Bird's eye[3] und unsere Wolldecken und eine Flasche Whisky, sonst nichts, meine ich. Donnerwetter, ich hoffe, wir werden heute Abend ein Gespenst aufstöbern!"

„Gott behüte!" stieß ich in Gedanken hervor, aber da es keine gute Möglichkeit gab, aus der Sache wieder herauszukommen, täuschte ich vor, ebenso begeistert wie Tom bei der Sache zu sein.

Den ganzen Tag über befand Tom sich in einem Zustand der wildesten Aufregung, und als der Abend hereinbrach, gingen wir beide zur dem alten Farmhaus von Goresthorpe hinüber. Dort stand es, kalt, trostlos und öde wie eh und je, und der Wind heulte daran vorbei. Große Streifen von Efeu, die ihren Halt an den Wänden verloren hatten, schwankten im Wind umher wie der Federbesatz eines Leichenwagens. Wie anheimelnd die Lichter des Dorfes meinem Blick erschienen, als wir den Schlüssel in dem rostigen Schloß drehten, eine Kerze anzündeten und uns anschickten, den steinernen Fußboden der staubigen Halle zu betreten!

„Da sind wir!", sagte Tom, der eine Tür öffnete, hinter der sich ein großer dunkler Raum befand.

„Um Gotteswillen, nicht dort hinein", sagte ich. „Suchen wir uns einen kleinen Raum, wo wir ein Feuer machen und sicher sein können, die einzigen Leute darin zu sein."

„Alles in Ordnung, alter Junge", antwortete Tom lachend. „Ich habe auf eigene Faust heute einige Erkundungen über das Haus eingeholt und kenne jetzt diesen Ort ganz gut. Ich habe genau das, wonach du suchst, am anderen Ende des Hauses."

3 Feingeschnittener Tabak.

Indem er das sprach, ergriff er wieder die Kerze, schloß die Tür und geleitete mich von Durchgang zu Durchgang durch das weitläufige alte Gebäude. Schließlich gelangten wir in einen langen Korridor, der die ganze Länge des einen Flügels des Hauses durchmaß, das gewiß eine sehr gespenstische Erscheinung hatte. Eine Wand war durchgehend massiv, während die andere alle drei oder vier Schritte Fensteröffnungen aufwies, so daß der Mond hie und da Streifen weißen Lichtes in den dunklen Flur warf. Am Ende gab es eine Tür, die in einen kleinen Raum führte, der sauberer und moderner aussah als der Rest des Hauses und einen großen Kamin gegenüber dem Eingang aufwies. Er war mit dunklen roten Vorhängen drapiert, und als unser Feuer loderte, sah er gewiß bequemer aus, als ich jemals zu hoffen gewagt hatte. Tom schien unsäglich empört und unzufrieden mit dem Ergebnis. „Das nennst du ein Spukhaus?“ nörgelte er. „Warum sitzen wir nicht gleich in einem Hotel und warten darauf, ein Gespenst zu sehen? Das ist nicht annähernd das, wonach ich gesucht habe.“ Nicht bevor wir unsere Pfeifen zum zweiten Mal gestopft hatten, erlangte er sein übliches gleichmütiges Temperament zurück.

Es war wohl unsere seltsame Umgebung, aromatisiert durch unseren Bird’s eye, gemildert durch den Whisky und unsere eigene unterdrückte Aufregung, die unserem Gespräch die rechte Würze verlieh. Sicherlich hatte keiner von uns je zuvor einen amüsanteren Abend verbracht.

Draußen heulte und schrie der Wind und schleuderte den herabhängenden Efeu durch die Luft. Der Mond schien sporadisch zwischen den dunklen Wolken hindurch, die über den Himmel trieben, und man vernahm das bedächtige Plätschern des Regens auf dem Schiefer über uns.

„Selbst wenn das Dach undicht ist, kommt der Regen nicht zu uns durch“, sagte Tom, „denn über unseren Köpfen gibt es ein kleines Schlafzimmer mit einem sehr guten Boden. Es sollte mich nicht überraschen, wenn es genau das Zimmer ist, in dem die Kinder von diesem Mustervater erstochen worden sind. Nun ist es fast 12 Uhr, und wenn wir überhaupt etwas zu sehen bekommen, sollte es nicht mehr sehr lange dauern. Mein Gott, was kommt für ein kalter Wind durch diese Tür! Das erinnert mich an das Gefühl, das ich hatte, als ich draußen auf meine mündliche Prüfung am College wartete. Du siehst auch aufgeregt aus, alter Junge.“

„Pst, Tom, hast du nicht ein Geräusch auf dem Flur gehört?“

„Zum Henker mit deinem Geräusch“, sagte Tom, „reich mir ein Schwefelhölzchen rüber, alter Junge.“

„Ich schwöre, ich habe gehört, wie eine schwere Tür zuschlägt“, beharrte ich. „Ich sage dir was, Tom, ich fühle mich, als ob dein Wunsch heute Abend in Erfüllung gehen sollte, und ich schäme mich nicht zu sagen, daß ich es herzlich bedauere, dich bei einem solch tollkühnen Unterfangen begleitet zu haben.“

„Zur Hölle“, sagte Tom, „es hat keinen Sinn, jetzt zurückzuschrecken – bei Gott, was ist das?“

Da war ein sanftes Plätschern im Zimmer zu vernehmen, ganz in der Nähe von Toms Ellenbogen. Wir sprangen beide auf, und dann brüllte Tom vor Lachen. „Also, Jack“, sagte er, „Du machst regelrecht eine alte Frau aus mir; es ist nur der Regen, der sich schließlich doch einen Weg hineingebahnt hat, und er tropft auf das Blatt Papier an der Wand hier. Welche Narren waren wir, uns zu fürchten! Genau hier tropft es –“

„Guter Gott!“ rief ich. „Was ist los mit dir, Tom?“ Sein Gesicht war erbleicht, seine Augen blickten fest und starr, und seine Lippen waren vor Schrecken und Erstaunen geöffnet.

„Sieh nur!“ schrie er fast. „Sieh!“, und er hielt das Stück Papier hoch, das an der stockigen Wand gehangen hatte. Großer Himmel! Es war ganz bespritzt und voller Spuren noch flüssigen Blutes. Selbst als wir daneben standen und darauf starrten, fiel ein weiterer Tropfen mit einem matten Platschen zu Boden. Unsere bleichen Gesichter wandten sich nach oben, um die Quelle dieser schrecklichen Dusche zu entdecken. Wir konnten einen kleinen Spalt im Deckenfries erkennen, und dort hindurch quoll das Blut wie durch eine Wunde in menschlichem Fleisch. Ein weiterer Tropfen fiel, und noch einer, während wir dastanden und gebannt nach oben starrten.

„Komm, Tom, komm weg hier!“ rief ich schließlich, unfähig, es länger zu ertragen. „Komm! Gottes Fluch liegt auf diesem Ort.“ Mit diesen Worten packte ich ihn an der Schulter und wandte mich zur Tür.

„Bei Gott, ich will nicht“, rief Tom heftig und schüttelte meinen Griff ab. „Komm mit mir, Jack, gehen wir der Sache auf den Grund. Möglicherweise ist hier ein Schurkenstreich im Gange. Zum Teufel, Mann, laß dich nicht durch ein oder zwei Tropfen Blut einschüchtern! Versuch nicht, mich aufzuhalten! Ich gehe.“ Er schob an mir vorbei und stürzte auf den Flur.

Was für ein Moment war das! Und wenn ich hundert Jahre alt werde, könnte ich die lebendige Erinnerung daran nicht abschütteln. Draußen heulte der Wind immer noch vor den Fenstern, und gelegentlich erhellte ein Blitz das alte Farmhaus. Drinnen war war kein Ton zu vernehmen, ausgenommen das Knarren einer Tür, die zugedrückt wurde, und das sanfte Platschen dieser grausigen Dusche von oben. Dann torkelte Tom zurück ins Zimmer und ergriff meinen Arm. „Wir müssen zusammenstehen, Jack“, flüsterte er, in äußersten Schrecken versetzt. *„Es kommt etwas durch den Flur!“*

Eine schreckliche Faszination zog uns zu der Tür, und wir blickten gemeinsam in den langen und dunklen Flur. Eine Seite war, wie bereits erwähnt, durch zahlreiche Öffnungen durchbrochen, durch die das Mondlicht hereinströmte und kleine Flecken von Licht auf den dunklen Boden warf. Weit hinten im Flur konnten wir sehen, daß etwas den ersten dieser Lichtbalken unterbrach, dann den nächsten, dann wieder einen. Es verschwand in der Dunkelheit, dann tauchte es im Licht des nächsten Fensters wieder auf und verschwand erneut. Rasch kam es auf uns zu. Jetzt war es nur noch vier Fenster von uns entfernt, jetzt drei, jetzt zwei, eins, und dann tauchte die Figur eines Mannes in dem Strahl des Lichts auf, der aus unserer offenen Tür hervorbrach. Er lief schnell vorüber und verschwand in der Dunkelheit auf der anderen Seite des Flurs. Seine Kleidung war altmodisch und zerzaust, etwas, das wie lange schwarze Bänder aussah, hing von seinen Haaren auf jeder Seite seines dunklen Gesichtes herab. Aber dieses Gesicht selbst – wann werde ich es jemals vergessen? Als er vorüberlief, blickte er halb nach hinten, als erwarte er, verfolgt zu werden, und sein Angesicht drückte dermaßen hoffnungslose Verzweiflung und schreckliche Angst aus, daß ich, so angsterfüllt ich selbst auch war, Mitleid mit ihm empfand. Als wir seinem schreckerfüllten Blick folgten, entdeckten wir, daß er tatsächlich verfolgt wurde. Wie zuvor sahen wir dunkle Schatten über die weißen Flecken des Mondlichtes ziehen, wie zuvor erschien etwas im Lichtkreis vor unserer Tür, den unsere Kerzen und das Kaminfeuer warfen. Es war eine schöne und stattliche Dame, eine Frau von vielleicht achtundzwanzig Jahren, mit dem tiefen Dekolleté und der prächtigen Schleppe des letzten Jahrhunderts. Unter dem schönen Kinn bemerkten wir beide auf einer Seite des Halses vier kleine dunkle Flecken und auf der anderen Seite einen größeren Abdruck. Sie fegte an uns vorüber, blickte weder nach rechts noch nach links, vielmehr lag ihr versteinerter Blick auf der Stelle, an der der Flüchtling verschwunden war. Dann war auch sie in der Dunkelheit untergetaucht. Eine Minute später, noch standen wir an derselben Stelle und starrten gebannt ins Dunkel, erscholl ein schrecklicher Schrei, ein Schrei gräßlicher Qual, der Wind und Donner übertönte. Und dann herrschte nur noch Stille im Inneren des Hauses.

Ich weiß nicht, wie lange wir beide gebannt dastanden, jeder den Arm des anderen im Griff. Es muß einige Zeit gedauert haben, denn die zuvor neu angezündete Kerze flackerte gerade noch einmal im Sockel auf, als Tom, mit einem Schaudern, rasch den Flur entlang ging, ohne meine Hand loszulassen. Wortlos gingen wir durch die marode Tür hinaus in den Sturm und den Regen, durch das Tor in der Gartenmauer, durch das stille Dorf und die Straße hinauf. Nicht bevor wir in meinem kleinen komfortablen Rauchzimmer waren und Tom aus reiner Macht der Gewohnheit eine Zigarre angezündet hatte, schien er seine Fassung einigermaßen wiedergefunden zu haben.

„Nun, Jack“, waren die ersten Worte, die er hervorbrachte: „Was hältst du jetzt von Geistern?“ Seine nächste Bemerkung war: „Zum Teufel, ich habe die beste Bruyere-Pfeife verloren, die ich je besaß. Aber ich will lieber gehenkt werden, als noch einmal zurückgehen, um sie zu holen.“

„Wir haben etwas Schreckliches gesehen“, sagte ich. „Was für ein Gesicht er hatte, Tom! Und diese grausigen Bänder, die aus seinem Haar herunterhingen, was war das, Tom?“

„Bänder? Erkennst du keine Algen, wenn du sie siehst, Tom? Und die dunklen Abdrücke auf dem Hals der Frau habe ich auch schon einmal gesehen, und du, Tom, hast es, woran ich keinen Zweifel hege, in deinem Medizinstudium ebenfalls.“

„Ja“, sagte ich, „das waren die Male der vier Finger und eines Daumens. Es war die Frau, die erwürgt wurde, Tom. Gott bewahre uns davor, solch einen Anblick jemals wieder zu erleben!“

„Amen“, sagte Tom, und das waren die letzten Worte, die wir in dieser Nacht wechselten.

Am Morgen brach Tom seinen Besuch ab, ging nach London und setzte die Segel, um zu den Kaffee-Plantagen seines Vaters nach Ceylon zu gelangen. Seitdem habe ich ihn aus den Augen verloren. Ich weiß nicht, ob er tot ist oder noch lebt, aber in einer Sache bin ich sehr sicher, sollte er am Leben sein, wird er niemals ohne ein Schaudern an unsere schreckliche Nacht in dem Geisterhaus in Goresthorpe zurückdenken können.

DRAMATIK

ARTHUR CONAN DOYLE

WATERLOO

Bühnenstück in einem Akt

Dramatis personae

CORPORAL Gregory Brewster (76) „Die Nachhut"
Mr. Henry Irving.
SERGEANT Archie McDonald, R. A.
Mr. Fuller Mellish.
COLONEL James Midwinter, Royal Scots Guards
Mr. Haviland.
NORAH Brewster, Großnichte des Corporals
Miss Annie Hughes.

Juni 1881.

Bühnenbild
[Original]

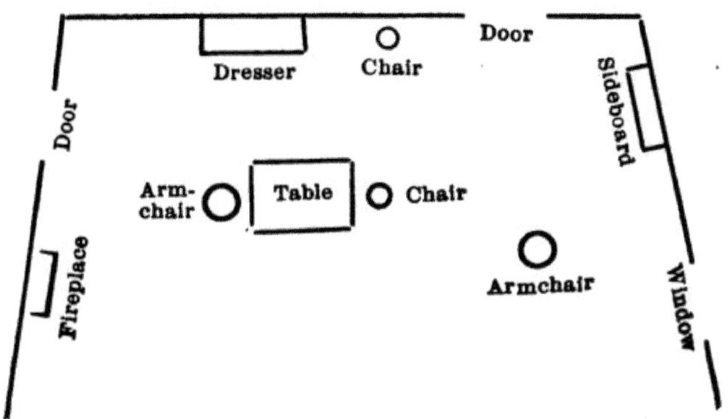

Szene. — ein Zimmer in einem kleinen Haus in Woolwich. Koch-Ecke beim Kamin, über dem Feuer ein grobes Gemälde eines Soldaten im Rotrock, auf der einen Seite ein Ausschnitt aus einer Zeitung. Auf der anderen eine Medaille, auch in einem Rahmen. Glänzendes Kaminbesteck, Mitteltisch, Bibel auf kleinem Tisch am Fenster, Holz-Sessel mit Kissen, Gestell zum Tellertrocknen, etc.

Der Vorhang öffnet sich und zeigt den leeren Raum; die Tür öffnet sich, Auftritt NORAH BREWSTER, ein Mädchen vom Lande, mit einem Bündel ihrer Effekten. Sie schaut sich zaghaft um und schließt dann die Tür. Korb auf Hutschachtel. Während des Dialoges nimmt sie Hut und Mantel ab und legt beides auf das Sideboard, nimmt eine Schürze aus ihrem Korb und zieht sie an.

NORAH: Und hier sind wir also bei Onkel Gregory *(geht zum Kamin hinüber)*, und hier hängt das gleiche Bild über dem Kamin, genau wie bei uns zu Hause – und da ist seine Medaille mit seinem Porträt. Oh, wie seltsam, daß ich ein Haus ganz für mich alleine haben soll. Das ist ja fast schon wie verheiratet zu sein. Ich nehme an, Onkel ist nicht auf, sie sagten, daß er nie vor zehn aufsteht. Gut, Gott sei Dank die Haushälterin hat Feuer gemacht, bevor sie wegging. Sie scheint ja ganz nett zu sein. Armer alter Onkel, daß sich niemand um ihn gekümmert hat. Aber nun bin ich ja da, um ihn zu versorgen. Will schauen, ob alles bereit ist für Onkel, wenn er kommt. Er wird doch hoffentlich nicht überrascht sein, mich zu sehen. Natürlich weiß er aus Mutters Brief, daß ich komme, aber er wird wohl kaum annehmen, daß ich so früh hier sein werde. *(Am Tisch)* Ich frage mich, warum die Milch so blau aussieht. *(An der Schublade)* Ach, mein Gott! Was für eine schlimme Butter. Ich bin so froh, daß ich eine andere Butter mitgebracht habe. *(Nimmt eine Portion Butter vom Teller, legt sie in den Korb, nimmt die andere Butter aus dem Korb und legt sie auf den Teller).* Jetzt zum Speck. Oh, was für ein schreckliches Stück! Oh, unsere Essex-Schweine würden sich für einen solchen Speck schämen! *(Legt eine Scheibe in die Bratpfanne und setzt sie auf den Herd.)* Jetzt werde ich den Tee machen, wenn der Wasserkessel kocht. Der Kessel kocht nicht. Macht nichts, ich werde den Topf erwärmen. *(Nimmt Wasser aus dem Kessel und setzt den Topf aufs Feuer.)* Lieber alter Onkel *(wirft einen Blick auf das Porträt)*, sieht er nicht großartig aus! Es müssen schrecklich mutige Leute gewesen sein, die es gewagt haben, gegen ihn zu kämpfen. Ich hoffe, daß ich ihn glücklich machen kann. *(Es klopft.)* Oh, mein Gott! Es klopft! Ich frage mich, wer es ist! (Es klopft wieder). Ich glaube, ich muß nachschauen, wer es ist. *(Geht zur Tür und öffnet sie.)*

(Auftritt SERGEANT McDonald.)

SERGEANT: *(salutiert)* Entschuldigen Sie bitte, Miss, aber ist das die Wohnung von Corporal Gregory Brewster?
NORAH: *(schüchtern)* Ja, Sir.
SERGEANT: Der, der bei den Scots Guards war?
NORAH: Ja, Sir.
SERGEANT: Und der in der Schlacht von Waterloo kämpfte?
NORAH: Ja, derselbe, Sir.
SERGEANT: Könnte ich ihn wohl sprechen, Miss ?
NORAH: Er ist noch nicht auf, Sir.
SERGEANT: Ah, dann schaue ich am besten auf meinem Rückweg noch einmal herein. Ich bin auf dem Weg zum Schießplatz und werde in ein oder zwei Stunden wieder hier sein.
NORAH: Sehr gut, Sir. *(wendet sich zum Gehen).* Was soll ich sagen, wer ihn sprechen wollte?

(SERGEANT kommt zurück und legt seinen Karabiner auf das Sidebord)

SERGEANT: McDonald ist mein Name – Sergeant McDonald von der Artillery. Aber Sie werden verzeihen, Miss, wenn ich es erwähne: es gab einiges Gerede in der Kaserne der Kanoniere, daß der alte Gentleman nicht so gut versorgt sei, wie er sollte. Aber ich sehe jetzt, daß das nur unsinniges Gerede war und er kaum etwas Besseres verlangen könnte.
NORAH: Oh, ich bin gerade erst angekommen. Wir hörten, daß die Wirtschafterin ihn nicht sehr gut

behandelt hat, und deshalb bat mein Vater mich, herzukommen und zu sehen, was ich tun kann.

SERGEANT: Ah! Er wird den Unterschied bemerken.

NORAH: *(geschäftig dabei, Tee in die Kanne zu geben)* Zwei für den Onkel und eine für die Kanne. Wir waren alle sehr stolz auf Onkel Gregory drüben in Leyton *(nimmt die Teekanne vom Feuer füllt sie aus dem Kessel)*.

SERGEANT: Ja, er war ein ausgezeichneter Mann zu seiner Zeit. Es gibt nicht viele Menschen, die heute noch leben und von sich behaupten können, gegen Napoleon Boneypart gekämpft zu haben.

NORAH: Ja, schauen Sie, da hängt sein Orden neben seinem Bild.

SERGEANT: *(hinter ihr)* Und was ist das neben dem Orden?

NORAH: *(steht auf Zehenspitzen und reckt den Hals)* Oh, das ist ein Zeitungsausschnitt und alles über den Onkel. *(holt den Rahmen herunter)*

SERGEANT: Ja, das ist ein Stück einer alten Zeitung. Da steht ein Datum, August 1815, mit gelber Tinte auf den Rand geschrieben.

NORAH: *(nimmt den Orden herunter)* Es ist so klein geschrieben.

SERGEANT: *(gegenüber am Tisch) Ich kann es Ihnen vorlesen.*

NORAH: Danke, Sir!

SERGEANT: *(räuspert sich nachdrücklich)* „Eine heroische Tat.“ Das steht oben drüber. „Am Dienstag gab es eine außerordentliche Zeremonie in der Kaserne des Dritten Regiments der Garde, als im Beisein des Prinzregenten ein hoher Orden an Corporal Gregory Brewster …“

NORAH: *(rechts vom SERGEANTEN)* Das ist er! Das ist Onkel!

SERGEANT: „... an Corporal Gregory Brewster aus Captain Haldanes Flügel-Kompanie verliehen wurde in Aner... in Anerkennung seiner Tapferkeit in der jüngsten großen Schlacht. Am 18. Juni, der für immer unvergeßlich bleiben wird, hielten vier Kompanien der Dritten Garde und der Coldstreams das wichtige Gehöft von Hugymount auf dem rechten Flügel der britischen Stellungen. In einer kritischen Phase des Gefechtes ging ihnen das Pulver aus und Corporal Brewster wurde ausgesandt, um für Munitionsnachschub zu sorgen. Der Corporal kehrte mit zwei Karren der Nassauer Division zurück, fand jedoch, daß in seiner Abwesenheit das Feuer der französischen Haubitzen die Hecken um das Gehöft herum in Brand gesetzt hatten und ein Durchkommen mit den mit Pulver gefüllten Karren fast ein Ding der Unmöglichkeit geworden war. Der erste Karren explodierte und riß seinen Fahrer in Stücke, und der zweite Kutscher, eingeschüchtert durch diesen Anblick, wollte seine Pferde wenden. Doch Corporal Brewster sprang auf den Kutschbock, schleuderte den Mann hinunter und jagte mit dem Karren durch die Flammen und gelangte glücklich hindurch. Lange möge der heldenhafte Brewster ...“

NORAH: Denken Sie nur: „der heldenhafte Brewster“!

SERGEANT: „... leben, und den Orden in Ehren halten, den er so tapfer erkämpft hat, und mit Stolz auf den Tag zurückschauen, als ihm aus den Händen des ersten Gentlemans des Königreiches in Anwesenheit seiner Kameraden diese Anerkennung seines Heldenmutes überreicht wurde.“ *(legt den Ausschnitt beiseite)* Nun, darauf darf man gewiß stolz sein. *(Gibt den Rahmen zurück, sie legt ihn auf den Kaminsims.)*

NORAH: Und wir sind auch stolz darauf.

SERGEANT: Nun, Miss, ich muß zum Schießplatz, aber ich könnte auch *(nimmt den Karabiner)* bleiben und den alten Gentleman gleich sprechen. *(Geht zur Tür)*

NORAH: *(folgt ihm).* Ich glaube nicht, daß es noch lange dauert.

SERGEANT: Nun, er wird sich schon gezeigt haben, bis ich wieder hier vorbeikomme. Guten Tag, Miss, und ich empfehle mich, Miss.

(SERGEANT McDonald geht ab)

NORAH: *(sieht im durch die Tür nach)* Ach ja, ist das nicht ein feiner Mann? So einen hab ich erst hier unten in Leyton gesehen. Und wie nett er war, meine ich, mir all das von Onkel vorzulesen *(geht hinein).* Es war ja beinahe so, als hätte Onkel die Schlacht gewonnen. Nun, ich nehme an, der Tee ist jetzt fertig *(herüber zum Kamin)*, und …

CORPORAL: *(ohne hereinzukommen)* Mary, Mary, ich will meine Ration haben.

NORAH: *(zur Seite).* Mein Gott, hab Erbarmen!

(Auftritt CORPORAL Gregory Brewster, schwankt herein, hager, gebückt und tatterig, mit weißen Haaren und runzligem Gesicht. Er tappelt seinen Weg quer durch den Raum, während NORAH, die Hände ringend, entsetzt zuerst auf den Mann, und dann auf sein Bild an der Wand starrt.)

CORPORAL: *(gebieterisch)* Ich will meine Ration. Das Rheuma zwickt mich sonst. Schau nur meine Hände. *(Streckt seine knorrigen Knöchel vor)*

NORAH: *(geht hinter den Tisch herum)* Kennst du mich nicht, Großonkel? Ich bin Norah Brewster aus Essex.

CORPORAL: Rum is warm, und Schnaps is warm und es gibt Fleisch in der Suppe, aber gib mir einfach eine Schale Tee. Nicht wahr? *(starrt auf das Mädchen)* Was hast du gesagt, wie du heißt, junge Frau? *(Setzt sich an den Tisch)*

NORAH: *(links von ihm)* Norah Brewster.

CORPORAL: Sprich lauter, Mädchen. Mir scheint, die Leute reden nicht mehr so laut wie früher.

NORAH: *(wieder auf dem Stuhl)* Ich bin Norah Brewster, Onkel. Ich bin deine *(nimmt den Speck)* Groß-Nichte, aus Essex, und soll bei dir bleiben. *(Holt Speck aus der Pfanne vom Feuer, legt ihn auf den Teller)*

CORPORAL: *(kichert)* Du bist Norah, wie? Dann wirst du wahrscheinlich von Bruder Jarges sein? Man stelle sich vor, der kleine Jarge hat ein Mädchen!

NORAH: *(stellt den Schinken auf den Tisch)* Nein, Onkel. Mein Vater war der Sohn von deinem Bruder George. *(gießt Tee ein)*

CORPORAL: *(murmelt und kichert, zupft an seinem Ärmel mit seinen zitternden Händen)* Ach der kleine Jarge war schon was Seltenes *(setzt sich an den Tisch, während NORAH den Tee eingießt)* Äh, Jessus, es gab keinen Cousin Jarge! Er hat ’ne Bull-Pup[4] von mir geliehen bekommen, als ich den Shilling[5] nahm. Wahrscheinlich ist er jetzt tot. Er hat sie dir nicht gegeben, um sie mir wiederzubringen, oder?

---

4 Kurzgewehr.

5 Kopfprämie der Militär-Werber.

NORAH: *(rechts vom Tisch, blickt verwundert auf ihren Gesprächspartner)* Wieso, Opa Jarge starb vor zwanzig Jahren.

CORPORAL: *(murmelt)* Äh, aber es war 'ne wunderschöne Pup wunderschön! *(Trinkt seinen Tee mit lautem Schlürfen. NORAH gießt zweite Tasse ein)* Mir ist kalt wegen der fehlenden Ration. Rum ist gut und Schnaps is gut, aber ich nehm' auch 'ne Tasse Tee.

NORAH: Ich habe etwas Butter und einige Eier in dem Korb mitgebracht. Mutter sagt, ich soll ihren Respekt und ihre Liebe übermitteln, und sie sagt, sie hat 'ne Büchse mit Rahm geschickt aber die is vielleicht auf'm Weg wieder umgedreht. *(setzt sich auf den Stuhl links vom Kamin)*

CORPORAL: *(ißt immer noch gierig)* Äh, ist es ein leidlich guter Weg? Wahrscheinlich is die Kutsche gestern nich gekommen.

NORAH: Die was, Onkel?

CORPORAL: Die Kutsche, die dich gebracht hat.

NORAH: Nee, ich kam mit'm Morgenzug.

CORPORAL: Mein Gottchen, was sagt man dazu. Der Eisenbahnzug, heh! Du hast keine Angst nich vor dieser neumodischen Sache wie der Eisenbahn? Heiliger Jessus! Was sagt man dazu, mit der Eisenbahn, einfach so. Unglaublich, mehr als zwanzig Meilen! *(kichert)* Was es alles gibt in der Welt. *(streckt seine Brust heraus und versucht, seine Schultern zu strecken)* Eh, jedenfalls bekomm' ich Kraft von meiner Ration!

NORAH: In der Tat, Onkel, es scheint dir eine Menge Kraft zu geben. *(geht zum Tisch und beginnt abzuräumen)*

CORPORAL: Ja, das Essen ist wie Kohlen für das Feuer. Aber ich bin beinah ausgebrannt, Mädchen, ich bin beinah ausgebrannt.

NORAH: *(säubert den Tisch)* Du mußt 'ne Menge vom Leben gesehen haben, Onkel. Es muß eine lange Zeit für dich gewesen sein.

CORPORAL: Nicht so sehr lange, so lang auch wieder nich. Ich gehe auf neunzig zu, aber es könnte gestern gewesen sein, daß ich das Kopfgeld nahm. Und dieser Kampf, oh, mein Gott, ich hab den Geruch von verbranntem Pulver noch in der Nase. Hast du das gelesen? *(nickt zu dem Zeitungsausschnitt)*

NORAH: Ja, Onkel, und ich bin sicher, dass du sehr stolz darauf sein mußt.

CORPORAL: *(sieht ihn immer noch an)* Ach, es war ein großer Tag für mich – ein großer Tag! Der Regent war da, ein stattlicher Mann. *(versucht, Taback in seine Pfeife zu stopfen)* Er kommt zu mir und er sagt, „das Regiment ist stolz auf Sie“, sagt er. „Und ich bin stolz aufs Regiment“, sag ich. „Eine verdammt gute Antwort, auch“, sagt er zu Lord Hill, und beide lachen. *(hustet und kichert, und zeigt zum Kaminsims)*

NORAH: Was kann ich für dich tun, Onkel? *(nimmt Flasche und Löffel vom Kaminsims)*

CORPORAL: Einen Löffel aus der Flasche beim Messing-Leuchter, mein Mädchen! *(Trinkt)* Ist 'n Schmerzmittel *(Musik)* und so 'ne Sache, um den Schleim loszuwerden. *(NORAH blickt aus dem Fenster.)* Aber was suchst du da draußen durchs Fenster? *(NORAH drückt das Fenster auf, Musik wird lauter.)*

NORAH: *(aufgeregt)* Oh, Onkel, da kommt ein Regiment von Soldaten auf der Straße.

CORPORAL: *(erhebt sich und kämpft sich seinen Weg in Richtung Fenster)* Ein Regiment! He! Wo ist meine Brille? Gottchen, ich höre die Kapelle so klar, so klar. Sie spielen heutzutage nicht mehr so laut wie früher. *(geht zum Fenster)* Da kommen sie, Pioniere, Tambourmajor, Kapelle! Welche Nummer haben sie, Mädchen? *(Seine Augen glänzen, und seine Füße und sein Stock wippen zur Musik)*

NORAH: Sie scheinen keine Nummer zu haben, Onkel. Sie haben etwas auf ihren Schultern geschrieben. Oxfordshire, denke ich, heißt es.

CORPORAL: Ach, ja. Ich hörte, sie haben die Zahlen weggelassen und ihnen diese neumodischen Namen gegeben. *(schüttelt den Kopf)* Das hätten sie beim Duke nicht gemacht. Der Duke hätte was dazu zu sagen gehabt. *(Musik wird leiser)* Dort gehen sie, bei Jessus! Sie sind jung, aber sie haben nicht vergessen, wie man marschiert. Verflixt, wenn ich die Ligth Bobs[6] sehe, obwohl … *(Kapelle wird noch leiser)* Gut, sie haben den Schwung, sie haben den Schwung *(blickt ihnen nach, bis die letzten verschwunden sind)*

NORAH: *(hilft ihm)* Komm zurück zu deinem Stuhl, Onkel.

CORPORAL: Wo ist die Flasche wieder hin? Es löst den Schleim. Es sind die Schläuche, was bei mir nicht in Ordnung ist. Joyce sagt das, und er ist ein kluger Mann. Ich bin in seinem Verein. Da ist die Karte bezahlt, unter dem Bügeleisen. *(Kapelle verstummt. CORPORAL schlägt plötzlich auf seinen Oberschenkel)* Ah, verflixt, ich wußte, daß da was nicht stimmt.

NORAH: Was denn, Onkel?

CORPORAL: Bei den Soldaten. Ich hab's jetzt. Sie haben ihre Halsbinden vergessen. Keiner von ihnen hatte seine Halsbinde um *(kichert und krächzt)* Beim

6 Light Bob: Leichte britische Infanterie.

Duke hätt's das nicht gegeben. Nein, bei Jessus, der Duke hätte was dazu zu sagen gehabt.

(Tür öffnet sich und SERGEANT winkt dem Kameraden)

NORAH: *(schaut in Richtung der Tür)* Ach, Onkel, das ist der Soldat, der an diesem Morgen kam – einer von denen mit den blauen Mänteln und Goldborten.

CORPORAL: Äh, und was will er? Steh nicht da und starre, Mädchen, sondern geh zur Tür und frag ihn, was er will.

(Sie nähert sich der Tür, die halb offen ist. SERGEANT: McDonald von der Artillerie tritt, seinen Karabiner in der Hand, über die Schwelle und salutiert.)

SERGEANT: Guten Tag noch einmal für Sie, Miss. Ist der alte Gentleman jetzt zu sprechen?

NORAH: Ja, Sir. Das ist er. Ich bin sicher, daß er sehr froh ist, Sie zu sehen. Onkel, hier ist ein Gentleman, der mit dir sprechen will.

SERGEANT: Stolz, Sie zu sehen, Sir – stolz und erfreut, Sir.

(tritt vor, setzt seine Karabiner ab und salutiert – NORAH, halb erschrocken halb fasziniert, behält ihre Augen auf den Besucher gerichtet)

CORPORAL: *(blickt auf den SERGEANTEN)* Nehmen Sie Platz, Sergant, nehmen Sie Platz! *(schüttelt den Kopf)* Sie sind ziemlich jung für die Streifen. Gottchen, es ist jetzt einfacher, drei zu bekommen, als einen zu meiner Zeit. „Gunners“ wurden alte Soldaten, und die grauen Haare kamen schneller als die drei Streifen.

(SERGEANT stellt Karabiner am Fenster ab, NORAH zieht Schürze aus, faltet sie, legt sie in den Korb)

SERGEANT: Ich bin acht Jahre im Dienst, Sir. McDonald ist mein Name, Sergeant McDonald von der H-Batterie, Southern Artillerie Division. Als der Sprecher meiner Kameraden möchte ich sagen, daß wir stolz sind, Sie in der Stadt zu haben, Sir.

(NORAH beendet das Säubern des Tisches, legt die gefaltete Tischdecke in die Schublade der Kommode.)

CORPORAL: *(kichert und reibt sich die Hände)* Das war, was der Regent sagte. „Das Regiment ist stolz auf Sie", sagt er. „Und ich bin stolz auf die das Regiment", sag ich. „Eine verdammt gute Antwort, auch", sagt er, und er und Lord Hill lachen.

SERGEANT:. Die Unteroffiziere wären stolz und geehrt, Sie zu sehen, Sir. Wenn Sie so weit laufen können, wird immer eine Pfeife Tabak und ein Glas Grog auf Sie warten.

CORPORAL: *(lacht bis er hustet)* Gerne sehen, mich, würden sie, die Hunde! Gut, gut, wenn das warme Wetter anhält, komme ich vorbei – es ist wahrscheinlich, daß ich vorbeikomme. Meine Lunge ist schlecht heut, und hier fühle ich mich komisch *(schlägt auf seine Brust)* Aber ihr werdet mich an einem dieser Tage in der Kaserne sehen.

SERGEANT: Fragen Sie bitte nach der Non-com-mess.

CORPORAL: Wie?

SERGEANT: Die Non-com-mess[7].

CORPORAL: Oh, Gottchen! Habt jetzt eine Messe für euch allein? Wie die Offiziere? Zu stolz für eine Kantine. Beim Duke hätt's das nicht gegeben. Der Duke hätte ein Wort dazu zu sagen gehabt.

SERGEANT: *(respektvoll)* Sie waren bei der Garde, Sir, nicht wahr?

CORPORAL: Ja, ich bin ein Gardist, bin ich. Gedient bei der 3. Garde, die gleiche, die sie jetzt Scots Guards nennen. Gottchen, Sergeant, aber sie sind alle abmarschiert, von Colonel Byng gerade runter bis zum Trommlerjungen, und hier bin ich, die Nachhut – so nenn ich mich, die Nachhut. Aber es ist nicht meine Schuld, denn ich hab noch nicht meinen Befehl erhalten und ich kann meinen Posten ohne ihn nicht verlassen.

SERGEANT: *(schüttelt den Kopf)* Ah, gut, wir alle müssen abmustern. Wollen Sie meinen Tabak versuchen, Sir? *(übergibt Beutel)*

CORPORAL: Was?

SERGEANT: Nehmen Sie von meinem Tabak, Sir.

(CORPORAL Brewster versucht, seine Pfeife zu füllen, aber zerbricht sie. Als er sie zerbricht, kommen ihm die Tränen und er schluchzt hilflos wie ein Kind.)

CORPORAL: Ich habe meine Pfeife zerbrochen! Meine Pfeife!

NORAH: *(läuft zu ihm und beruhigt ihn)* Onkel nicht, oh nicht! Wir können ganz einfach eine andere besorgen.

7 Noncommissioned officers mess, die Unteroffiziersmesse.

SERGEANT: Ärgern Sie sich nicht, Sir – wenn Sie mir die Ehre erweisen wollen, diese anzunehmen. Wurzelholz mit Bernsteinmundstück.

CORPORAL: *(sein Lächeln verdrängt sofort seine Tränen, SERGEANT nimmt seinen Karabiner auf)* Jessus, das ist eine feine Pfeife, schau dir meine neue Pfeife an, Mädchen, ich wette, daß Jarge niemals nicht so 'ne Pfeife gehabt hat. Ah, und ein Bernsteinmundstück auch noch! *(murmelt mit der Pfeife im Mund)* Sie haben ihre Muskete dabei, Sergeant.

SERGEANT: Ja, Sir, ich war auf meinem Weg zurück vom Schießstand, als ich hereinschaute.

CORPORAL: Ich möchte sie mal in die Hand nehmen!

SERGEANT: Natürlich. *(gibt ihm den Karabiner)*

CORPORAL: Gottchen, fühlt sich an wie in alten Zeiten, die Hand auf einer Muskete. Wie geht das Exerzier-Reglement, Feldwebel? Na? Hebt die Muskete! Präsentiert die Muskete! Schau dir die Grundierung an! Ha, Sergeant! *(Der Verschluß öffnet sich, als er drückt. NORAH ist jetzt oben am Tisch und sieht zu)* Oh, Jessus! Ich habe Ihre Muskete zerbrochen, in zwei Hälften.

SERGEANT: *(lacht)* Das ist alles in Ordnung, Sir! Sie haben den Hebel nach oben gedrückt und das Verschluß-Stück geöffnet. So laden wir sie.

CORPORAL: Laden am falschen Ende! Nun, mal gut, auf so was zu kommen, und auch kein Ladestock. Ich habe davon reden gehört, es aber bis jetzt nicht geglaubt. Ah! Es kommt an die Brown Bess[8] nicht heran. Wenn es zur Sache geht, denken Sie an meine Worte und passen Sie auf, ob sie nicht doch wieder zur Brown Bess zurückkommen.

8 Brown Bess: Muskete, Steinschloßgewehr der britischen Infanterie zur Zeit der Napoleonischen Kriege.

SERGEANT: *(erhebt sich)* Aber ich habe Sie genug ermüdet für einmal. Ich werde wieder hereinschauen, und ich werde ein oder zwei Kameraden mitbringen, wenn ich darf, denn es gibt nicht einen, der nicht stolz wäre, mit Ihnen reden zu dürfen. *(Salutiert. Geht ab)* Meine besten Empfehlungen an Sie, Miss.

NORAH: Ach, Onkel, ist er nicht edel und fein? *(geht bis zur Tür und schaut nach ihm)*

CORPORAL: *(murmelt)* Zu jung für die Streifen, Mädchen. Ein Sergeant der „Gunners" sollte ein erwachsener Mann sein. Ich weiß nicht, was sie in diesen Tagen alles nehmen. *(kichert)* Aber er gab mir eine Pfeife, Norah! Eine feine Pfeife mit Bernsteinmundstück. Ich wette, Bruder Jarge hatte nie so eine Pfeife wie diese.

NORAH: *(nickt in Richtung der Tür)* Zu denken, daß er in sechzig Jahren wie Onkel sein wird, und daß Onkel einst wie er war. *(geht zum Fenster)* Er scheint ein sehr freundlicher junger Mann zu sein, denke ich. Er nennt mich „Miss" und den Onkel „Sir", so höflich und anständig. So einen netten Mann hab ich unten in Essex noch nie gesehen.

CORPORAL: Was meinst du, Mädchen, hilf mir, meinen Sessel an die Tür zu bekommen oder vielleicht tut es auch dein neumodischer Stuhl. Es ist warm und die Luft würde mir guttun, wenn ich die Fliegen zurückhalten kann. Sie werden übermütig bei diesem Wetter, und sie plagen mich grausam.

NORAH: Die Fliegen, Onkel.

(Er geht geschwächt nach gegenüber, wo die Sonne an der Tür hereinkommt, und setzt sich in die Sonne. NORAH hilft ihm.)

CORPORAL: Äh, das ist gut! Es erinnert mich immer an den Heiligenschein, der kommen wird. War es heut, daß der Pfarrer hier war?

NORAH: Nein, Onkel. *(kniet sich vor ihm hin)*

CORPORAL: Dann war es gestern. Ich komme mit den Tagen durcheinander. Er liest mir vor, der Pfarrer.

NORAH: Aber das könnte ich doch auch tun, Onkel.

CORPORAL: Du kannst auch lesen, wie? Bei Jessus, hab nie getroffen solch ein Mädchen. Du kannst mit der Eisenbahn fahren, und du kannst lesen. Wohin ist die Welt gekommen? Es ist die Bibel, die er mir vorliest. *(NORAH läuft, holt die Bibel und kniet sich wieder hin.)*

NORAH: *(schlägt die Bibel auf)* Welches Stück möchtest du gerne hören?

CORPORAL: Wie? *(NORAH wiederholt)*

CORPORAL: Oh, von den Kriegen.

NORAH: Die Kriege?

CORPORAL: Ja, bleib bei den Kriegen; „Gib mir das Alte Testament, Pfarrer“, ich, „Da ist mehr Würze drin“, sag ich. Der Pfarrer will irgendwas anderes aussuchen aber bei mir gibt’s Joshua oder gar nichts. Diese Israeliten waren gute Soldaten, gut gewachsene Soldaten, jeder von ihnen.

NORAH: Aber Onkel, es ist überall Frieden in der nächsten Welt.

CORPORAL: Nein, ist es nicht, Mädchen.

NORAH: O ja, Onkel, sicherlich.

CORPORAL: *(gereizt, klopft mit seinem Stock auf den Boden)* Ich sage dir, ist es nicht, Mädchen. Ich hab den Pfarrer gefragt.

NORAH: Und, was hat er gesagt?

CORPORAL: Er sagte, es gibt ganz zuletzt einen Endkampf.

NORAH: Kampf?

CORPORAL: Nun, er hat sogar seinen Namen gesagt, die Schlacht von Arm – Arm – die Schlacht von Arm –

NORAH: Armageddon.

CORPORAL: Ja, das war der Name. *(hält sinnend inne)* Ich denke, die dritte Garde wird dabei sein. Und der Duke — der Duke wird ein Wort dazu zu sagen haben. *(sinkt ein wenig in seinem Sessel zurück; NORAH schließt Fenster, legt Bibel zurück)*

NORAH: Was ist, Onkel? Du siehst müde aus.

CORPORAL: *(schwach)* Vielleicht hatte ich genug Luft. Und ich bin nicht stark genug, um wieder gegen die Fliegen zu kämpfen.

NORAH: Oh, aber ich halte sie von dir fern, Onkel.

CORPORAL: Sie werden übermütig bei diesem Wetter. Ich werde wieder in die Ecke gehen. Aber du mußt mir helfen mit dem Sessel. *(es klopft)* Sessel sind heutzutage schwerer gemacht als früher.

(COLONEL Midwinter – in Zivil – steckt seinen Kopf zur Tür herein.)

COLONEL: Bin ich hier bei Gregory Brewster?

CORPORAL: Ja, Sir. Das ist mein Name.

COLONEL: Dann sind Sie der Mann, den ich sprechen möchte.

CORPORAL: Um was geht's, Sir?

COLONEL: Und Sie sind der gleiche Brewster, vermute ich, dessen Name auf der Stammrolle der Scots Guards steht, als sie bei der Schlacht von Waterloo waren?

CORPORAL: Der gleiche Brewster, Sir, wenn sie es auch die Dritte Garde nannten zu meiner Zeit. Es war ein feines Regiment, Sir, und sie brauchen jetzt nur noch mich, um wieder vollständig zu sein.

COLONEL: *(fröhlich)* Na, na, da müssen sie noch Jahre drauf warten. Aber ich dachte, ich sollte mich einmal mit Ihnen unterhalten, denn ich bin der Colonel der Scots Guards.

(CORPORAL springt auf, salutiert, taumelt und droht zu fallen. Der COLONEL und NORAH verhindern es; NORAH zu seiner Linken)

COLONEL: Ruhig, ruhig. *(führt Brewster zu anderem Sessel)* Ganz ruhig …

CORPORAL: *(setzt sich und keucht)*. Ich danke, Sir. Ich war beinahe schon auf dem Weg dahin. Aber Gottchen, das kann ich kaum glauben. Man stelle sich vor, ich, ein Corporal der Flankenkompanie, und Sie, der Colonel des Bataillons! Gottchen, was so alles passiert.

(NORAH hilft ihm in Sessel rechts vom Tisch. Der COLONEL geht zum Kamin.)

CORPORAL: Das ist's, was der Regent sagte. „Das Regiment ist stolz auf Sie", sagt er. „Und ich bin stolz auf das Regiment", sag ich.

COLONEL: Und deshalb sprechen Sie jetzt auch für ihn.

CORPORAL: „Und eine verdammt gute Antwort auch", sagt er.

COLONEL: Nun, wir sind sehr stolz auf Sie in London. Und Sie sind tatsächlich einer der Männer, die Hougoumont hielten. *(Sieht sich um, betrachtet die Medizin-Flaschen usw.)*

(NORAH sitzt links am Tisch mit Handarbeiten, die sie ihrem Korb entnommen hat.)

CORPORAL: Ja, Colonel, ich war bei Hougoumont.

COLONEL: Nun, ich hoffe, dass es Ihnen gut geht und Sie glücklich sind.

CORPORAL: Ich danke Ihnen, Sir, ich bin ziemlich beweglich, wenn das Wetter hält, und die Fliegen nicht zu übermütig sind. Ich habe eine Menge Ärger mit meiner Lunge. Sie würden es nicht glauben, das Problem ist es, den Schleim rauszukriegen. Und ich brauche meine Rationen, ich bekomme sonst Rheuma. Und meine Gelenke, sie sind nicht das, was sie mal waren.

COLONEL: Wie steht's mit dem Gedächtnis?

CORPORAL: Oh, damit ist alles in Ordnung. Ja, Sir, ich könnte Ihnen jeden Mann in Captain Haldanes Flankenkompanie beim Namen nennen.

COLONEL: Und die Schlacht – erinnern Sie sich daran?

CORPORAL: Nun, ich sehe es vor mir. Jedes Mal, wenn ich meine Augen schließe. Gottchen, Sir, Sie würden es kaum glauben, wie klar alles vor mir steht. Da ist unsere Linie rechts entlang von der Schmerzmittel-Flasche zum Inhalator, wie Sie sehen! Na, dann ist da die Pillenbüchse für Hougoumont auf der rechten Flanke, wo wir waren, und der Fingerhut steht für La Haye Sainte. Das stimmt so, Sir. *(reckt seinen Kopf und schaut sich zufrieden um)* Und hier sind die Reserven, und hier waren unsere Kanonen und unsere Belgier, dann hier die Franzosen, wo meine neue Pfeife liegt, und dort drüben, wo die Husten-Tropfen sind, waren die Preußen auf unserer linken Flanke, Jessus, aber es war eine gute Sache, den Rauch ihrer Kanonen zu sehen. *(NORAH hilft ihm in den Sessel)*

COLONEL: Und was hat Sie am meisten beeindruckt, aus heutiger Sicht, im Zusammenhang mit der ganzen Geschichte?

CORPORAL: Ich hab drei Halb-Kronenstücke darüber verloren, jawohl. Ich würd mich nicht wundern, wenn ich das Geld nie wiederbekommen würde. Ich lieh sie Jabez Smith aus Brüssel, dem Mann im Glied hinter mir. „Grig!“, sagt er, „Ich geb’s Ihnen wieder, nur bis zum Zahltag.“ Jessus, er fiel durch einen Ulanen bei Quarter Brass[9], und ich hatte keine Zeile, um die Schuld zu beweisen. Die drei Eduards[10] sind so gut wie verloren.

COLONEL: *(lacht)* Die Offiziere – der Garde – möchten Ihnen – Ihnen persönlich – eine Kleinigkeit verehren, um Ihren Unterhalt zu verbessern. Es ist nicht von mir, also brauchen Sie mir nicht zu danken. *(steckt eine Banknote in den Tabacksbeutel des alten Mannes und macht Anstalten zu gehen)*

CORPORAL: Wir danken Ihnen herzlich, Sir. Aber es gibt einen Gefallen, um den ich Sie ersuchen möchte, Colonel.

COLONEL: Ja, Corporal, was ist es?

CORPORAL: Wenn ich gerufen werde, Colonel, werden Sie mir eine Fahne und ein Salut nicht mißgönnen. Ich bin kein Zivilist, ich bin ein Gardist, und ich möchte gern hoffen dürfen, daß zwei Reihen von Bären-Fellen meinem Sarg hinterherlaufen werden.

COLONEL: Gewiß, Korporal, ich werde darauf achten. *(CORPORAL sinkt in seinen Sessel zurück)* Ich fürchte, dass ich ihn ermüdet habe. Er schläft, denke ich. Auf Wiedersehen, mein Mädchen; und ich hoffe, wir werden nur gute Nachrichten von Ihnen erhalten. *(COLONEL geht ab)*

NORAH: Vielen Dank, Sir, ich hoffe es ganz gewiß auch. Onkel, Onkel! Ja, ich glaube, er ist eingeschla-

9 Vermutlich ist die Schlacht bei Quatre-Bras (Belgien, 20 km südlich von Waterloo) am 16. Juni 1815 gemeint, bei der auch Herzog Friedrich Wilhelm von Braunschweig fiel.

10 Eduard: ein Halbkronen-Stück.

fen. Aber er ist so grau und dünn, dass er mir Angst macht. Oh, ich wünschte, ich hätte jemand, der mir rät, damit ich weiß, wann er krank ist und wann nicht.

(Auftritt SERGEANT McDonald unangekündigt)

SERGEANT: Guten Tag, Miss. Wie geht es dem alten Gentleman?
NORAH: Pst! Er schläft, nehme ich an. Aber ich habe ein wenig Angst um ihn.
SERGEANT: *(geht hinüber zu ihm)* Ja, er sieht nicht aus, als ob er noch lange zu leben habe, nicht wahr? Vielleicht bringt ihn ein Schlaf wie dieser wieder zu Kräften.
NORAH: Oh, ich hoffe es wirklich.
SERGEANT: Ich werde Ihnen sagen, warum ich so schnell zurückgekommen bin. Ich habe es denen in der Kaserne erzählt, daß ich ihm eine Pfeife gegeben habe, und die anderen wollten auch gern mittun, also haben sie eine Sammlung gemacht und ein Pfund Tabak zusammengebracht. Es ist alter Cavendish, mit reichlich Biß.
NORAH: Wie nett von Ihnen, an ihn zu denken!
SERGEANT: Leben Sie immer hier bei ihm?
NORAH: Nein, ich kam erst heute morgen an.
SERGEANT: Nun, Sie haben nicht lange gebraucht, um Ordnung zu schaffen.
NORAH: Oh, ich fand alles in solch einem Durcheinander. Wenn ich Zeit habe, werde ich es bald schön bekommen.
SERGEANT: Das klingt nach einem Marschbefehl für mich.
NORAH: Oh, wie können Sie nur so etwas denken!
SERGEANT: Sagen Sie, Miss, sind Sie jemals in einer Kaserne gewesen?

NORAH: Nein, ich war mein ganzes Leben auf einem Bauernhof.

SERGEANT: Nun, vielleicht, wenn es darauf ankommt, hätten Sie vielleicht Lust, ich möchte Sie gern herumführen.

NORAH: Ich bin sicher, ich würde gerne kommen.

SERGEANT: Nun, würden Sie versprechen zu kommen?

NORAH: *(lacht)* Es scheint Ihnen ziemlich ernst zu sein.

SERGEANT: Nun, vielleicht ist es mir das.

NORAH: Sehr gut, ich will versprechen zu kommen.

SERGEANT: Sie werden uns rauhbeinig finden.

NORAH: Ich bin sicher, daß es sehr schön sein wird.

SERGEANT: Nicht ganz, was junge Ladys gewöhnt sind.

NORAH: Aber ich bin keine junge Lady. Ich habe jeden Tag, an den ich mich erinnern kann, mit meinen Händen gearbeitet.

CORPORAL: *(mit lauter Stimme)* Die Grade braucht Pulver. *(Lauter)* Die Garde braucht Pulver! *(erhebt sich)*

NORAH: Oh, bin ich so erschrocken.

CORPORAL: *(kommt auf die Beine, und plötzlich blitzt der alte Soldat in ihm auf)* Die Garde braucht Pulver, und bei Gott, sie sollen es bekommen! *(fällt zurück in den Stuhl. NORAH und der SERGEANT stürzen zu ihm.)*

NORAH: *(schluchzend)* Oh, sagen Sie mir, Sir, sagen Sie mir – was ist mit ihm?

Seregeant *(schwer)* Ich denke, daß die Stammrolle der Dritten Garde jetzt wieder komplett ist.

Vorhang. Langsam.

Dauer: 45 Minuten

Arthur Conan Doyle

The Old Huntsman

There’s a keen and grim old huntsman
On a horse as white as snow;
Sometimes he is very swift
And sometimes he is slow.
But he never is at fault,
For he always hunts at view
And he rides without a halt
After you.

The huntsman’s name is Death,
His horse’s name is Time;
He is coming, he is coming
As I sit and write this rhyme;
He is coming, he is coming,
As you read the rhyme I write;
You can hear the hoofs’ low drumming
Day and night.

You can hear the distant drumming
As the clock goes tick-a-tack,
And the chiming of the hours
Is the music of his pack.
You may hardly note their growling
Underneath the noonday sun,
But at night you hear them howling
As they run.
And they never check or falter
For they never miss their kill;
Seasons change and systems alter,

But the hunt is running still.
Hark! the evening chime is playing,
O'er the long grey town it peals;
Don't you hear the death-hound baying
At your heels?

Where is there an earth or burrow?
Where a cover left for you?
A year, a week, perhaps to-morrow
Brings the Huntsman's death halloo!
Day by day he gains upon us,
And the most that we can claim
Is that when the hounds are on us
We die game.

And somewhere dwells the Master,
By whom it was decreed;
He sent the savage huntsman,
He bred the snow-white steed.
These hounds which run for ever,
He set them on your track;
He hears you scream, but never
Calls them back.

He does not heed our suing,
We never see his face;
He hunts to our undoing,
We thank him for the chase.
We thank him and we flatter,
We hope — because we must —
But have we cause? No matter!
Let us trust!

AUFSÄTZE

Arthur Conan Doyle

Ich klage an
Eine Flucht in die Öffentlichkeit

[Die Rechtschreibung wurde beibehalten]

I. Erster Eindruck Georg Edaljis.

Als ich Georg Edalji zum ersten Male zu Gesicht bekam, drängte sich mir sogleich die Überzeugung auf: Es ist äußerst unwahrscheinlich, daß dieser Mann das Verbrechen begangen hat, wegen dessen er verurteilt worden ist. Ferner aber traten ohne weiteres zum mindesten einige von den Gründen zutage, welche dazu geführt hatten, ihn zu verdächtigen. Diese Wirkungen hatte ausschließlich der äußere Eindruck seiner Persönlichkeit hervorgerufen. Er war auf Grund einer Verabredung in mein Hotel gekommen; ich hatte mich anderweit aufhalten lassen, und er verbrachte die Wartezeit mit Lesen.

Ich erkannte meinen Mann an seinem dunklen Gesicht; da er mich nicht sogleich bemerkte, blieb ich stehen und beobachtete ihn.

Er hielt die Zeitung dicht an die Augen und etwas seitlich; das bewies nicht nur einen hohen Grad Kurzsichtigkeit, sondern auch ausgesprochenen Astigmatismus. Der Gedanke, solch ein Mann sollte die Felder bei Nacht durchstreift und Vieh angefallen haben — gleichzeitig immer darauf bedacht, die Wachsamkeit der Polizei zu täuschen — muß jedem lächerlich erscheinen, der auch nur die geringste Ahnung davon hat, wie die Welt aussieht in den Augen eines Kurzsichtigen, der Konvexgläser von acht Dioptrien tragen muß; — dies ist der genaue Grad der Kurzsichtigkeit Georg Edaljis nach Feststellung des Herrn Kenneth Scott von Manchestersquare. Aber dieser Zustand, der so hoffnungslos schlecht war, daß in freier Luft auch Gläser nichts nützen konnten, verliehen dem Dulder ein fades, stieräugiges Aussehen, und dies, zusammengehalten mit seiner dunklen Gesichtsfarbe, hat ihn sicherlich in den Äugen der englischen Landleute als einen sonderbaren Mann erscheinen lassen; ihn mit einem sonderbaren Vorkommnis in Zusammenhang zu bringen, dazu war es dann natürlich nur noch ein Schritt. In einem einzelnen körperlichen Fehler schon liegt die moralische Gewißheit seiner Unschuld und zugleich der Grund, aus dem er hatte der Sündenbock werden sollen.

Bevor ich mit ihm zusammenkam, hatte ich eine umfangreiche Literatur durchgelesen, die man mir über seinen Fall zugesandt hatte. Nach unserer Zusammenkunft las ich noch mehr, wandte mich persönlich und brieflich an all und jeden, der in irgendeiner Hinsieht Licht auf den Gegenstand zu werfen in der Lage war, und besuchte schließlich Wyrley, wo ich einen Tag an dem Tatort arbeitete. Die Mühe war nicht verloren: Das Resultat meiner ganzen Untersuchung war, daß ich auf eine Kette von Tatumständen geleitet wurde, die so außerordentlich erscheinen, daß die blühendste Phantasie eines Romanschreibers nichts absonderlicheres erfinden könnte. In jedem Stadium meiner Nachforschungen habe ich mir ins Gedächtnis zurückgerufen, daß es unbedingt notwendig sei, den Spuren der Wahrheit nachzugehen, und nicht einer vorgefaßten Theorie zu folgen, und zu jeder Zeit war ich bereit, einen Punkt, der den Angeklagten belastete, mit einer Sorgfalt zu prüfen, als ob es sich um einen Punkt zu seiner Entlastung handelte. Schließlich aber konnte ich mich des Gefühls nicht erwehren, daß es meiner Intelligenz direkt Hohn sprechen hieße, wollte ich mich noch länger der Gewißheit verschließen, daß hier ein unbegreiflicher Justizirrtum vorgekommen ist.

II. Die Vorgeschichte bis 1893. Anonyme Briefe 1888.

Ich möchte nun die sonderbare Geschichte von Anfang an erzählen. Die Wirkung meiner Darstellung wird — so hoffe ich — die sein, daß sich eine gewaltige Welle des Mitgefühls in diesem Lande erhebt, die eine neuerliche Prüfung dieses Falles in breitester Öffentlichkeit unvermeidlich macht. Ich bin überzeugt, daß eine solche Prüfung nur zur vollständigen Freisprechung Georg Edaljis führen kann und zu seiner Wiederaufnahme in die Reihen des Standes, aus dem er ganz ungerechterweise verjagt worden ist. Der Beginn der Geschichte geht zurück auf das Jahr 1874. In diesem Jahre verheiratete sich der Reverend S. Edalji, ein Geistlicher der Kirche von England von parsischem Ursprünge, mit Fräulein C. Stoneham. Ein Onkel der Braut, wenn ich recht unterrichtet bin, hatte das Patronat über die Pfarre von Great Wyrley, ein Kirchspiel etwa sechs Meilen von Walsall, in Staffordshire, in dem Ackerbau und Bergbau getrieben wird. Durch den Einfluß dieses Onkels wurde der Reverend Edalji Vikar von Great Wyrley. Er hat diese Pfarre nunmehr seit einunddreißig Jahren inne, in denen er im Angesichte aller Mitmenschen ein tadelloses Leben geführt hat. Seine Position war eine außerordentlich schwierige; als farbiger Geistlicher in einem englischen Kirchspiel fand er sich bei seinen Eingepfarrten sehr gemischten Empfindungen gegenüber; doch scheint er jeder Zeit Würde und feines Taktgefühl bewiesen zu haben, da man ihm allgemein Verehrung und freundschaftliche Gefühle entgegentrug. Nur eine Ausnahme habe ich feststellen können. Bei Gelegenheit der Wahlen hatte er das zur Kirche gehörige Unterrichtszimmer zur Abhaltung von Versammlungen seinen Parteigenossen hergegeben — er war streng liberal. Hierdurch machte er sich bei den niederen politischen Elementen der Gegend etwas mißliebig.

Aus seiner Ehe waren drei Kinder hervorgegangen, — Georg, der im Jahre 1876, Horaz, der im Jahre 1879, und Maud, die im Jahre 1882 geboren worden war. Horaz hatte einen Posten bei der Regierung inne und war fern von seiner Heimat, als die langjährige Verfolgung, deren Zielscheibe seine Familie gewesen war, ihren Höhepunkt in der Tragödie erreichte, der sein Bruder zum Opfer fiel.

Im Jahre 1888, also zu einer Zeit, da Georg Edalji zwölf Jahre alt war, liefen in dem Pfarrhause eine Anzahl anonymer Drohbriefe ein. Die Hülfe der Polizei wurde in Anspruch genommen, und es wurde eine Verhaftung vorgenommen. Es war die Dienstmagd in dem Pfarrhause, eine gewisse Elisabeth Foster, gegen die man Anklage erhob; neben anderem wurde sie beschuldigt, gemeine Schmähungen gegen ihre Dienstherrschaft an Nebengebäude und sonstige Baulichkeiten geschrieben zu haben. Sie wurde im Jahre 1889 zu Cannock vor Gericht gestellt, aber ihr Sachwalter machte nur geltend, das wäre nichts weiter als ein läppischer Scherz, und sie wurde nur unter Bürgschaft verpflichtet, Frieden zu halten. Später machte man den Versuch, zu behaupten, sie wäre gar nicht schuldig gewesen; doch ich halte es für ausgeschlossen, daß irgendein Verteidiger auf eigene Verantwortung, ohne Einverständnis des Klienten, ein derartiges Geständnis machen würde. Die Foster und ihre Freunde waren nachher von bitteren Gefühlen der Rache beseelt; und es ist Grund genug zu der Annahme vorhanden, daß in diesem Vorfall aus dem Jahre 1888 der Keim zu suchen ist. aus dem die schlimmen Vorkommnisse in den Jahren 1893 bis 95 und in der Folge die Leiden des Jahres 1903 hervorgegangen sind. Die Briefe aus den Jahren 1892 bis 95 traten offen für Elisabeth Foster ein; die Briefe aus dem Jahre 1903 taten ihrer nicht direkt Erwähnung. Aber eine pöbelhafte Postkarte vom 4. August enthielt die Worte: „Warum setzt ihr nicht euer altes Spiel fort und beschmiert die Mauern?“ Dieses war speziell die Missetat gewesen, die man Elisabeth Foster zur Last gelegt hatte. Der Leser wird sich erinnern, daß im Jahre 1888 Georg Edalji ein zwölfjähriger Schulknabe war; die Briefe, welche um jene Zeit eingingen, waren in einer ausgebildeten Handschrift geschrieben, die unmöglich die seine gewesen sein konnte.

III. 1891 bis 95. Neue Epidemie anonymer Briefe unter Hinzutritt von niederträchtigen Foppereien. Erste Verdächtigung Georg Edaljis.

Im Jahre 1892 begann die zweite Sintflut mit anonymen Briefen. Einige davon wurden um diese Zeit von Herrn Edalji in den Zeitungen von Staffordshire veröffentlicht; er hoffte, daß ihr Stil oder Inhalt zur Entdeckung des Schreibers führen möchte. Viele waren an das Pfarrhaus gerichtet, aber andere gingen den verschiedensten Leuten in der Nachbarschaft zu; diese waren so boshaft und so durchtrieben, daß es den Anschein hatte, als ob ein wahrer Dämon des Unheils es sich zur Aufgabe gemacht habe, alle Bewohner des Kirchspiels einen gegen den anderen aufzuhetzen. Die Briefe waren in Walsall, in Cannock und verschiedenen anderen Städten zur Post gegeben, aber sie trugen innere unverkennbare Merkmale gemeinschaftlichen Ursprunges, und alle waren gewissermaßen infiziert von dem Vorfall mit Elisabeth Foster. Die Plage währte drei Jahre hindurch, und da sie von einer langen Reihe höchst geschickt ausgeklügelter und sorgfältig vorbereiteter Foppereien begleitet war, so ist es in der Tat wunderbar, daß der offen ausgesprochene Zweck nicht erreicht wurde, nämlich das Opfer zum Wahnsinn zu treiben.

Bei Prüfung derjenigen von diesen Briefen, in welche ich mir habe Einblick verschaffen können, habe ich folgende vorwiegend charakteristischen Merkmale konstatiert:

1. Ein boshafter, diabolischer Haß gegen die ganze Familie Edalji; auf den 16, 17 bis 18 Jahre alten Georg entfällt ein besonders großer Anteil an den gröblichen Beschimpfungen. Dieser Haß ist krankhaft in seiner Schärfe und Stärke, birgt aber dennoch eine solche kalte Entschlossenheit, daß drei Jahre unausgesetzter Verfolgung keine Milderung hervorgerufen haben. Einige Auszüge werden diesen Punkt erläutern: „Ich schwöre bei Gott, daß ich Georg Edalji bald ermorden werde. Um nichts auf der Welt kümmere ich mich mehr, nur um eines, und das ist Rache, Rache, Rache, süße Rache, ich sehne mich danach, denn in der Hölle werde ich glücklich

sein." „An jedem Tag, in jeder Stunde wächst mein Haß gegen Georg Edalji." „Denken Sie etwa, Sie Pharisäer, weil sie ein Pfarrer sind, wird Gott Sie Ihrer Untaten ledig sprechen?" „Möge der Herr mich tot niederstrecken, wenn ich nicht Georg Edalji ermorde!" „Sie verdammtes Weib!" „Sie widerliches kleines Mädchen." „Fürchterliche Verwünschungen auf euer aller Haupt herabrufend, will ich zu den Regionen der Hölle hinabfahren." Dies sind nur ein paar von den Phrasen, in denen dieser an Wahnwitz grenzende Haß gegen die Familie Edalji zutage tritt.

2. Das zweite charakteristische Merkmal der Briefe ist eine frenetische Bewunderung der Ortspolizei, mag sie nun echt oder fingiert sein. In Cannock war ein Sergeant Upton angestellt; sein Ruhm wird in folgender Weise gesungen: „Ha, ha, hurrah Upton! Guter alter Upton! Gelobter Upton! Guter alter Upton! Gelobt sei Upton! Teurer alter Upton!

Steht auf, steht auf vor Upton,
Ihr Galgenvögel frohgemut!
Schwenkt hoch des Königs Banner!
Wo Upton wirkt, geht alles gut."

„Was wir in diesem Bezirk aufrichtig lieben, das ist die Polizei von Cannock vom ersten bis zum letzten." Und dann wieder: „Ich liebe Upton. Ich liebe ihn mehr als mein Leben, weil er um meinetwillen um die Beförderung gekommen ist."

3. Das dritte charakteristische Merkmal dieser Briefe ist wirklicher oder fingierter religiöser Wahnsinn. Er zeigt sich in recht widerspruchsvoller Form; derselbe Brief enthält in einigen Partien Äußerungen, denen zufolge der Schreiber sich einbildet, Gott zu sein, und in anderen die Klage, daß er verdammt sei, für ewig in der Hölle zu schmachten. Diese Erscheinung tritt so beständig auf, daß es in der Tat schwer ist, zu bezweifeln, daß der Schreiber wirklich Anwandlungen von Verrücktheit unterliegt.

4. Ein viertes erwähnenswertes charakteristisches Merkmal dieser Briefe ist der Umstand, daß der Schreiber mit den

Namen und Angelegenheiten der Bewohner des Distrikts eine große Vertrautheit zeigt. Mitunter werden bis zu zwanzig Namen aufgeführt, deren meisten noch schimpfliche Bezeichnungen zugefügt sind. Niemand kann, wenn er die Schriftstücke liest, Zweifel hegen, daß der Schreiber in der unmittelbaren Nachbarschaft lebte und mit den Leuten, von denen er sprach, genau bekannt ist. Man sollte denken, daß es unter diesen Umständen nur geringe Schwierigkeiten bieten müßte, die Briefe auf ihren Ursprung zurückzuführen; aber die Tatsache steht fest, es ist nie gelungen, die Handschrift festzustellen oder den Schuldigen zu entdecken. Immerhin wurde von denen, die bei der Sache am meisten beteiligt waren, die Meinung nachdrücklich aufrechterhalten, daß die neuerliche Plage mit dem früheren Vorfall in Verbindung stände und daß die Briefe von einem oder mehreren männlichen Verbündeten des entlassenen Dienstmädchens herrührten.

Während diese Briefe in Umlauf gelangten, wurde, wie ich bereits sagte, den Edaljis auch noch das Leben durch eine Reihe äußerst durchtriebener und verwegener Foppereien verbittert, deren manche hätten komisch erscheinen können, hätte diese hartnäckige Verfolgung nicht einen so tragischen Anstrich gehabt. In Form von Briefen oder Inseraten erschienen in Zeitungen jeder Art die absonderlichsten Gesuche seitens des Rev. S. Edalji aus Great Wyrley. Vor keinerlei Fälschung schreckte der verborgene Ränkeschmied zurück. In diesen Auslassungen wurde Herr Edalji ein unternehmender Heiratsagent; er hatte eine Anzahl Damen an der Hand, deren Reize und Vermögen mit peinlichster Genauigkeit katalogisiert wurden; er erklärte sich bereit, über die Hand dieser Kandidatinnen zu Gunsten passender Reflektanten zu verfügen. In anderen Ankündigungen wurde sein Haus für die außergewöhnlichsten Zwecke angeboten. Seine Dienstmagd wurde nach Wolverhampton vorgeladen; sie sollte die Leiche einer gar nicht vorhandenen Schwester besichtigen, die angeblich in einem berüchtigten Hause läge. Kaufleute brachten ganze Fuhren unbestellter Waren nach dem Pfarrhause. Ein unglückseliger Pastor aus Norwich flog in Sturmeseile hinüber nach Great Wvrley auf Grund einer dringenden Vorladung seitens des Rev. Shapurji Edalji, um dort festzustellen, daß er das Opfer einer Fälschung sei. Schließlich, um die Verwirrung derer voll zu machen, die etwa annehmen, der junge Georg Edalji habe gegen sich selbst gewütet und seinen eigenen Leuten diese herzlosen Streiche gespielt, erschien in der öffentlichen Presse eine gefälschte Abbitte; sie begann mit folgenden Worten: „Wir, die Unterzeichneten G. E. T. Edalji und Fredk. Brookes, beide wohnhaft in dem Kirchspiel Great Wyrley, tun hiermit kund und zu wissen, daß wir die alleinigen Verfasser und Schreiber gewisser beleidigender anonymer Briefe gewesen sind, die verschiedenen Personen während der letzten zwölf Monate zugegangen sind.“ Im weiteren Verlaufe der Abbitte erklärt der Unbekannte, er bedauere seine Äußerungen gegen seinen bevorzugten Liebling, Upton, den Polizeisergeanten in Cannock und auch gegen Elisabeth Foster. Die Edaljis gaben natürlich sofort bekannt, daß sie mit dieser vorgeblichen Abbitte nichts zu tun hätten. Nun, ich denke, wenn überhaupt für irgendwelchen Zweifel Raum gewesen ist, so muß doch jeder vernünftige Mensch einsehen, es ist ausgeschlossen, daß die Edaljis selbst sich in so verrückter Weise verfolgt haben sollten.

Bevor ich diesen Gegenstand verlasse, die anonymen Briefe aus dem Jahre 1893, welche Rache atmen gegen die Familie Edalji, möchte ich doch noch erwähnen und sogar scharf betonen, daß in einem dieser Briefe zwei Ausdrücke vorkommen, welche eine eigenartig-unheimliche Bedeutung gewinnen, wenn man die wirklichen Ereignisse der Zukunft dagegen hält.

Am 17. März 1893 sagt dieser wirklich oder fingiert Verrückte in einem Brief an den Vater: „Bevor dies Jahr zu Ende geht, wird Ihr Sprößling entweder auf dein Friedhof liegen oder für Lebenszeit mit Schande bedeckt sein.“ Später sagt er in demselben Brief: „Denken Sie etwa, wir können nicht Ihres Sprößlings Handschrift nachmachen, wenn wir es für notwendig halten?“ Zehn Jahre nach dem Empfang dieses Briefes ist der „Sprößling“ oder Georg Edalji in der Tat mit Schande für Lebenszeit bedeckt, und es haben bei seinem tiefen Fall anonyme Briefe eine Rolle gespielt, in denen seine Handschrift nachgeahmt ist. Hiernach ist es schwerlich anzuzweifeln, daß der Ränkeschmied von 1893 mit dem Schreiber der Briefe im Jahre 1903 identisch war.

Unter den mannigfachen Foppereien und Belästigungen, die während dieser Jahre ins Werk gesetzt wurden, wiederholte sich eine Sorte Streiche immer wieder; es wurden Gegenstände auf das Gebiet des Pfarrgrundstücks gelegt, auf die Fensterbretter oder unter die Türen. Dies geschah mit solcher Frechheit, daß der Schuldige mehr als einmal beinahe auf frischer Tat ertappt worden wäre. Auf einen von diesen Vorfällen muß ich etwas breiter eingehen, obgleich er an sich nichts besonders eigenartiges hatte. Aber er ist insofern von erheblicher Wichtigkeit, als er zwischen den Missetaten von 1893 und 1903 gewissermaßen eine Kette bildet: außerdem aber zeigt er zum erstenmal, einen wie schweren Verdacht der Oberkonstabler von Staffordshire, der ehrenwerte Kapitän G. A. Anson, auf Georg Edalji geworfen hatte. Zweifelsohne stand er hierbei unter dem Einfluß der Berichte seiner Untergebenen, die er wohl zu bereitwillig geglaubt — vielleicht auch nicht geglaubt hat. Soweit ich während meiner Nachforschungen persönlich mit dem ehrenwerten Kapitän G. A. Anson in Berührung gekommen bin, habe ich ihn jederzeit freimütig und liebenswürdig gefunden, und wenn ich bei dem Streben, die Wahrheit zu ermitteln, genötigt bin, einzelne seiner Worte und Handlungen zu kritisieren, so kann ich ihm meine aufrichtige Versicherung geben, daß ich es nur mit Bedauern tue und nur in Ausübung dessen, was mir als unumgängliche Pflicht erscheint.

Am 12. Dezember 1892, also gerade damals, als diese Reihe Foppereien ihren Anfang nahm, wurde ein großer Schlüssel auf der Stufe vor der Haustür des Pfarrhauses gefunden. Man händigte den Schlüssel der Polizei aus, und einige Tage darauf wurde festgestellt, daß er aus der Lateinschule in Walsall fortgenomrnen worden war. Der Grund, weshalb ich sage, dieser Vorfall habe eine wichtige Beziehung auf die Verbindung zwischen den Missetaten von 1893 und denen von 1903, ist der, daß gerade in dem ersten Brief der späteren Serie der Schreiber hervorhebt, er sei ein Schüler der Lateinschule zu Walsall. Zugegeben, daß er jetzt nicht mehr Schüler daselbst sein konnte, wenn er bei den Foppereien im Jahre 1893 beteiligt gewesen war, so ist es doch ein Argument dafür, daß dieselbe treibende Kraft hinter jedem tätig war, der in die Sache irgendwie verwickelt war, da wir finden, daß die Lateinschule von Walsall sieh in jedem Falle eindrängte. Der Vorfall mit dem Schlüssel wurde vor den Oberkonstabler des Kreises gebracht, und dieser scheint sofort die Ansicht gewonnen zu haben, daß Georg Edalji der Schuldige war. Georg Edalji war nicht ein Schüler der Walsaller Schule, er genoß seine Ausbildung in Rugby; es scheint nicht der geringste Grund vorgelegen zu haben, aus dem man hätte entnehmen können, er habe sich einen Schlüssel aus dieser sechs Meilen entfernten Schule geholt, um ihn auf der Stufe vor seinem eigenen Vaterhause niederzulegen. Aber natürlich, hier ist ein ungewöhnlich aussehender Knabe, und hier geschehen ungewöhnliche Taten, und hier ist ein übereifriger Konstabler, gerade dieser Upton, dessen Lob später so enthusiastisch von dem Schreiber der Briefe gesungen werden sollte. Ein Bericht wurde angefertigt, und der Oberkonstabler schenkte ihm Glauben. Er entschloß sich, einen eigenhändig ge- und unterschriebenen Brief abzulassen und zu versuchen, den Knaben zu verblüffen und ihn so zum Geständnis zu bringen. Unterm 23. Januar 1893 wendet er sich an den Vater in einem Brief, der augenblicklich vor mir liegt: „Möchten Sie gefälligst Ihren Sohn Georg fragen, aus wessen Händen der Schlüssel in Empfang genommen wurde, den man am 12. Dezember auf der Stufe vor Ihrer Tür gefunden hat? Der Schlüssel ist gestohlen worden, aber wenn klargestellt werden kann, daß der ganze Vorfall auf einen bloßen Dummejungenstreich oder wirklichen Scherz hinausgeht, so wäre ich durchaus nicht geneigt, zuzulassen, daß irgendwelche polizeiliche Maßnahmen in bezug hierauf getroffen würden. Wenn hingegen die Personen, welche in die Entwendung des Schlüssels verwickelt sind, sich weigern sollten, irgendwelche Aufklärung über die Angelegenheit zu. geben, so müßte ich notwendigerweise die Sache allen Ernstes als Diebstahl behandeln. Eines möchte ich von vornherein nicht ungesagt sein lassen: Es ist gänzlich ausgeschlossen, daß ich etwaigen Beteuerungen Ihres Sohnes, er wisse über diese Schlüsselangelegenheit nichts, Glauben schenken würde. Meine Information über diesen Gegenstand rührt nicht von den Polizeiorganen her."

Berücksichtigt man die wahrhaft teuflische Durchtriebenheit des Foppers, so scheint es nicht fernliegend anzunehmen, daß die Information, sei es direkt oder indirekt, von ihm gekommen ist. In jedem Falle scheint sie falsch gewesen zu sein oder zum mindesten nicht nachweisbar; dies ergibt sich aus der Tatsache, daß diesen Drohungen keine wirkliche Handlung seitens des Oberkonstablers nachgefolgt ist. Doch der springende Punkt bei diesem Vorkommnis, der wohl anzumerken ist, ist der: Schon vor 1893, als Edalji erst siebzehn Jahre alt war, erhebt die Polizeigewalt von Staffordshire durch den Mund ihres Oberhauptes Anschuldigungen gegen ihn und erklärt zum voraus, daß sie keinen Unschuldsbeteuerungen von seiner Seite Glauben schenken würde. Zwei Jahre später, am 25. Juli 1895, geht der Oberkonstabler noch weiter. Er schreibt nochmals an den Vater und sagt: „Ich habe Herrn Perry nicht erzählt, daß ich den Namen des Übeltäters wisse," (den Schreiber der Briefe und Urheber der Foppereien) „obgleich ich ihm sagte, ich hätte meine Verdachtsmomente. Ich ziehe es vor, meine Verdachtsmomente für mich zu behalten, bis ich imstande bin, sie zu beweisen, und Aussicht vorhanden ist, eine gehörige Portion Zuchthaus für den Missetäter zu erwirken; die Person, welche die Briefe schreibt, hat offensichtlich große Sorgfalt darauf verwandt, so weit möglich, alles zu vermeiden, was die Tat zu einem ernstlichen Verbrechen im Sinne des Gesetzes stempeln könnte, doch ist er in zwei bis drei Fällen weit über die Grenzen gegangen und hat sich so der allerernstesten Bestrafung ausgesetzt. Ich habe keinen Zweifel, daß der Missetäter entdeckt werden wird."

Es ist nicht zu verkennen, dies war ein recht fataler Brief. Er folgt nach 18 Monaten auf den voraufgeführten, in dem Georg Edalji unter Namensnennung bezichtigt wird. Der Brief war die Antwort auf eine Beschwerde des Vaters über

Geklatsch in der Nachbarschaft, und die Anspielung auf die Geschicklichkeit des Missetäters, sich innerhalb der Grenzen des Gesetzes zu halten, hat einen besonderen Sinn im Hinblick auf den Umstand, daß der junge Edalji nunmehr schon Student der Rechte war. Ohne einen Namen zu erwähnen, versichert der Oberkonstabler dem Vater Edaljis gegenüber, daß der Schuldige eine Portion Zuchthaus erhalten würde. Ohne Zweifel ist jedes Wort ehrlich gemeint, und er hat gedacht, ausgezeichnete Gründe für seine Schlußfolgerungen zu haben; aber der springende Punkt ist, wie gesagt, daß die Polizeibehörde von Staffordshire schon im Jahre 1895 eine solche Haltung gegenüber dem jungen Edalji an den Tag legte. Wieviel Aussicht auf unparteiische Behandlung hatte er unter diesen Umständen im Jahre 1903, als man auf den Schuldigen an einer ganz neuen Reihe Verbrechen fahndete? Es ist klar, daß die Intelligenz der Polizeibeamten von einer dicken Mauer des Vorurteils umgeben war, daß alle Schritte der Behörde unter dem Einfluß einer Neigung geschahen, die Handlungen Edaljis in dem dunkelsten Licht zu sehen.

IV. 1908. Allgemeines. Neue Briefepidemie. Tierverstümmelungen.

Ende 1895 hörten die Machinationen der unbekannten Feinde Edaljis auf. Briefe und Foppereien waren plötzlich wie abgeschnitten. Von diesem Zeitpunkt bis 1903 herrschte Friede in Wyrley. Georg Edalji war in dieser ganzen Zeit in dem Pfarrhause wohnhaft. Wäre er der Schuldige gewesen, so läge nicht der geringste Anhaltspunkt vor, weshalb er in diesen Jahren sich ruhig verhalten haben sollte. Im Jahre 1903 begannen die Untaten von neuem, und zwar dieses Mal in einer gefährlicheren Form als je.

Am 2. Februar 1903 wurde die erste ernstliche Missetat zu Wyrley verübt. Ein wertvolles Pferd, das einem Herrn Joseph Holmes gehörte, wurde tot aufgefunden; es war während der Nacht aufgeschlitzt worden. Zwei Monate später, am 2. April, hatte man sich wieder an einem Pferde desselben Eigentümers in gleicher Weise vergangen, und einen weiteren Monat später wurde einer Frau Bungay auf eben dieselbe Art eine Kuh getötet. Vierzehn Tage darauf wurde ein Pferd — Eigentum eines Herrn Badger — fürchterlich verstümmelt, und an demselben Tage wurde ein Schaf getötet. Am 6. Juni erlitten zwei Kühe dasselbe Schicksal, und drei Wochen darauf wurden zwei wertvolle Pferde der Quintoner Bergwerksgesellschaft umgebracht. Das nächste Ereignis in dieser Reihe entsetzlicher Barbareien war die Aufschlitzung eines der Great Wyrleyer Bergwerksgesellschaft gehörigen Ponys; dieses war die Tat, wegen der Georg Edalji arretiert und dann schuldig gesprochen wurde. Sein Verschwinden vom Schauplatz rief übrigens hinsichtlich des Vorkommens der Missetaten keine Veränderung hervor, denn am 21. September, zwischen seiner Verhaftung und dem Verhandlungstage, wurde wieder ein Pferd mit offengelegten Eingeweiden vorgefunden. und als ob ausdrücklich die Ansicht derer eine Widerlegung finden sollte, die anzunehmen geneigt waren, die letzte Tat sei von Verbündeten begangen zu dem Zwecke, das Gerichtsverfahren zu beeinflussen, wurde nach Edaljis Verurteilung — am 3. November — eine Untat ausgeführt, die alle bisher vorgekommenen an teuflischer Grausamkeit übertraf; ein Hengst und eine Stute lagen verstümmelt auf ein und demselben Felde. Die große Abscheulichkeit des Frevels trat aber erst zutage, als man in geringer Entfernung von der Stute ein neugeborenes Füllen entdeckte. Drei Monate später, am 8. Februar 1904, fand man wieder ein Pferd verwundet vor, und endlich am 24. März wurden zwei Schafe und ein Lamm verstümmelt. Ein roher Bergwerksarbeiter Namens Farrington wurde auf Grund ganz umständlicher augenscheinlicher Beweise für schuldig befunden und zu drei Jahren verurteilt. Hier nun sind die Schlußfolgerungen der Polizei durchaus unlogisch und widerspruchsvoll. Ihrer Theorie nach handelt es sich um eine Bande nach Art der irischen Mondscheinler. (Ein Bund, der allgemeine Ackerverteilung erstrebt.) Sowohl Edalji wie Farrington seien Mitglieder dieser Bande. Aber daß zwischen diesen beiden je irgendwelche Beziehung bestanden habe, kann nicht bewiesen werden, ist sogar niemals gemutmaßt worden. Der eine ist ein roher, ungebildeter Bergwerksarbeiter, der andere ein Sohn des Pfarrers und ein vorwärtsstrebender Angehöriger eines geachteten Berufes; der eine ständiger Besucher von Wirtshäusern, der andere strikter Abstinenzler. Es gibt sicherlich zu denken, — vorausgesetzt daß Farrington die Tat wirklich begangen hat, wegen deren er verurteilt worden ist, — daß er bei der Wyrleyer Bergwerksgesellschaft in Arbeit stand, und daß er, wenn er zur Arbeit ging, die Stelle wohl hat passieren müssen, an der sich das Pferd befand, das Edalji angeblich verwundet hat. Es gibt ferner zweifellos zu denken, daß die Einsperrung Edaljis keinerlei Einfluß auf das Vorkommen der Missetaten gehabt, daß sie hingegen mit Farringtons Einsperrung mit einem Male vollständig aufgehört haben. Wie ungeheuerlich ist es also, zu bestreiten — wie es das Ministerium des Innern getan hat — daß neue Tatsachen zutage getreten sind, die eine Wiederaufnahme des Verfahrens in dem Falle Edalji rechtfertigen könnten. Übrigens will ich hiermit keineswegs etwa sagen, daß ich an die Schuld Farringtons glaube, an der ich schwerwiegende Zweifel hege; ich will nur hervorheben, daß man gegen ihn, im Vergleich mit Edalji, sehr leicht eine schwere Anklage zu begründen in der Lage wäre.

V. Besonderheiten der neuen Briefe. Die Schüler von Walsall.

Bevor ich nun zur Prüfung der Missetat vom 17. August 1903 schreite, möchte ich erst noch etwas auf die neue Briefepidemie eingehen, die in dem Bezirk ausbrach. Sie fiel zeitlich zusammen mit den eben behandelten Untaten, und die Briefe enthielten Details, welche es möglich, wenn auch keineswegs gewiß machen, daß sie von jemand geschrieben waren, der bei den Verbrechen tätig beteiligt war.

Es kann nicht behauptet werden, es liege ein bestimmter Beweis dafür vor, daß die Briefe von 1903 von derselben

Hand herrührten, als die Briefe von 1895. Aber es liegen doch Punkte vor, hinsichtlich der Satzbildung und des Stiles, hinsichtlich der Heftigkeit und Kühnheit der Sprache, endlich hinsichtlich der Aufmerksamkeit, welche der Familie Edalji zugewendet wird, die auf einen gemeinsamen Ursprung hinweisen. Nur geht dieses Mal der Rev. Edalji frei aus, und es ist der Sohn — derselbe Sohn, der in der ersten Serie mit Beschimpfung für Lebenszeit bedroht wurde — der einige von den Mitteilungen erhält und auf den in den anderen Bezug genommen ist. Ich möchte behaupten, daß die Handschrift in dieser Serie Briefe verschieden ist; jedenfalls unterscheidet sie sich in allem von den Briefen aus dem Jahre 1895. Da jedoch der ursprüngliche Verfolger sich mit. Vorliebe rühmte, er könne seine Handschrift verändern, und sogar, er könne Georg Edaljis Handschrift nachmachen, so braucht man der Änderung keine große Beachtung zu schenken.

Und jetzt zu den Briefen. Sie waren mit verschiedenen Namen unterzeichnet, aber die wichtigsten wollten den Eindruck hervorrufen, als kämen sie von einem jungen Schulknaben namens Greatorex. Dieser junge Mensch leugnete jegliche Kenntnis von den Briefen ab; tatsächlich war er fern auf der Insel Man zur Zeit, als einige dieser Briefe geschrieben worden waren und besonders auch am 17. August, dem Tage des Verbrechens an dem Pony. Es ist eine sonderbare Tatsache, daß dieser junge Mensch gelegentlich seines täglichen Schulbesuches in Walsall immer mit einer gewissen Anzahl Schulkameraden zusammen fuhr und daß auch die Namen einiger dieser Schulkameraden ihren Weg in die fraglichen Briefe gefunden haben. Bei einigen wenigen Gelegenheiten reiste übrigens auch der junge Edalji in demselben Wagen. „Ich kenne den Angeklagten seit drei oder vier Jahren vom Sehen," sagte Greatorex bei der Verhandlung, „er reiste mit mir und meinen Schulkameraden zusammen iu demselben Abteil, wenn wir nach Walsall fuhren. Diese Begegnungen sind in den letzten zwölf Monaten nicht oft vorgekommen — ungefähr ein Dutzend Mal." Nun, auf den ersten Blick möchte man annehmen, dies wäre ein Punkt zu Gunsten der Polizei; denn bei der Unterstellung, Edalji habe die anonymen Briefe geschrieben, würde dieser Umstand aufklären, weshalb ihm die Namen dieser jungen Menschen so geläufig waren. Aber Edalji fuhr doch regelmäßig mit dem Zuge 7^{30} morgens nach dem Bureau und die jungen Burschen benutzten alle Tage denselben Zug; ihn also zwölf Mal im Jahre in ihrer Gesellschaft zu finden, muß eher seltener sein als man erwarten sollte. Der Zufall brachte ihn in ihren Abteil ebenso, wie in irgendeinen anderen, und er scheint in ihrer Gesellschaft gewesen zu sein oder nicht, wie es gerade kam. Aber der Schreiber der anonymen Briefe kannte die Gruppe der Knaben wohl, und so hat die Polizei, als sie dartat, daß Georg Edalji sie wohl gekannt haben muß, anscheinend einen besonderen Belastungspunkt daraus gegen ihn konstruiert.

Die „Greatorex“-Briefe an die Polizei haben alle zum Inhalt, daß der Schreiber ein Mitglied der Bande zur Verstümmelung von Vieh sei, daß Georg Edalji ebenfalls ein Mitglied sei, und daß er (Greatorex) bereit sei, die Bande preiszugeben, wenn gewisse Bedingungen erfüllt würden. „Ich sehe aus wie ein Teufelskerl und kann famos rennen, und als sie die Bande in Wyrley gründeten, wollten sie durchaus, daß ich mitmache. Ich weiß mit Pferden und anderem Vieh sehr genau Bescheid und verstehe, wie sie am besten abzufangen sind … Sie sagten, sie würden mich hineinlegen, wenn ich Angst davor hätte; da habe ich es denn getan: ich fing sie beide ab, als sie am Boden lagen. Es war zehn Minuten vor drei. Sie standen auf und dann fing ich sie unter den Weichen ab. Aber sie verspritzten nicht viel Blut, und eines rann weg, nur das andere fiel … Jetzt will ich Ihnen erzählen, wer in der Bande ist, aber ohne mich können Sie es nicht beweisen. Da ist einer genannt …, aus Wyrley, und ein Lastträger, den sie … nennen, und er hat weg müssen, und da ist Edalji, der Advokat … Nun habe ich Ihnen aber nicht erzählt, wer hinter ihnen allen steht, und ich werde es auch nicht tun, wenn Sie mir nicht versprechen, nichts gegen mich zu unternehmen. Es ist nicht wahr, wir tun es immer, wenn Neumond ist, nur der eine Edalji tötete am 11. April, da war Vollmond. (Hier muß erwähnt werden, daß überhaupt kein Verbrechen während der ganzen Woche, in welche dieses Datum fällt, begangen werden ist.) Ich bin niemals eingesperrt gewesen, und ich glaube, auch die anderen waren es nicht, ausgenommen der Kapitän, und so denke ich, sie werden mit blauem Auge davonkommen."

Ich möchte die Aufmerksamkeit hinlenken auf die gekünstelte Erwähnung der Zeit „zehn Minuten vor drei". Dies ist übertriebener Realismus. Denn wer in dunkler Nacht ein Tier verstümmelt, kann wohl kaum sich damit aufhalten, eiligst nach der Uhr zu sehen; er wird sich wenig darum kümmern, die Zeit auf die Minute genau in Erinnerung zu behalten. Aber dies entspricht genau dieser bemerkenswerten Fähigkeit — oder vielmehr Gabe — Details zu ersinnen, wie sie sich schon in den Foppereien von 1893/95 zeigte. In dem nächsten, ebenfalls an die Polizei gerichteten Briefe nimmt der Unbekannte Bezug auf seine früheren Mitteilungen, aber er ist bei weitem roher und beleidigender als in dem früheren. „Das werden lustige Zeiten werden, in Wyrley nächsten November", sagt er, „wenn sie auf kleine Mädchen losgehen werden. Sie wollen nämlich vor dem kommenden März zwanzig Dirnen abtun, wie vorher die Pferde. Bilden Sie sich nicht etwa ein, Sie werden sie abfassen können, wenn sie die Tierchen stechen; sie gehen zu vorsichtig vor und liegen stundenlang ruhig da, bis Ihre Leute fortgegangen sind ... Herr Edalji, von dem sie sagen, er sei eingesperrt worden, fährt Sonntag Nacht zum Kapitän nach Bruni bei Northfield; dabei werden wieder eine Menge Detektivs herum sein und ich glaube, sie werden die Gelegenheit benutzen und ein Paar Kühe bei Tage abtun, anstatt bei Nacht ... Ich denke, sie werden bald mehr hier in der Nähe Tiere abtun und ich weiß, daß Groß Keys Farm und West Cannock Farm die beiden ersten auf der Liste sind ... Ihr aufgedunsenen Kerle, ich will euch mit Vaters Gewehr durch euren dicken Schädel schießen, wenn ihr mir in den Weg kommt oder euch an einen von meinen Kameraden heranschleicht."

Dieser Brief war gleich dem letzten adressiert:

An den Sergeanten, Polizeistation, Hednesford,
Statfordshire.

Er trug einen Poststempel von Walsall, den 10. Juli 1908. „In den Briefen ist Edalji offen der Verbrechen angeklagt, und doch beharrte die Polizei bei der Theorie, daß er sie selbst geschrieben habe, und gründete auf den letzten Satz, den ich zitiert habe, diese zweite Beschuldigung, die in der Anklage-Schrift so fürchterlich klang, nämlich die Beschuldigung, dem Sergeanten Robinson angedroht zu haben, ihn zu ermorden.

Ein paar Tage vorher hatte ein anderer Polizeibeamter Namens Rowley in Bridgetown auch einen Brief erhalten, offenbar von derselben Hand. In diesem sind die Details über die Methode bei Begehung der Untaten realistischer, als je beschrieben, hingegen sind keine anderen der Tat bezichtigt. Ich zitiere diesen ganzen Brief:

„Mein Herr! Ein Genosse, dessen Anfangsbuchstaben Sie mutmaßen werden, wird Mittwoch Nacht einen neuen Haken mit der Straßenbahn von Walsall mitbringen. Er wird ihn in einer besonderen langen Tasche haben, die er unter dem Rock trägt, und wenn Sie oder Ihre Kameraden seinen Rock ein wenig beiseite schieben können, werden Sie ihn zu sehen bekommen. Denn er ist ein und einen halben Zoll länger, als derjenige war, den er heute morgen fortwarf, als er einen Greifer hinter sich her kommen hörte und schleunigst verduftete. Er wird mit dem Wagen nach fünf oder sechs Uhr kommen, oder wenn er morgen nicht heimkehren sollte, ist es sicher am Donnerstag, und Sie haben eine Dummheit gemacht, daß sie nicht alle Beamten in Zivil zu Hilfe genommen haben. Sie haben sie zu bald fortgeschickt. Denken Sie nur, er tat es vor einigen Tagen nahe an der Stelle, wo zwei von ihnen sich versteckt hatten. Aber, Herr, er hat Augen, wie ein Adler, und seine Ohren sind scharf, wie ein Rasiermesser, und er ist so flink zu Fuß wie ein Fuchs und so unerschrocken, und er kriecht auf allen Vieren heran bis dicht zu den armen Tieren, und streichelt sie ein bißchen, und dann jagt er ihnen den Haken hübsch tief in den Leib, und dann fliegen die Eingeweide heraus, bevor sie gewahr werden, daß sie beschädigt sind. Sie brauchten 100 Detektivs, um ihn auf frischer Tat zu ertappen, weil er so flink ist und jede Ecke, jeden Winkel kennt. Sie wissen, wer er ist, und ich kann es beweisen; aber wenn nicht 100 Pfund Belohnung für seine Überführung geboten werden, werde ich nicht weiter pfeifen."

In diesem Brief sind, das muß man zugeben, wiederum auffallend realistische Angaben. Aber ein Haken — wenn nicht ein Faschinenmesser oder ein Gartenmesser gemeint ist — könnte unter keinen Umständen dazu gedient haben, die in Rede stehenden Verletzungen zu verursachen.

Es erscheint ungereimt genug, daß diese Briefe, in denen Edalji in so heftigen Ausdrücken beschuldigt wurde, ihm selbst zugeschrieben wurden; der Gipfelpunkt der Abgeschmacktheit aber wurde erreicht in betreff einer Postkarte äußerst beleidigenden Inhaltes, die in dem eigenen Bureau Edaljis abgegeben wurde. Der bei der Polizei angestellte Sachverständige hat beschworen, daß auch sie von Edaljis Hand herrühre. Dieser schmutzige Erguß, der hier unmöglich wiedergegeben werden kann, klagt Edalji schuldhafter Beziehungen zu einer gewissen Dame an und schließt mit folgenden Worten: „Kehre lieber zurück zu deinem alten Spiel, anonyme Briefe zu schreiben und Kühe niederzumachen und die Mauern zu beschmieren."

Nun wurde aber diese Postkarte in Wolverhampton am 4. August 1903 abgestempelt, und ein glücklicher Zufall wollte es, daß an diesem Tage gerade Edalji mit seiner Schwester einen Ausflug nach Aberystwith gemacht hat; er war vom frühen Morgen bis spät in die Nacht abwesend. Über diesen Punkt hat der Stationsbeamte folgende Erklärung abgegeben:

„Vom 4. August 1903 abends bis zum 5. August früh hatte ich Dienst auf der Station Rugby Town; ich habe mit Herrn Georg Edalji und seiner Schwester gesprochen, die auf ihrer Rückreise von Aberystwith in dem Zuge waren.

William Bulloek. Porter-Signalman,
Rugby Town Station."

Der Stationsvorsteher in Wyrley hat eine ähnliche Erklärung abgegeben.

Es ist also gewiß, daß diese Postkarte nicht von Edalji herrühren konnte, selbst wenn ihr beleidigender Inhalt diese Unterstellung nicht schon abgeschmackt erscheinen ließe. Und doch ist sie dieser Liste anonymer Briefe angereiht, welche die

Polzei zusammengestellt hat, und der Sachverständige hat erklärt, sie sei von Edalji selbst geschrieben. Wenn dieser Zwischenfall nicht allein genügt, den ganzen Fall umzustoßen, wenigstens soweit es sich um die Urheberschaft bezüglich der anonymen Briefe handelt, was — so frage ich — kann dann überhaupt ausreichen, seine Abgeschmacktheit darzutun?

Noch eines bezüglich dieser Postkarte. Zu Gunsten der Anklage wurde vorgebracht: Wenn die Karte in einen dieser Briefkästen geworfen wäre, die sich zwei und eine halbe Meile im Umkreise von Wyrley finden — diese werden bis zum Abend nicht geleert — so würde sie den Wolverhamptoner Stempel vom folgenden Tage tragen. Wäre also die Karte unter Benutzung eines dieser Nebenbriefkästen am 3. August zur Post gegeben, so müßte sie den Stempel vom 4. August tragen. Doch auch dies ist belanglos. Die Karte trägt den Stempel von Wolverhampton den 4. August abends, sie wurde tatsächlich in Birmingham abgeliefert am 5. August morgens.

Selbst zugegeben, daß einer dieser Tage Bankfeiertag war, so konnte die Aussetzung des Postdienstes nicht soweit gehen, daß eine am 3. August aufgegebene Karte erst nach zwei Tagen an eine zwanzig Meilen entfernte Adresse gelangt sein sollte.

VI. Gegenmassregeln Georg Edaljis.

Nun drängt sich allerdings eine Frage auf. Während der Dauer von sechs Monaten hatte Edalji diese niederträchtigen Briefe empfangen; zugleich waren der Polizei andere zugegangen, in denen der junge Advokat belastet wurde, — warum hat er nicht selbst Schritte unternommen, seine Unschuld zu beweisen nnd den Täter herauszubekommen?

Er hat es getan! Er hat alles getan, was in seiner Macht stand. Er hat in den öffentlichen Blättern eine Belohnung von 25 Pfund ausgesetzt — nach Unterstellung der Polizei natürlich eine Finte, ein Preis, den er auf seine eigne Ergreifung gesetzt hat.

Er zeigte der Polizei die Briefe, die ihm zugingen; wie sehr ihm die Ergreifung der Verbrecher am Herzen lag, beweist der etwas temperamentvolle Vorschlag, man solle Bluthunde auf die Fährte der Missetäter bringen. Es ist schwer zu begreifen: das Vorurteil der Polizei ging schon so weit, daß sogar diese beiden Tatsachen als verdächtige Umstände gegen ihn angeführt wurden; — man legte sie so aus, als ob er versucht habe, sich in das Vertrauen der Behörde gleichsam einzubohren, um so herauszubekommen, welche Maßnahmen sie gegen den Missetäter träfe. Ich kann nur finden, daß der scharfsinnige junge Mann eine gewisse Ungeduld gegenüber den beständigen Mißgriffen der Beamten an den Tag legte, und hieraus ergab sich dann wieder das Anwachsen der Feindseligkeit, mit der diese ihrerseits ihm entgegentraten, schon seit ihr Oberhaupt erklärt hatte — im Jahre 1895 —: „Es ist gänzlich ausgeschlossen, daß ich etwaigen Beteuerungen Ihres Sohnes, er wisse nichts von der Sache, Glauben beimessen würde.“

Hiermit genug von den Briefen aus dem Jahre 1903.

VII. Die Persönlichkeit Georg Edaljis.

Bevor ich mich nun zu der speziellen Tat wende, wegen deren Georg Edalji verhaftet und verurteilt wurde, möchte ich einige Worte über die Persönlichkeit des unglücklichen jungen Mannes sagen, welcher — der Theorie der Polizei zufolge — ein tätiges Mitglied, wenn nicht gar der geistige Leiter einer Bande ländlicher Banditen gewesen sein soll. Man kann sich unmöglich einen Menschen vorstellen, der weniger geeignet wäre, eine solche Rolle zu spielen. Zunächst einmal ist er vollständiger Abstinenzler, und dies erscheint schon an sich wenig , angebracht gegenüber einer solchen Bande. Er raucht auch nicht. Er ist sehr scheu und nervös. Er ist ein ganz ausgezeichneter Student, er hat den höchsten Preis gewonnen, der für ihn gesetzlich erreichbar war, und hat trotz seiner Jugend ein Handbuch über das Eisenbahngesetz geschrieben. Endlich ist er blind, wie die sprichwörtliche Fledermaus. Aber die Fledermaus hat den Vorteil, daß sie ihren Weg im Dunklen findet, während dies dem Angeschuldigten sehr schwer fallen dürfte. Ein Ponypferd auf einem dunklen Feld zu finden, oder auch nur das Feld selbst zu finden, wenn er nicht schon unmittelbar in der Nähe ist. würde für ihn ein hartes Stück Arbeit bedeuten; hierbei gar einer ihm auflauernden Wache aus dem Wege zu gehen, wäre für ihn absolut unmöglich. Ich habe selbst als Augenarzt praktiziert, aber ich kann mich nicht erinnern, je einen so hohen Grad astigmatischer Kurzsichtigkeit operiert zu haben wie die war, an der Edalji litt. „Wie alle Kurzsichtigen," sagt ein Sachverständiger, „muß Herr Edalji es außerordentlich schwierig finden, Gegenstände, die sich weiter als einige Zoll entfernt von ihm befinden, deutlich zu erkennen, und zwar zu allen Zeiten, im dunklen aber würde es ihm platterdings unmöglich sein, seinen Weg in einer Gegend zu finden, die ihm nicht völlig vertraut wäre." In der Besorgnis, es könnte der Verdacht auftauchen, er fingiere Blindheit, ersuchte ich Herrn Kenneth Seoth von Manchestersqnare, die Akkomodation durch Atropin aufzuheben und dann die Feststellungen durch Mittel zu treffen, die von dem Patienten unabhängig wären. Hier ist der Bericht:

Rechtes Auge	— 8 bis 75 Diop Spher.
	— 1 bis 75 Diop cylind axis 90°.
Linkes Auge	— 8 bis 25 Diop Spher.

„Ich bin bereit, die Richtigkeit obiger Feststellung unter Eid zu bezeugen," sagt Herr Kenneth Scott.

Welche Bedeutung diese Ziffern haben, will ich dem Uneingeweihten klarzumachen suchen. Augengläser, die gemäß obiger Feststellung angefertigt wären, würden auf normale gesunde Augen die Wirkung ausüben, daß sie die Welt so sehen wie sie Edaljis Augen immer sehen. Ich bin zu folgendem Experiment bereit. Ich selbst will solche Gläser anfertigen, und wenn ein Verteidiger der Polizei sie bei Nacht aufsetzen will, und es gelingt ihm, sich auf dem Wege zurechtzufinden, den der Angeklagte angeblich innerhalb einer Stunde zurückgelegt haben soll, so will ich zugeben, daß das geschehen sein kann, was mir absolut unmöglich erscheint. Ich will hinzufügen, daß es sich um einen dauernden Fehler in dem Bau des Organs handelt, der 1903 genau so war wie 1906. Ich appelliere an die praktizierenden Augenärzte des ganzen Landes und ich frage sie, ob sich einer unter ihnen findet, der nicht zugeben würde, daß eine derartige Verfassung der Augen ein solches Unternehmen praktisch unausführbar macht, und daß dieser Umstand eine gewaltige Stütze für die Verteidigung ausmacht, die so schon überwältigend stark ist?! Und doch geschah dieses hochwichtigen Punktes bei der Verhandlung nicht einmal Erwähnung.

Dieser fleißige junge Mann, der weder Alkohol noch Tabak anrührt und und so blind ist, daß er in der Dämmerung tastend seinen Weg suchen muß, das ist der gefährliche Barbar, der bei Nacht das Land durchschwärmt und die Pferde aufschlitzt! Nein! Man braucht nur dies eigentümliche schwärzliche Gesicht mit den hervorquellenden Augen zu sehen, um sich sofort klar darüber zu sein, dies ist unmöglich der Dorfbandit, der vor uns steht, vielmehr ist es der unglückselige Dorfsündenbock.

VIII. Der Tag der Haupttat. 17. bis 18. Aug. 1903.

Ich habe nun den Faden der Erzählung bis zu der Untat vom 17. August geleitet. Um diese Zeit waren zwanzig Detektivs und Konstabler in den Bezirk versetzt worden, und verschiedene von ihnen beobachteten die Pfarrei bei Nacht; wie ich vermute, waren sie höheren Ortes hierzu angewiesen. Am 17. August kehrte Edalji seinem eigenen Bericht zufolge gegen Abend von Birmingham — dort hatte er sich als Advokat niedergelassen — nach Hause zurück; er langte in dem Pfarrhaus um 6^{30} an. Er erledigte einiges Geschäftliche, zog einen blauen Sergerock an und ging zum Schuhmacher im Dorfe, wo er gegen 8^{35} anlangte gemäß der unbeeinflußten Aussage John Hands, des betreffenden Handwerkers. Da sein Abendessen vermutlich nicht vor 9^{30} fertig sein würde, machte er noch einen Spaziergang bis zu dieser Zeit, auf dem er von verschiedenen Personen gesehen worden ist. Seine Hausgenossen bekunden, daß er noch vor der Zeit zum Abendessen zurückgekehrt sei, und ihr Zeugnis wird gestützt durch die Aussage Walter Whitehouses, der den Angeklagten um 9^{25} in das Pfarrhaus eintreten sah. Nach dem Abendessen ging Edalji in demselben Zimmer wie sein Vater zu Bett; die beiden teilten das Schlafzimmer seit siebzehn Jahren. Der alte Pfarrer hatte einen leichten Schlaf, sein Sohn lag wenige Fuß von ihm entfernt, das ganze Haus war verschlossen und die Außenseite war von Konstablern bewacht, die sahen, daß niemand es verließ. Zum Beweise, wie streng die Bewachung war, zitiere ich die Worte des Sergeanten Robinson, der sagte: „Ich sah, daß es von vier Männern bewacht wurde, als ich dort war .... Ich konnte die Vorder- und die Seitentüre überblicken. Ich möchte behaupten, daß niemand von der Seite herausgelangen konnte. Mein Beobachtungsposten war so gelegen, daß man mich nicht sehen konnte.“ Dies war in der Nacht vor derjenigen, in der die fragliche Missetat begangen wurde, aber es ist unverständlich, daß in dieser eine so enge Bewachung stattgefunden haben sollte, hingegen nicht in der Nacht vom 17. auf den 18. August. Nach der Feststellung der Polizei sollen nicht weniger als zwanzig Mann herumgeschwärmt haben, um dem Missetäter aufzulauern. Man hat eine gewisse Überraschung darüber verlauten lassen, daß der Pfarrer in demselben Zimmer mit seinem Sohne geschlafen und die Tür verschlossen haben sollte. Sie hatten diese Einrichtung seit vielen Jahren. Die Tochter, deren Gesundheit ziemlich schwach war, mochte am liebsten mit der Mutter in einem Zimmer schlafen, und die Bedienung des Hauses sollte auf das geringste Maß beschränkt sein; es war nur eine Magd vorhanden. Die Polizei hat natürlich ganz abgeschmackterweise großen Nachdruck auf den Umstand gelegt, daß der Pfarrer nachts die Tür verschloß. Ich kann nur vermuten, daß mit diesem Nachdruck die Unterstellung zum Ausdruck kommt, der Pfarrer habe diese Maßnahme getroffen, um den Sohn am Umherstreifen zu verhindern. Aber wir wissen doch alle, es ist das gewöhnlichste Ding von der Welt, daß nervöse

Leute ihre Tür verschließen, ob sie allein sind oder nicht, und Herr Edalji hat diese Gewohnheit sein ganzes Leben hindurch gehabt. Ich habe unumstößlichen Beweis hierfür, daß Herr Edalji bei verschlossener Tür geschlafen hat, bevor er das Zimmer mit seinem Sohn teilte, und ebenso, nachdem dieser ihn verlassen hatte. Wenn also — um zu dem Beweisverfahren zurückzukehren — überhaupt für einen Menschen in dieser Welt die Möglichkeit besteht, ein Alibi zu konstruieren, so ist dies Georg Edalji für diese Nacht von 9^{30} ab gelungen. Zugegeben selbst die ganz ungereimte Unterstellung. Georg Edalji wäre mit Wissen und Willen seines Vaters bei Nacht aus dem Hause geschlüpft, um Vieh aufzuschlitzen, so hat man noch mit dem Umstande zu rechnen, daß die Polizei draußen wachte. Es ist gänzlich ausgeschlossen, daß Georg Edalji das Haus nach 9^{30} verlassen hat.

Und doch ist in jener Nacht ein der Great Wyrleyer Bergwerksgesellschaft gehöriges Pferd niedergemetzelt worden. Sergeant Parsons hat bekundet, er habe das Pony, offensichtlich in unbeschädigtem Zustande, um elf Uhr nachts gesehen. Es war sehr dunkel, doch er befand sich nicht fern von der Stelle. Die Nacht war stürmisch, der Regen floß in Strömen, und zwar von etwa zwölf Uhr ab; er war mitunter so stark, daß er das oberste zu unterst kehrte. Am 18. um 6^{20} bemerkte ein Bursche namens Henry Garrett, der nach dem Bergwerk zur Arbeit ging, daß das Pferd verletzt war. „Es hatte einen Schnitt in der Seite," sagte er, „das Blut sickerte aus der Wunde. Es tropfte recht stark." Sofort wurde Lärm geschlagen. Konstabler erschienen auf dem Schauplatz. Um 8^{30} war Herr Lewis, ein Tierarzt, zur Stelle. „Die Wunde," bekundete er, „war ganz frisch, und es ist ausgeschlossen, daß sie zur Zeit, da ich sie zu sehen bekam, älter als sechs Stunden war." Nun, darüber dürfte ein noch so wenig bewanderter Laie keinen Zweifel haben: Wenn das Pony um sechs Uhr blutend frei dastand, so konnte es nicht die ganze Nacht über so dagestanden haben, die Blutentleerung müßte es erschöpft haben. Besonders wesentlich für diese einleuchtende Erwägung ist die Ansicht des Tierarztes, daß die Verletzung höchstens sechs Stunden alt war. Wo Georg Edalji während dieser sechs Stunden gewesen ist, habe ich schon dargetan, das steht über allen Zweifel erhaben fest. Und so ist bereits dem ganzen Fall der Boden unter den Füßen fortgezogen; doch nichtsdestoweniger verfolgte die unermüdliche Polizei unentwegt ihren vorgezeichneten Feldzugsplan.

IX. Haussuchung am 18. August. Rasiermesser, alter Rock feucht, fleckig. Pferdehaare.

Daß er vorgezeichnet war, liegt klar zutage, denn nicht auf Grund schon vorhandener Beweise, sondern in der Absicht, erst Beweise mit allen Mitteln herbeizuschaffen, haben die Konstabler sozusagen gegen die Pfarrei mobil gemacht. Der junge Advokat hatte sich am 18. August bereits nach Birmingham auf den Weg gemacht. Die überrumpelten Eltern wurden angewiesen, alle Kleider des Sohnes vorzulegen. Die Mutter wurde aufgefordert, seinen Dolch, zu bringen, aber sie konnte nichts fürchterlicheres vorweisen als ein Messer zum Botanisieren. Es wurde eine wahre Jagd auf Waffen veranstaltet, und ein Satz Rasiermesser, die dem Pfarrer gehörten, wurde beschlagnahmt. Einige sollen feucht gewesen sein, — ein nicht ungewöhnlicher Zustand bei Rasiermessern am Morgen. Auf dem Rücken des einen bemerkte man dunkle Stellen, aber bei chemischer Untersuchung erwiesen sie sich als Rostflecken. Zwölf Mann durchforschten den kleinen Garten, aber nichts wurde gefunden. Mit den Kleidern immerhin wurde die Sache ernsthafter. Ein Rock wurde von der Polizei beschlagnahmt mit der Erklärung, er sei feucht. Dies wurde von dem Pfarrer, der den Rock in Händen gehalten hat, bevor er fortgeschafft wurde, entschieden in Abrede gestellt. Feucht ist natürlich ein relativer Begriff, und nach einer Regennacht, wenn die ganze Atmosphäre mit Feuchtigkeit durchtränkt ist, mögen wohl alle Kleider beim Anfühlen einen feuchten Eindruck machen.

Aber wenn es sich um einen Zustand handelt, der dadurch veranlaßt ist. daß der Gegenstand bei dem fürchterlichen Wetter, das in jener Nacht herrschte, im Freien war, so müßte der Rock sicherlich nicht bloß feucht gewesen sein, sondern von Nässe geradezu triefen.

Doch der betreffende Rock war überhaupt nicht einer von denen, die Georg Edalji draußen zu tragen pflegte, und das Zeugnis des Herrn Hand wurde dafür angerufen, daß der junge Advokat dies Kleidungsstück am Abend vorher nicht angehabt hat. Es war ein alter Hausrock, so fleckig und abgetragen, daß nicht anzunehmen ist, ein junger strebsamer Mann, Angehöriger eines angesehenen Standes, könnte selbst bei Laternenlicht in solch einem Kleidungsstück in den Straßen herumgehen und sich seinen Nachbarn zeigen. Aber natürlich waren es gerade diese Flecken, welche die Aufmerksamkeit der Polizei auf sich zogen. Da waren einige weißliche Flecken — zweifellos mußten sie von Speichel des unglücklichen Tieres herrühren. Sie wurden pflichtgemäß untersucht, und es wurde festgestellt, daß es Stärkemehlflecken waren, wahrscheinlich von Fischsauce oder Brot und Milch. Aber auf dem unglücklichen Stück fand sich etwas wesentlicheres, das verhängnisvoll werden sollte. Nach Angabe des Inspektor Camphell waren da „dunkle rote oder braune Flecken, und zwar war der rechte Ärmelaufschlag fleckiger als der linke. Andere Flecken waren auf jedem Ärmel weiter oben; sie waren rotbraun oder weiß. Der Rock war feucht … Noch sonst finden sich beschmutzte Stellen und Flecken darauf“.

Die Polizei macht nun den Versuch, hier zwei Punkte zu konstruieren: Der Rock sei feucht gewesen, und es hätten sich auf ihm Flecke gefunden, die wohl als Spuren des Verbrechens angesehen werden könnten. Jeder Punkt an sich ist recht erheblich. Leider aber sind sie gleichzeitig nicht möglich; sie sind mit einander unvereinbar und heben sich gegenseitig auf. Wenn der Rock feucht war und die verdächtigen Stellen Blutflecken waren, die erst während der Nacht auf dem Rock sich gebildet hatten, dann müßten ja diese Flecken auch feucht sein, und der Inspektor hätte sie nur zu berühren und dann seinen rot gefärbten Finger in die Luft zu strecken brauchen, um jede Bekrittelung zum Schweigen zu bringen.

Da er jedoch nicht so verfuhr, so ist es klar, daß er nicht so verfahren konnte, weil eben die Flecken nicht frisch gewesen sind. Zwölf Stunden später fielen sie in die geschickten Hände des Polizeitierarztes, und die Blutflecke, die durch die beweiskräftigen Erklärungen der Konstabler heraufbeschworen waren, schrumpften mit unglaublicher Hurtigkeit zusammen, bis sie „zwei Flecken in der Mitte des rechten Ärmelaufschlages, jeder ungefähr von der Größe eines Dreipennystückes" wurden. Dies sollte nun nach der Bekundung des Dr. Butter Säugetierblut sein. Mehr Blut fand er überhaupt nicht vor. Wie diese Flecken dahin gekommen sind, das ist schwer zu ermitteln, — ebenso schwer, wie ich einen Fleck erklären kann, den ich in diesem Augenblick, da ich zufällig hinunterblicke, auf dem Ärmel meines eigenen Hausjacketts sehe. Ein Spritzer von dem Saft halb durchgebratenen Fleisches kann ihn wohl hervorgerufen haben. Das kann man jedenfalls mit voller Sicherheit behaupten, wenn der erfahrenste Operateur, der je gelebt hat, bei dunkler Nacht ein Pferd mit einem Rasiermesser aufschlitzte, wurde er nicht mit so geringen Blutspuren — zwei Flecken von der Größe je eines Dreipennystückchens — davonkommen. Darüber kann keine Meinungsverschiedenheit herrschen.

Hiermit ist das Thema von den weißen Flecken und von den dunklen Flecken erschöpft, und wir kommen nun zu dem belastendsten Teil des Verdachtsmaterials; mancher wird allerdings bei sorgfältiger Prüfung seine Ansicht über die Person, welche hierdurch belastet wird, gründlich revidieren. Die Polizei behauptet, sie hätte Pferdehaare auf dem Rock entdeckt. „Auf dem Ärmel", sagt Inspektor Campbell, „fand ich bräunliche Haare, die aussahen wie Pferdehaare. Noch jetzt sind einige darauf." Hören wir nun die ganz klare Aussage des Pfarrers Edalji über diesen Punkt. Ich zitiere sie ohne Kürzung:

„Am 18. August 1903 drangen sie um 8^{00} morgens in das Pfarrhaus ein, und in Genehmigung ihres Verlangens zeigte meine Frau ihnen eine Anzahl Kleidungsstücke, die unserem Sohne Georg gehörten. Sobald sie den alten Rock zu Gesicht bekamen, begannen sie ihn zu untersuchen, und Inspektor

Campbell legte den Finger auf eine Stelle und sagte, da wäre ein Haar. Meine Frau sagte ihm, das wäre nicht ein Haar, sondern ein Faden, und meine Tochter, die auch zugegen war, bemerkte, es sehe aus wie eine ausgefaserte Stelle. Dies ist alles, was der Inspektor zu ihnen betreffs des Haares gesagt hat, bevor ich hinunterkam. Als ich ihm entgegentrat, sagte er mir, er hätte Pferdehaare auf dem Rock gefunden. Damals war der Rock auf dem Tisch ausgebreitet. Wir befanden uns in dem Studierzimmer. Ich ersuchte ihn, mir die Stelle zu zeigen, wo die Pferdehaare zu sehen seien. Er wies auf eine tiefere Partie des Rockes und sagte: „Da ist ein Pferdehaar." Ich untersuchte die Stelle und sagte: „Da ist überhaupt kein Haar." Im weiteren Laufe der Unterhaltung legte er plötzlich seinen Finger auf eine andere Stelle des Rockes, die dem Platz, an dem ich stand, näher gelegen war; er zog mit seinem Finger zwei gerade Linien und sagte: „Sehen Sie hier, Herr Edalji, hier ist Pferdehaar." Ich betrachtete mir die Stelle einen Augenblick und nahm dann den Rock, um ihn in bessere Beleuchtung zu rücken, mit beiden Händen in die Höhe und legte ihn näher ans Fenster. Ich untersuchte die Stelle sorgfältig und sagte: „Hier ist kein Haar, ich bin dessen vollkommen gewiß, das ist eine glatte Oberfläche." Er erklärte darauf, er müsse den Rock mitnehmen, und ich erwiderte: „Sie können den Rock nehmen. Ich bin dessen gewiß, da ist kein Pferdehaar darauf." Ich habe es immer und immer wiederholt und erkläre es hier nochmals, es war absolut kein Pferdehaar auf dem Rock. Wäre auch nur eines darauf gewesen, so hätte ich es sehen müssen; meine Frau und meine Tochter besahen ebenfalls den Rock und haben kein Haar irgendwelcher Art darauf entdeckt. „In Verbindung mit dieser Erklärung, der Fräulein Edalji in vollem Umfange beitritt, möchte ich eines nicht unerwähnt lassen. Miß Foxley, ehemals am Newnham College, später Oberlehrerin an der Hochschule, hat bekundet, daß Fräulein Edalji eine ausnehmend zuverlässige wissenschaftliche Forscherin sei." Sie fügt hinzu: „Wissentlich falsches Zeugnis von ihrer Seite ist an sich so unmöglich, als es unvereinbar ist mit ihren hohen Prinzipien und ihrem offenen, geraden Charakter."

X. Widersprechende Aussagen der Hausgenossen und der Polizei. Sonderbares Verhalten der letzteren. Ausschnitt aus dem Fell des Pferdes.

So haben wir denn hier die strikt entgegengesetzten Aussagen zweier Gruppen Zeugen, die beide Interesse an der Sache haben. — Auf der einen Seite die Konstabler, die darauf erpicht sind, „ihren Fall" zu konstruieren; auf der anderen die Hausgenossen des Beschuldigten, die darauf bedacht sind, die schreckliche Anklage zu widerlegen. Wir wollen unterstellen, die beiden Aussagen heben einander auf. Ist es dann aber nicht in die Augen fallend, daß der Polizei nur eine Marschroute offenstand, ihrer Behauptung Beachtung zu verschaffen, und daß sie ihren Belastungspunkt unweigerlich aufs Spiel setzte, wenn sie sich nicht an diese Route hielte? Offensichtlich war dieses der vorgeschriebene Weg: Die Konstabler mußten nach einem Unparteiischen schicken — dem Polizeiarzt oder irgend einem anderen Arzt — sie mußten dann Proben des Haares von dem Rock herunternehmen, sie in ein Couvert tun und dieses versiegeln, hierbei den hinzugekommenen Unparteiischen als Zeugen dafür anrufen, wann und wo sie die Haare genommen hätten. Ein solches Verfahren hätte jeden Zweifel zum Schweigen bringen müssen. Aber sie taten nichts dergleichen, sie verfuhren ganz anders. Den Rock, auf dem sich nach der später beschworenen Bekundung dreier achtbaren Zeugen keine Haare befanden, brachten sie einfach fort. Für zwölf Stunden verschwindet dann der Rock vollständig von der Bildfläche. In der Zwischenzeit ist das Pony krepiert, und nun wurde ihm ein Stück Fell herausgeschnitten und dieses mit den daran haftenden Haaren von der Polizei ebenfalls in Sicherheit gebracht. Den Rock hatte man um 8 Uhr morgens fortgenommen. Der Polizeitierarzt hatte ihn um 9 Uhr abends zu sehen bekommen. Zu dieser Zeit nahm Dr. Butter neunundzwanzig zweifellos erkennbare Pferdehaare von der Oberfläche des Rockes ab.

Hier hat sich die Anklage durch zwei überaus starke Verteidigungslinien ihren Weg zu brechen, deren eine gewissermaßen von der anderen umschlossen ist. In erster Linie ist zu beachten: Hat Edalji das Verbrechen am Abend vorher begangen, so ist es in seinem blauen Sergerock geschehen und nicht in seinem Hausrock; dies geht aus dem unanfechtbaren Zeugnis des Herrn Hand hervor. In zweiter Linie ist die beeidigte Aussage der Familie, daß am Morgen an dem Rock keine Haare gewesen sind; diese wird wesentlich verstärkt durch das Verhalten der Polizei, die es unterließ, hier wie dort eine Behauptung zu erweisen, welche so leicht und vollständig' hätte erwiesen werden können, wenn sie eben richtig war. Aber nunmehr stehen wir doch immerhin der unzweifelhaften Tatsache gegenüber, daß die Haare am Abend vorhanden waren, auf den Aufschlägen und auf der linken Brust. Warum hat man aber den Rock nicht direkt zum Tierarzt gebracht? Warum wurde nach einem Stück von dem Fell des Tieres geschickt, bevor man dem Dr. Butter den Rock zeigte? Man braucht gar nicht bis zu den äußersten Schlußfolgerungen zu gehen. Man muß sich nur klar machen, daß es schon hinreichend ist, Fell und Rock zusammen zu tragen, damit Haare von dem einen auf das andere übertragen werden. Auch können die Beamten selbst, als sie das Pony untersuchten, mit dem Tiere in Berührung gekommen sein, so daß sich Haare desselben an ihren Kleidern festsetzten, die sie dann auf den Rock Edaljis übertragen haben können, ohne selbst eine Ahnung davon zu haben. Doch die Tatsache, daß gerade an den Aufschlägen und der Brust die Haare gefunden wurden, macht nun wiederum stutzig. Bei alledem, es würde doch gar zu niederträchtig sein, bei dem Versuch, ein Verbrechen zur Sühne zu bringen, ein anderes zu begehen. Jedenfalls muß dieser dunkle Punkt in dem neuen Verfahren, das unweigerlich kommen wird, eine wesentliche Rolle spielen und muß zum Ausgange der Untersuchung dienen. Man könnte übrigens noch eine Probe anstellen. Entsprachen die Haare auf dem Rocke denen auf dem Stück Fell genau in der Art, der Farbe und Stärke? War dies der Fall, so stammten die Haare auf dem Rock ohne jeden Zweifel von diesem Stück Fell, sie sind von dem letzteren auf den Rock übertragen. Der verbrecherische Schnitt war an dem Bauch ausgeführt, die Fellprobe unmittelbar neben dem Schnitt entnommen. Die Unterhaare eines Pferdes unterscheiden sich wesentlich von den längeren, dunkleren, härteren Haaren auf den Seiten. Wenn sich jemand in übelwollender Absicht an ein Pferd lehnt, würde er nur mit den Seitenhaaren in Berührung kommen. Wenn also alle Haare auf dem Rock kurze Bauchhaare waren, so liegt in dieser Tatsache ein wesentlicher beachtlicher Punkt für die Untersuchung. Dr. Butter muß ihr Aussehen verglichen haben.

Nachdem ich obige Zeilen geschrieben hatte, bin ich in die Lage gekommen, Dr. Butters Aussage zu lesen. Ich zitiere sie: „Zahlreiche Haare auf dem Jackett, welche in Farbe, Länge und Bau denen der Fellprobe, die man dem Pferde entnommen hat, ähnlich waren." Unter diesen Umständen behaupte ich, — und bei sorgfältiger Überlegung wird jeder mir beipflichten — diese Haare konnten unmöglich von anderen Stellen des Pferdekörpers herrühren, sie sind von dem Stück Fell, das man aus dem Kadaver herausgeschnitten hat: man hat sie, ohne Zweifel unwissentlich, von dieser Probe auf den Rock übertragen. Man mag noch so sehr den Wunsch hegen, milde zu urteilen, dieser Zwischenfall mit den Pferdehaaren hinterläßt doch einen recht peinlichen Eindruck.

Wenn man sich für einen Moment in die Vorstellung hineinlebt, man hätte selbst eine solche Barbarei mit einem Pferd verübt, würde man wohl auf die Idee kommen, man würde später Pferdehaare auf seinem Rock finden? Zweifelsohne nein. Das liegt schon zu fern, und wichtigere Bedenken drängen sich auf. Man würde sich die Sache so vorstellen: Ängstlich bedacht darauf, dem Bluterguß aus dem Wege zu gehen, würde man das Pferd mit der Fläche der einen Hand von sich fern halten und es mit der anderen angreifen. Sich mit dem Rock gegen die Seite des Tieres lehnen hieße, seine Hosen und Schuhe in Gefahr bringen, mit Blut besudelt zu werden.

XI. Schmutz am unteren Rand der Beinkleider, an den Schuhen.

Soviel von den Speichelflecken, den Blutflecken und von den Pferdehaaren. Es verbleiben noch die Fragen betreffend die Hosen und die Schuhe. Die Hosen waren nach Angabe der Polizei feucht und mit dunklem Schmutz rings um den unteren Rand bedeckt. Die Schuhe waren noch sehr naß. Es waren — das steht fest — dieselben Schuhe, welche Edalji bei seinem sechzig Minuten währenden Spaziergange am vorhergehenden Abend benutzt hatte. Es war gutes Wetter am Abend gewesen, doch hatte es am vorausgehenden Tage heftig geregnet, und es waren überall Wasserlachen stehen geblieben. Es war daher ganz natürlich, daß die Schuhe naß waren. Die Hosen hatte Edalji — dem Zeugnis der Familie zufolge — am Abend vorher nicht angehabt. Man hat nun nicht den geringsten Versuch gemacht, blutige Stellen an Hosen und Schuhen nachzuweisen, obgleich Herr Sewell, ein wohlbekannter Roß- und Tierarzt, bei anderer Gelegenheit bekundet hat, selbst ein geübter Operateur würde bei solch einem Einschnitt eine Schürze tragen, um zu verhüten, daß seine Kleider mit Blut besudelt würden. Ein interessanter Punkt ist von den Belastungszeugen zur Sprache gebracht worden: Der Schmutz an der Stelle der Untat war gelbrot, eine Mischung von Lehm und Sand, ganz verschieden von dem roten Schmutz, welchen die Polizei an den Hosen des Beschuldigten gesehen haben will.

XII. Die Fussspuren.

Und jetzt kommen wir zu der Farce von den Fußspuren. Die Untat geschah gerade auf dem Außenboden eines großen Bergwerkes, und hunderte von Bergleuten waren auf dem Wege zu ihrer Arbeit gekommen, die Pferdeleiche zu betrachten; alle Zugänge dorthin waren natürlich benutzt. Der weiche, nasse Boden war von ihnen seit sechs Uhr morgens zertrampelt worden; doch um vier Uhr nachmittags, acht Stunden nach der Beschlagnahme der Schuhe, sehen wir Inspektor Campbell versuchen, eine Ähnlichkeit in den Fußspuren festzustellen. Der betreffende Schuh war an der Hacke abgetragen, ein nicht ungewöhnlicher Zustand, und gar viele Spuren unter der Menge zeigten eine Senkung an der Hacke; warum sollte also gerade die eine nicht von dem Schuh eines anderen herrühren? Die Spuren wurden nicht abgeformt, sie wurden nicht photographiert. Es wurde kein Muster danach geschnitten zum Zwecke einer Vergleichung durch Sachverständige. Der Inspektor Campbell legte ihnen zunächst so wenig Wert bei, daß er ihrer nicht einmal am 19. August den Beamten der Staatsanwaltschaft gegenüber Erwähnung tat. Aber später wuchs ihre Bedeutung erheblich und wurde in der Verhandlung ungeheuer aufgebauscht. Noch einmal versucht die Polizei einen Punkt zu konstruieren, der für sich allein ihr dienlich sein könnte, der aber mit ihren übrigen Feststellungen unvereinbar ist. Ihre ursprüngliche Theorie war, das Verbrechen sei vor 9^{30} abends begangen. Über Nacht regnete es ab und zu heftig. Es ist vollkommen klar, daß wohlmarkierte Fußspuren von Leuten haben zurückbleiben müssen, die über die Stelle gegangen sind, nachdem der Regen aufgehört hatte oder kurz vorher. Selbst zugegeben, der Erdboden sei weich genug gewesen, auch Fußspuren aufzunehmen, bevor es regnete, so mußte der heftige Regen sie verwischen, wenigstens bis zu einem Grad, daß eine Identifikation mittels einer abgetretenen Hacke abgeschmackt erscheint. Was wird dann aus allen diesen sorgsam ausgearbeiteten, spitzfindigen Erörterungen über die Fußspuren? Jeder Punkt in diesem Fall zerkrümelt einfach in Stückchen, sobald man nur daran rührt. Wie fürchterlich das alles klingt — feuchtes Rasiermesser, Blut am Rasiermesser, Blut und Speichel und Haar am Rock, nasse Schuhe, Fußabdruck übereinstimmend mit dem Schuh — und doch wie absolut hinfällig von Anfang bis zum Ende bei näherer Prüfung! Nicht ein einziger Belastungspunkt, der ernsthafte Kritik erträgt!

XIII. Verdächtiges Benehmen, sonderbare Aeusserungen Edaljis.

Gehen wir nun von diesen materiellen Anhaltspunkten zu den schwerer greifbaren über, die das Benehmen oder die Äußerungen des jungen Mannes geliefert haben. Diese vertragen noch weniger eine Prüfung als die anderen. Als er auf dem Bahnsteig auf den 7^{30} Zug wartete, trat ein ehemaliger Konstabler, jetziger Schankwirt namens Markhew, auf ihn zu und ersuchte ihn, zu warten, Inspektor Campbell wünsche ihn zu sprechen. In demselben Moment verkündete jemand, eine frische Missetat sei begangen worden: hierauf — so sagt Markhew — wandte Edalji sich ab und lächelte. Nun ist das doch vollkommen klar: Ein schuldiger Mann würde sehr in Unruhe geraten sein bei der Mitteilung, die Polizei wünsche ihn zu sprechen, und er würde wohl alles andere tun als lächeln, wenn er gleichzeitig von einer neu entdeckten Missetat reden hörte. Edalji selbst erklärt, Markhew habe gesagt: „Können Sie nicht einen Tag lang Ruhe halten?" Hierauf habe er gelächelt. Welches die wahrscheinlichere Darstellung ist, das zu beurteilen, überlasse ich dem Leser. Der Vorfall wurde von dem Untersuchungsrichter angemerkt als „des Beschuldigten ungewöhnliches Benehmen auf der Station".

Edalji ging auf sein Bureau in Birmingham, und dort wurde er im späteren Verlaufe desselben Tages von der Polizei verhaftet.

Nach seiner Verhaftung machte der unglückselige junge Mann auf dem Wege zur Station eine fernere Bemerkung, die ihm schlimm gedeutet wurde: „Ich bin hiervon nicht überrascht. Ich habe das seit langer Zeit erwartet." Dies ist nicht gerade eine sehr natürliche Äußerung für einen schuldigen Mann, wenn man es recht bedenkt; aber sie ist äußerst naheliegend für einen Mann, der glaubt, die Polizei habe einen Pik auf ihn, und der Kenntnis davon hat, daß er offen mit Namensnennung in verleumderischen anonymen Briefen angeklagt ist. Was sollte er sonst gesagt haben? Am nächsten Tage und am folgenden Montag stand er vor dem Untersuchungsrichter, wo bereits das Ergebnis der polizeilichen Erhebungen vorlag. Die richterlichen Maßnahmen dauerten bis zum 4. September — mit Unterbrechungen — dann wurde die Sache als ein prima-facie-Fall (genügend geklärter und mit Beweismitteln gestützter Fall) vor die vierte Schwurgerichtssession von Staffordshire verwiesen. Inwieweit ein Fall von dieser Wichtigkeit vor ein Tribunal mit geringerem Laienkontingent hätte gebracht werden müssen als die Assisen sind, das mögen die Rechtsgelehrten entscheiden. Noch ein Mal machte der Angeschuldigte eine Bemerkung, die ihm vor Gericht übel ausgelegt wurde. „Ich wünsche nicht Haftentlassung gegen Kaution," sagte er zu dem Polizeikonstabler Meredith, „wenn nun wieder ein Pferd getötet wird, kann wenigstens ich nicht der Täter sein." Diese Äußerung legte der Untersuchungsrichter Disturnal so aus: „Mit der Zurückweisung der Haftentlassung gegen Kautionsstellung machte der Gefangene Gebrauch von einer sehr bezeichnenden Beobachtung, und es lag die Vermutung nahe, daß er ganz genau wußte. was es damit auf sich habe, wenn er die Freilassung nicht haben wollte." Die Unterstellung ist, es sei verabredet worden, daß ein Freund Edaljis ein neues Verbrechen begehen sollte zu dem Zwecke, ihn zu entlasten. Hat man jemals eine unschönere Äußerung gehört? Das war „Kurz verliert, lang bezahlt!" Kommt kein Verbrechen mehr vor, so ist es klar, wir haben den Übeltäter hinter Schloß und Riegel. Kommen Verbrechen ferner vor, so ist es klar, der Beschuldigte gehört einer weitverzweigten Verschwörung an. Bei richtiger Würdigung der Sachlage war Edaljis Entscheidung, im Kerker zu verbleiben, und seine Bemerkung in diesem Sinne das geeignetste und natürlichste Ding von der Welt. Er glaubte, es existiere eine böse Verschwörung gegen seine Person. Angesichts der Briefe hatte er guten Grund zu dieser Ansicht. So lange er in der Zelle saß, war er sicher vor dieser Verschwörung, so dachte er. Vielleicht würde ein neues Verbrechen begangen werden, und dann, so bildete er sich in der Unschuld seines Herzens ein, würde er rein dastehen. In seinen wildesten Träumen hätte er es sich nicht vorstellen können, daß solch ein neues Verbrechen als ein Glied in der Beweiskette gegen ihn aufgefaßt werden könnte.

XIV. Der Fall Green am 21. September.

Es war also ein neues Verbrechen begangen worden, und zwar am 21. September, zwischen Edaljis Verhaftung und der Hauptverhandlung, während er im Kerker zu Stafford lag. Es handelt sich um folgendes: Harry Green war der neunzehnjährige Sohn eines Pächters, dessen Gehöft zwischen dem Pfarrhaus und dem Schauplatz der Untat lag, wegen deren Edalji verurteilt wurde. Er und Edalji kannten einander oberflächlich, gerade so weit, wie es zwischen Nachbarn auf dem Lande unausbleiblich ist. Folgender Umstand ergibt, wie wenig intim diese Bekanntschaft gewesen sein muß. Im Laufe der von mir veranstalteten Untersuchung fragte ich Edalji, wie Greens Handschrift beschaffen sei, und er mußte zugeben, daß er sie niemals gesehen habe. Man muß eben in Betracht ziehen, daß die beiden Männer so gar keine inneren Berührungspunkte hatten. Der eine ein fast blinder, der Wissenschaft ergebener junger Advokat, strenger Abstinenzler, siebenundzwanzig Jahre alt, der andere ein neunzehnjähriger Veomanry (berittener Freiwilliger), Mitglied einer Gesellschaft stürmischer junger Burschen, die bei ihrer jährlichen Übung den Mittelpunkt lebenslustigen Treibens und auch übermütiger, zuweilen unheilvoller Streiche bildete. Edalji betrat nie ein Gasthaus und war vom frühen Morgen bis in die späte Nacht bei der Arbeit. Wo war da Raum für diese Blutbrüderschaft, die den anderen veranlassen könnte, sich einer schweren Gefahr auszusetzen und sein eigenes Pferd um des anderen Willen zu opfern?

Es war nämlich Greens Chargenpferd, das verstümmelt vorgefunden worden war. Es war kein sehr wertvolles Tier. In einer Schätzung sind fünf Pfund angesetzt. Ob es versichert war oder nicht, darüber gehen die Bekundungen auseinander. Tagelang herrschte Schrecken, und Beargwöhnung der verschiedensten Personen verbreitete Unsicherheit. Endlich wurde bekannt, Green habe ein Geständnis unterzeichnet, demzufolge er sein eigenes Pferd getötet habe. Dieses Geständnis existiert ohne Zweifel. Aber nachdem Green eine oder zwei Wochen Zeit gehabt hatte, sich die Sache zu überlegen und inzwischen ein Billett nach Süd-Afrika erlangt hatte, zog er plötzlich sein Geständnis zurück und erklärte, mit sehr umständlicher Schilderung der Details, daß er die Tat nicht begangen hätte und daß die Polizei ihm das Geständnis herausgepreßt habe. Die eine oder die andere Aussage Greens muß falsch sein; ich habe aber, nach Unterlagen, die mir vorliegen, guten Grund, einer ganz bestimmten Auffassung über die Tatsachen dieses Falles Raum zu geben, die ich jetzt nicht äußern möchte. Wenn es zu einer endlichen Aufklärung der ganzen Angelegenheit kommt und eine neue Untersuchung vorgenommen wird, die von der Annahme ausgeht, daß Edalji unschuldig ist und daß die wirklichen Täter bisher nicht zur Bestrafung gezogen worden sind, so werden der untersuchenden Behörde noch manche Tatsachen unterbreitet werden können. Bis dahin richtet sich die Arbeit, die ich mir vorgenommen habe, nicht auf das Ziel, zu zeigen, wer die Verbrechen begangen hat, — obgleich auch das, wie mir scheint, keineswegs ein unlösbares Problem ist, — sondern nachzuweisen, das Edalji die Tat nicht begangen hat, daß er sie nicht hat begehen können. Ich will den jungen Green beiseite lassen, ihn und seine widersprechenden Aussagen, und mich darauf beschränken, seine Beziehung zum Fall Edalji zu erörtern, gleichviel welche von seinen Aussagen Wahrheit sein mag.

Im Vordergrund steht hier wieder die Polizei, welche sich rühmt, ein schriftliches Bekenntnis in Händen zu haben. Warum hat sie nicht ein Verfahren gegen ihn eingeleitet? Es ist nicht angängig, sich dahinter zu verschanzen, es sei kein Verbrechen, sein eigenes Pferd zu töten. Gewiß, es ist kein Verbrechen, sein Pferd aus Gründen der Humanität zu erschießen, aber es ist zu allen Zeiten ein Verbrechen gewesen, — das würde die Gesellschaft zur Verhütung von Grausamkeit gegen Tiere sehr leicht dartun — bei dunkler Nacht einem Pferde den Leib aufzuschlitzen, und wäre man fünfzig mal selbst der Eigentümer. Hier liegt eine Untat dieser Art vor, wie sie seit Monaten die Gegend in Erregung gehalten haben; sie ist durch eigenes Geständnis des Täters nachgewiesen, und doch weigert sich die Polizei, die Verfolgung einzuleiten, und sieht ruhig zu, daß der Mann außer Landes flieht! Aber warum? Wenn es nicht die Befürchtung war, die Verfolgung Greens könnte Tatsachen ans Licht bringen, die störend auf den Gang der Verfolgung Edaljis einwirken würden, dann frage ich nochmals, warum? Fern sei es von mir, ungerecht gegen die Polizei zu sein, aber wieder ist es ihr eigenes wirklich sonderbares Verhalten, das einen treibt, Hypothesen nachzujagen. Das Ministerium des Innern sagt, die Untersuchung des Falles sei vollständig gewesen, alle Spuren seien verfolgt worden, die Materie sei abgeschlossen. Das ist die offizielle Antwort, die ich vor vierzehn Tagen erhalten habe. Kann also das Ministerium eine plausible Erklärung geben, weshalb gegen Green nicht ein Verfahren eingeleitet wurde? Der Punkt ist von äußerster Wichtigkeit.

Bei der Verhandlung gegen Edalji war Green noch im Lande; er wurde nicht vorgeladen. Nachher ging er außer Landes nach Süd-Afrika. Er ist von der Polizei unter Strafandrohung vorgeladen worden, und das ist ohne Zweifel der Grund, der die Verteidigung zurückhielt, ihn ihrerseits vorzuladen. Aber hätte sie ihn doch geladen, und hätte er dann in öffentlicher Verhandlung so gesprochen wie im Privatkreise, so wäre es — meiner Information zufolge — gänzlich unmöglich gewesen, daß ein so schwerer Mißgriff vorgekommen wäre.

Ich muß eines besonders hervorheben, bevor ich diesen außerordentlich wichtigen Punkt verlasse: Der Grund, den Green in seinem Geständnis für die Hinschlachtung des Pferdes angegeben hat, war ausschließlich der, das Tier habe bei der Yeomanryübung eine Verletzung erlitten, deshalb habe es getötet werden müssen. Aber nirgends hat er je ein Wort fallen lassen, das dahin zu deuten wäre, er habe irgendwie im Verhältnis eines Komplizen zu Georg Edalji gestanden.

Und jetzt endlich wollen wir zur Verhandlung übergehen.

XV. Die Verhandlung. Missgriff in der Wahl des Gerichtshofes.

Hier, wie bei jedem anderen Stadium dieses außerordentlichen Falles, sind Unregelmäßigkeiten vorgekommen. Am besten wäre es ja, wenn sich ein Rechtskundiger darüber äußern möchte. Es mag hinreichen, folgendes zu erwähnen: Der Fall war gewiß von alleräußerster Wichtigkeit, und allgemein war man der Ansicht, er hätte überhaupt nicht vor die Quarter Sessions (vierteljährliche Gerichtssitzungen vor dem Friedensgericht einer Grafschaft) gebracht werden sollen. Da dies nun aber doch geschah, so hätte die Verhandlung wenigstens vor dem Gerichtshof A, dessen Vorsitzender ein gewiegter Gesetzeskenner war, stattfinden sollen. Sir Reginald Hardy, der den Gerichtshof B leitete, war nicht in der Gesetzeskunde geschult. Ich kann nicht mit einem Worte in Abrede stellen, daß er den Wunsch hegte, durchaus unparteiisch und gerecht zu sein. Aber das Verbrechen, wegen dessen Georg Edalji angeklagt war, gehörte zu einer ganzen Serie gleichartiger Untaten, welche die ganze Grafschaft in Aufregung versetzt hatten; man sehnte sich förmlich danach, unter allen Umständen jemand zu finden, an dem ein Exempel statuiert werden könnte. Die Jury war natürlich von denselben Gefühlen beseelt wie ihre Mitbürger. Hier war es ganz besonders notwendig, mit kühlem Urteil an die Sache heranzugehen, um den Übereifer der Geschworenen abzukühlen und sie auf dem festen Boden der Tatsachen festzuhalten, fern von Vorurteil und Erregung des Gemütes. Keine Vorsieht war überflüssig, es konnte gar nicht genug berücksichtigt werden, daß es ein Gerichtshof von Laien war, vor dem der Fall abgehandelt wurde.

Der Leser ist bereits mit dem Boden, auf dem sich die Anklage bewegte, genügend vertraut. Wir haben die Kleider, welche nunmehr „naß“ geworden sind. In der vorhergehenden Untersuchung waren sie lediglich feucht gewesen, und wir haben die Aussage des Pfarrers, daß diese Feuchtigkeit für ihn nicht wahrnehmbar war, wozu noch die Tatsache tritt, daß die Blutflecke sonst hätten flüssig sein müssen. Wir haben ferner den Schuh mit der abgetretenen Hacke, der in Eindrücke hineingepaßt worden war, die nach dem Regen haben entstehen müssen, während doch die ganze Theorie der Polizei dahin zielt, das Verbrechen sei vor dem Regen begangen worden. Wir haben dann die Blutflecke, anfänglich Schmierflecke, die später zu zwei Spritzern von der Größe je eines Dreipennystückes zusammengeschrumpft sind. Wir haben nächstdem die Pferdehaare, die erst dreizehn Stunden, nachdem der Rock der Polizei in die Hände gefallen war, in die Erscheinung getreten sind, zudem, als der Rock mit dem Fellstreifen in Berührung gekommen war.

Endlich kommen die Briefe. Wer auch immer die Briefe geschrieben haben mag, er muß etwas von den Verbrechen gewußt haben, das ist von an Gewißheit grenzender Wahrscheinlichkeit. In diesen Briefen wurde nun Edalji selbst beschuldigt, die Verbrechen begangen zu haben; er wurde außerdem in der gemeinsten Weise in ihnen beschimpft. Aber was macht das der Polizei aus? Was macht es ihr aus, daß eine überaus gemeine Postkarte, die von derselben Handschrift herrührte wie die übrigen, in Wolverhampton in den Kasten geworfen war zu einer Zeit, da Edalji in Aberystwith gewesen sein muß? Was macht es aus, daß in der ersten Serie anonymer Briefe der Schreiber sagt: „Glauben Sie etwa, wir können nicht die Handschrift Ihres Sprößlings nachmachen?“

Keine von allen diesen Tatsachen hatte Gewicht gegenüber der Erklärung eines Sachverständigen, die Briefe seien von der Hand Georg Edaljis. Als der unglückselige Angeklagte dieses Gutachten anhörte, mußte er wohl das Gefühl haben, er sei das Opfer eines fürchterlichen Traumes, eines entsetzlichen Alps. Und wer war der Sachverständige, dessen Ansicht bei der Jury so schwer ins Gewicht fiel? War es Herr Thomas Gurrin? Ihn sollte die Nemesis gar bald erreichen! Ein Jahr darauf mußte er vor der Kommission in der Sache Beck die fürchterliche Tatsache einräumen, daß durch sein Gutachten ein unschuldiger Mann verlängerte Kerkerhaft hatte erdulden müssen! Überzeugt nicht allein dieser Umstand meine Leser, daß eine vollständige Wiederaufnahme des Falles Edalji eine äußerst dringende öffentliche Pflicht ist?

Das ist nun also das gesamte Belastungsmaterial — Rock, Schuh, Rasiermesser, die Briefe, die sogenannten belastenden Äußerungen, die ich bereits analysiert habe, und dann die eine Tatsache, die, wie ich zugeben will, wirklich eine gewisse Beachtung verdient, daß nämlich eine Gruppe Schulknaben, mit denen der junge Edalji einst einen Monat hindurch denselben Zug benutzt haben mag, auch dem Schreiber der Briefe bekannt war. Das ist alles. Ich habe gezeigt, was jedes Glied dieser Kette wert ist. Und auf dieses nichtige Beweismaterial hin wurde ein junger Mann aus anständigem Hause, der sich bereits in einer ehrenwerten Profession ausgezeichnet hatte, seiner Familie entrissen, mußte den ganzen Schimpf einer Anklage und Verurteilung erdulden, wurde für drei seiner besten Lebensjahre eingekerkert, wurde aus der Rolle gestrichen, in die er seinen Namen geschrieben, um mit hingebendem Fleiß und äußerster Selbstverleugnung einem hochgeachteten Beruf obzuliegen! Und alle diese Qualen wurden ihm um das zehnfache bitterer gemacht bei dem Gedanken an den biederen Pfarrer in der Heimat, an die Mutter, an die ausnehmend feinfühlige Schwester, an die exponierte Stellung. welche seine Angehörigen in der Kirche einnahmen; würden sie jetzt doch dem Spott und Hohn der rohen Leute der Gegend ausgesetzt sein! Beim bloßen Lesen steigt es heiß in einem auf vor Unwillen und Empörung!

XVI. Schwäche der Aussagen der Angehörigen.

Ein Wort noch über die Zeugenaussagen der Familienangehörigen, von denen so sehr viel abhängt. Es wurde die Bemerkung gemacht, daß diese Aussagen in so sonderbarer Weise abgegeben wurden, daß das Vertrauen der Jury erschüttert wurde. Ich kenne die Familie Edalji ziemlich genau, und ich kann mit vollem Vertrauen die Versicherung geben: Das, was der Jury sonderbar erschien, war nur der Ausdruck äußerster

Besorgnis, die absolute, exakte Wahrheit zu sagen. Ein erfahrener Verteidiger, der die Edaljis auch kennt, bemerkte zu mir, das seien Leute von der peinlichsten Wahrheitsliebe, der er jemals begegnet sei; „schlechte Zeugen!“ fügte er hinzu. „Sie sind so gewissenhaft, daß sie ganz übertriebenen Nachdruck auf jeden, selbst den geringsten Zweifel legen.“

XVII. Mängel der Verteidigung.

Es muß erwähnt werden, daß die Verteidigung nicht so vollkommen auf der Höhe ihrer Aufgabe war, wie es angezeigt gewesen wäre. Doch scheint dies nicht sowohl einer Nachlässigkeit auf Seiten der Advokaten zuzuschreiben zu sein als vielmehr einer mangelhaften Information. Tatsächlich war in diesem Falle das Bewußtsein, unschuldig zu sein, eine Gefahr, insofern sie zur Folge hatte, daß nicht jedem Punkte genügende Beachtung geschenkt wurde. So weit ich es zurückverfolgen kann, ist die ganze Vorgeschichte der Nachstellungen aas dem Jahre 1888 und den Jahren 1893 bis 1895 nicht zur Sprache gebracht worden; ebensowenig ist natürlich betont worden, daß diese Verfolgungen jedenfalls einen Zusammenhang mit denen des Jahres 1903 hätten. Die an Blindheit grenzende Kurzsichtigkeit Edaljis ist nicht unter Beweis gestellt worden — ein so hochwichtiger Faktor! An allen Ecken und Enden finden sich Punkte, die sorgfältiger hätten behandelt werden können. Trotz alledem kann man sich kaum vorstellen, wie erstaunt Sir George Lewis war, als die Jury ihr „Schuldig“ vorbrachte und Sir Reginald Hardy das Urteil verkündete: Sieben Jahre Zuchthaus!

XVIII. Zusammenfassende Betrachtung. Dilemma der Polizei.

Bevor ich diesen Teil meines Berichtes abschließe, möchte ich nochmals das Dilemma der Polizei feststellen. Entweder Edalji beging das Verbrechen v o r 10^{00} jener Nacht oder n a c h 10^{00} jener Nacht. Die letztere Annahme müßte von einem Gerichtshof mit gesundem Menschenverstande einfach verlacht werden gegenüber der Tatsache, daß sein Vater, der Pfarrer, wenige Fuß von ihm entfernt die ganze Nacht zugebracht hat, daß der kleine Pfarrhof verschlossen und verriegelt war, daß niemand gehört und daß die polizeilichen Beobachter nicht gesehen haben, daß jemand sich entfernt habe. Wenn das nicht ein Alibi ist, wo gibt es dann überhaupt noch eines? Auf der anderen Seite steht die Annahme. Edalji beging die Tat vor 10^{00}, oder vielmehr vor 9^{30}, der Zeit seiner Rückkehr nach Hause. Hier muß man folgende Umstände ins Auge fassen: Nach einem langen Tagewerk war Edalji aus Birmingham heimgekommen; er machte einen Gang angeblich in einem Rock, den er nur im Hause zu tragen pflegte, wie seine Hausgenossen wußten; er machte eine Besorgung in dem Schuhmacherladen des Dorfes, dann lief er, kurzsichtig wie er war, dreiviertel Meilen herum über schwierige, gewundene Wege, wobei er über Zäune zu klettern und Eisenbahngeleise zu kreuzen hatte (ich kann dafür einstehen, ich habe selbst jeden Fuß des Weges abgeschritten), um dann ein gräßliches, sinnloses Verbrechen zu begehen, das in keiner Weise mit seiner den Wissenschaften zugewandten und dabei enthaltsamen Natur in Einklang zu bringen ist!? Dann mußte er wiederum dreiviertel Meilen weit zum Pfarrhaus zurücklaufen und soll dort so gefaßt und unerregt angelangt sein, daß er niemandes Aufmerksamkeit auf sich lenkte, und soll sich ruhig zum Abendessen der Familie hingesetzt haben. Die ganze Expedition von Anfang bis zu Ende würde nicht eine Stunde gedauert haben!

Schon die bloße Zusammenstellung dieser sogenannten Möglichkeiten, deren eine die andere ausschließt, erscheint grotesk genug. Aber der Gipfel der groben, in die Augen fallenden Unwahrscheinlichkeit wird erreicht, wenn man sich den folgenden nackten Tatsachen gegenübergestellt sieht: Das Pony blutete am Morgen stark und konnte unmöglich die ganze Nacht über so geblutet haben; der Tierarzt sagte aus, die Wunde könnte nicht älter als sechs Stunden sein; ein anderer Tierarzt ist nicht zugezogen worden, um etwa diese

Behauptung zu widerlegen. Auch die Fußspuren, auf welche die Polizei Gewicht legt, waren wertlos, wenn sie nicht nach dem Regen, der um 12^{00} zu fallen begann, entstanden sind. Nimmt man hinzu, daß die Polizei selbst das Pony um 11^{00} in unbeschädigtem Zustande gesehen hat, so scheint mir der Fall von geradezu überwältigender Überzeugungskraft zu sein! Man entscheide sich für das eine oder für das andere; in jedem Falle behaupte ich, es ist nachweisbar falsch und eine Beleidigung des gesunden Menschenverstandes, anzunehmen, daß Georg Edalji das Verbrechen begangen habe, wegen dessen er durch das unglückselige Zusammentreffen dreier Faktoren so grausam leiden mußte; ich meine die von Voreingenommenheit diktierte Verfolgung seitens der Polizei von Staffordshire, das Gutachten des Schreibsachverständigen und die grobe Stupidität der Jury.

XIX. Neue Verbrechen nach der Verurteilung. Fall Farrington.

Nach Edaljis Verurteilung passierten nach wie vor Verbrechen der in Frage stehenden Art, und die Epidemie der anonymen Briefe raste toller denn je. Ein im November geschehenes Verbrechen an Pferden, die Herrn Stanley gehörten, wurde niemals aufgeklärt. Aber man wußte in der Gegend sehr gut, wer der Urheber sein mochte, und der ganze Bezirk war, vielleicht mit Unrecht, überzeugt, daß die Polizei durchaus nicht mit dem schuldigen Eifer der Sache nachspürte, weil der neue Verdacht den alten, der bereits so tiefe Wurzeln geschlagen hatte, erschüttern könnte. Auch dieses Ereignis wird für die kommende Untersuchung manchen Beweis liefern. Endlich im März 1904 wurde ein gewisser Farrington verurteilt, weil er einige Schafe verstümmelt hatte. Kein Versuch wurde jemals gemacht, einen Zusammenhang zwischen diesem Manne und Edalji aufzuklären. Auch im Falle Green wurde ja nicht einmal versucht, Green und Edalji als Komplizen hinzustellen, aber ich kann mit Sicherheit dartun, daß die Polizei von Green die positive Erklärung entgegengenommen hat, er habe nichts mit Edalji zu tun, und zwar unter Umständen, die absolut beweisend sind. Und angesichts dieser Tatsache konnte Herr Disturnal, der als Ankläger gewissermaßen das Sprachrohr der Polizei war, es über sich gewinnen, zu sagen, es würde sich aus den Briefen, die verlesen werden würden, klar ergeben, daß der Schreiber nicht allein, sondern in Verbindung mit einigen anderen Leuten gehandelt habe; er, Disturnal, überlasse es der Einsicht der Jury, zu urteilen, ob es wohl etwas wahrscheinlicheres gäbe als daß, wenn eine Bande in der beschriebenen Weise tätig sei, eines ihrer Glieder ein ähnliches Verbrechen begehen müßte, um einen Beweis für die Verteidigung des anderen zu schaffen! Der Staatsanwalt sprach zweifellos nach seiner Information. Aber was sollen wir von den Männern denken, von denen eine solche Information ausging, nachdem sie den klarsten Beweis hatten, eine Verbindung zwischen Edalji und Green bestehe nicht?! Solche Vorkommnisse erschüttern jedes Vertrauen in die britische Justiz. Denn es ist klar, daß die Jury — schon durch die Art des Verbrechens voreingenommen — gänzlich verblendet war, als sie den Schuldigspruch fällte.

XX. Bemühungen um Wiederaufnahme des Verfahrens. Denkschrift.

Noch einige Worte zu den späteren Schritten der Freunde des Verurteilten unter der Organisation und Leitung des Herrn K. D. Yelverton (ehemaligen Oberrichters von Bahamas), dessen langen, unermüdlichen und selbstlosen Bestrebungen Edalji so sehr viel zu verdanken haben wird, wenn endlich die Stunde des Triumphes für ihn schlägt. Diese Freunde setzten eine Denkschrift für das Ministerium des Innern auf und legten darin einige der erwähnten und erörterten Tatsachen klar. Dieses Gesuch um Wiederaufnahme wurde von 10.000 Männern unterzeichnet. Unter den Zeichnern finden wir hunderte von Advokaten, viele Kronanwälte. Unterstützt wurde es von gewichtigen Leumundszeugnissen, die von Leuten ausgingen, die Edalji genau kannten, so z. B. von seinem früheren Lehrer, Herrn Denning, von dem Advokaten Ludlow, bei dem er fünf Jahre lang zur Ausbildung gearbeitet hatte, von dem Ehren-Sekretär und Lektor der Birminghamer juristischen Gesellschaft und vielen anderen. Jedermann wird zugeben, daß das Zeugnis eines Lehrers von großer Bedeutung ist. denn Züge von Grausamkeit zeigen sich meist schon im zartesten Alter. Nun sagt Herr Denning folgendes: „Ihr Sohn war fünf Jahre lang hier; während dieser Zeit habe ich ihn niemals eine Grausamkeit begehen sehen. Ich habe ihn stets als durch und durch ehrenhaften Knaben mit guten Grundsätzen befunden, auf den ich volles Vertrauen setzen konnte."

Ein Schulkamerad Grier schreibt: „Er war einige Jahre älter als ich, doch behandelte er mich immer mit großer Liebenswürdigkeit. Ich sah ihn niemals grausam gegen ein Tier, und soweit ich ihn kannte — ich kannte ihn sehr genau — war er eines Aktes von Grausamkeit durchaus unfähig." — Wie töricht erscheint das lose Geschwätz und die Phantastereien von Stafford gegenüber einer Reihe von Zeugnissen wie diese [es] sind!

Die Denkschrift hatte keine Wirkung; man müßte wirklich einmal untersuchen, was für ihr Schicksal bestimmend gewesen ist. Sollte etwa eine Beschwerde, deren Gegenstand die Maßnahmen der Polizei bei einer Verfolgung sind, wiederum der Polizei zur Berichterstattung übergeben worden sein? Das wäre doch in der Tat ein richtiger circulus vitiosus! Ich könnte mir nichts abgeschmackteres und ungerechteres in einem orientalischen Despotenstaat denken! Und es müßte doch sonst eine auch nur oberflächliche unabhängige Untersuchung oder selbst ein bloßes sorgfältiges Durchlesen der Denkschrift jeden vernünftigen Menschen überzeugt haben! Die Freunde Edaljis, an ihrer Spitze Herr Yelverton, haben natürlich verlangt, die Akten in dem Ministerium zur Einsicht zu erhalten. Aber wie in dem Falle Beck, wurde den Rechtssuchern der Zugang gerade zu den Dokumenten verweigert, deren sie bedurften, um ihre Behauptungen zu beweisen und die der Gegner zu widerlegen.

XXI. Aehnlichkeit mit der Dreyfussaffäre. Kapitän Ansons Vorurteil.

Ich sagte, es sei wie in dem Falle Beck gewesen. Ich hätte mich auf ein klassischeres Beispiel berufen können. Denn in vielen seiner Details scheint mir der vorliegende Fall eine Art schmutziger Affäre Dreyfuß zu sein. Der Vergleich trifft in außerordentlichem Grade zu. Wir haben einen Parsen — anstatt eines Juden —, dem eine junge, vielversprechende Karriere verdorben wird, in beiden Fällen die schimpfliche Entfernung aus dem Berufe und einen Feldzug für Abhülfe und Wiedereinsetzung; in beiden Fällen tauchen Fragen betreffs Fälschungen von Handschriften auf, mit Esterhazy in dem einen und dem anonymen Briefschreiber in dem anderen Falle. Kurz, zu meinem Bedauern muß ich es sagen, in dem einen Falle haben wir eine Clique von französischen Beamten, die von Exzeß zu Exzeß schreiten in dem Bemühen, den anfänglich begangenen Mißgriff zu verschleiern, in dem anderen haben wir die Polizei von Staffordshire mit den beschriebenen Maßnahmen.

Und dieses bringt mich auf den peinlichsten Teil meiner Feststellung. Herzlich froh würde ich sein, könnte ich seine Erörterung vermeiden. Aber eine Vollständigkeit der Auseinandersetzung des Falles Edalji ist undenkbar ohne Schilderung des Vorgehens des Kapitäns Anson, Oberkonstablers von Staffordshire, gegen diesen unglücklichen jungen Mann. Es muß, nehme ich an, in jenen fernen Tagen von 1892 bis 95 begonnen haben, als Edalji wenig mehr als ein Knabe war, und als der Sergeant Upton aus Gründen, welche eine Erzählung für sich bilden, Berichte gegen ihn an seinen Vorgesetzten nach Stafford schickte. Aus jenen Tagen stammen die denkwürdigen Worte, etwaigen Beteuerungen, er (Edalji) wisse von der Sache nichts, würde er, der Kapitän, unter keinen Umständen Glauben schenken; ferner, er würde sich bemühen, dem Missetäter eine gehörige Portion Zuchthaus zu erwirken. Nun, ich habe keinen Zweifel, daß Kapitän Anson in seiner Abneigung von ehrenhaften Motiven geleitet und daß er sich seines eigenen Vorurteils nicht bewußt war. Doch

Leute in seiner Stellung haben nicht das Recht, solchen Gefühlen nachzugeben. Sie sind zu mächtig, andere sind zu schwach, und die Folgen sind zu schrecklich. Wenn ich dem Laufe der Ereignisse nachgehe, so sehe ich diese Abneigung des Chefs durchsickern, bis das ganze Polizeipersonal davon vollgesogen war; als sie Georg Edalji festgenommen hatten, ließen sie ihm gegenüber die elementarsten Grundsätze des Rechts außer Acht, was durch die Tatsache bewiesen wird, daß sie Green zu einer Zeit außer Verfolgung ließen, zu der seine Verfolgung den Fall Edalji hätte gefährden können.

Ich weiß nicht, welche Berichte in der Folge ein gerechtes Vorgehen des Ministeriums des Innern gehindert haben (hier zeigt sich die Abscheulichkeit der Einrichtung der geheimen Aktenstücke), aber das weiß ich, daß man, anstatt den gefallenen Mann wenigstens in Ruhe zu lassen, nach der Verurteilung alle möglichen Anstrengungen gemacht hat, seinen Charakter und den seines Vaters zu verunglimpfen, als ob man jedermann abschrecken wollte, der dazu geneigt sein möchte, dem Fall nachzuspüren. Als Herr Yelverton sich dennoch daran machte, erhielt er einen von Kapitän Anson unterschriebenen Brief vom 8. November 1903. Darin heißt es: „Ich kann Ihnen nur sagen, es würde ein unnützer Zeitverlust sein, den Beweis zu versuchen, daß Georg Edalji, entsprechend seiner Stellung und seinem angeblich guten Charakter, nicht habe schuldig sein können, beleidigende und abscheuliche Briefe zu schreiben. Sein Vater kennt so gut wie ich seinen Hang, anonym zu schreiben, und manche andere Leute wissen ebenfalls persönlich hiervon.“

Nun, beide, Edalji und sein Vater, erklären unter Eid, daß ersterer in seinem ganzen Leben keinen anonymen Brief geschrieben habe, und auf das Ersuchen des Herrn Yelverton, ihm die Namen „mancher anderen Leute“ zu nennen, ist niemals eine Antwort erfolgt. Wenn man bedenkt, daß dieser Brief unmittelbar nach der Verurteilung geschrieben worden ist und daß beabsichtigt wurde, jede Bewegung mit dem Ziele der Begnadigung im Keime zu ersticken, so ist dies ebenso gehandelt wie wenn man einem Gefallenen noch einen Fußtritt versetzt.

Seit ich diese Sache in die Hand genommen habe, unterhalte ich selbst eine ausführliche Korrespondenz mit Kapitän Anson; hinsichtlich dieser Briefe befinde ich mich in einer schwierigen Lage. Der erste ist mit „Vertraulich“ bezeichnet, die anderen sind es nicht. Man nimmt natürlich an, daß, wenn ein öffentlicher Beamter über eine öffentliche Sache an einen ganz fremden Privatmann schreibt, der Inhalt für die Öffentlichkeit bestimmt ist. Ferner kann man hinzufügen, daß, wenn ein Engländer sich sehr abfällig über einen Nebenmenschen äußert, er darauf vorbereitet ist, dem letzteren gegenübergestellt zu werden und seine Worte zu vertreten. Immerhin sind diese Briefe mir gegenüber so höflich gehalten, daß es mir sehr schwer fällt, von ihnen für meine Aufgabe Gebrauch zu machen; ich meine die Aufgabe, das Vorurteil nachzuweisen, welches sich bei Kapitän Anson gegen die Familie Edalji gebildet hatte. Ein merkwürdiges Beispiel hierfür möchte ich bei dieser Gelegenheit sogleich anführen. Während der ganzen fünfzehn Jahre, in denen das Pfarrhaus im Mittelpunkt der Affäre stand, hat der Oberkonstabler nicht ein einziges Mal dieses Haus betreten oder gar eine Unterredung mit den Einwohnern desselben gehabt.

XXII. Nach drei Jahren. Entlassung.

Fast drei Jahre lang hatte Georg Edalji die Entbehrungen und Demütigungen der Strafgefängnisse von Lewes und Portland ertragen, als der unermüdliche Herr Yelverton die, Sache wieder aufnahm; „Truth“ brachte zugleich eine Reihe vorzüglicher Artikel, welche die Unmöglichkeit der Schuld bewiesen. Da nahm der Fall eine neue Wendung — ebenso unregelmäßig und unlogisch wie die früheren. Am Ende des dritten von den sieben Jahren wurde der junge Mann trotz seines guten Gesundheitszustandes ohne Begnadigung plötzlich entlassen. Ersichtlich waren die Behörden in ihrer Ansicht erschüttert und schlossen nun mit ihrem Gewissen dieses Kompromiß. Doch dieser Zustand kann kein definitiver sein. Entweder der

Mann ist schuldig, oder er ist es nicht. Im ersteren Falle verdient er jeden Tag seiner sieben Jahre; im letzteren müssen wir Abbitte, Vergebung, Wiedereinsetzung in seine Rechte haben. Hier kann es zwischen diesen Extremen keinen Mittelweg geben.

XXIII. Forderungen ausser der Wiederaufnahme.

Und wessen benötigen wir noch, abgesehen von dieser verspäteten persönlichen Gerechtigkeit gegen Georg Edalji? Ich möchte sagen, daß einige Punkte sich für eine Beratung vor einer kleinen Kommission eignen. Einer ist die Neuregelung der Konstablerschaft von Staffordshire von Grund aus. ein zweiter ist eine Untersuchung über die Unregelmäßigkeiten des Verfahrens vor den vierten Sessionen, der dritte und wichtigste ist eine eingehende Untersuchung darüber, wer von dem Ministerium des Innern verantwortlich ist, ferner welche Bestrafung dieser Mann zu gewärtigen hat für sein Verbrechen, daß in diesem Falle ebenso wie in dem Falle Beck Gerechtigkeit jahrelang an der Schwelle warten muß, und niemand will die Klinke niederdrücken. Bis zur Erledigung aller dieser Punkte bleibt ein Flecken auf den Annalen der Verwaltung dieses Landes haften.

XXIV. Flucht in die Oeffentlichkeit.

Ich hege volle Sympathie für Jeden, der öffentliche Verhandlungen dieser Art verabscheut aus dem Grunde, daß sie die Macht der Kräfte, welche über Gesetz und Ordnung wachen, schwächen und das Vertrauen des Publikums erschüttern. Zweifellos tun sie es; allein alle Anstrengungen sind in diesem beklagenswerten Falle gemacht worden, diese traurige Notwendigkeit zu vermeiden. Wiederholte Verwendungen um Gerechtigkeit bei beiden Verwaltungskörpern haben mit den gewöhnlichen Gemeinplätzen geendigt oder wurden verwiesen an diejenigen Behörden, die in der Sache die Stellung interessierter Parteien einnehmen.

Bei der Verworrenheit der Fäden des Lebens und der Begrenzung menschlicher Einsicht kann jemand leicht einmal unrecht tun. Aber wie ist es möglich, daß man immer und immer wieder dasselbe Unrecht begeht? Wenn das Vorkommen von Verbrechen der fraglichen Art nach der Verurteilung, desgleichen das weitere Vorkommen von anonymen Briefen, die Vernichtung des Rufes Gurrins als Sachverständigen, das Geständnis eines Schuldigen, er habe ein Verbrechen der in Rede stehenden Art neuerdings begangen, und schließlich die Feststellung von Edaljis an Blindheit grenzender Kurzsichtigkeit nicht neue Tatsachen bilden, geeignet, das Urteil einer Jury zu ändern, — welche in der Möglichkeit liegenden Tatsachen sind dann dazu geeignet? Aber die Tür ist uns vor der Nase zugeworfen.

Jetzt wenden wir uns an den letzten Gerichtshof, einen Gerichtshof, der niemals irrt, wenn die Tatsachen ihm vorgelegt werden, wie es sich gehört, und wir fragen das Volk — das Volk von Großbritannien, ob die Sache so weiter gehen darf.

EIN BLICK AUF DEN KRIEG.

EINE ERWÄGUNG DER KRIEGS-AUSSICHTEN

VON

ARTHUR CONAN DOYLE.
(VERFASSER VON „SHERLOCK HOLMES“ U.S.W.)

„Auch jetzt noch weiss Englands klarer Kopf
Pläne zu entwerfen
und sein starker Arm versteht noch,
wie vor alters, zu schlagen.“

[Die Übersetzung von Kurt Abel-Musgrave
erschien anonym.
Die Rechtschreibung wurde beibehalten.]

LONDON: DARLING & SON, LIMITED.
1915.

Unter den häufig sehr treffenden philosophischen Seitenblicken, die der Herzog von Wellington in seine geschäftliche Korrespondenz einzuschalten pflegte, begegnen wir dem, dass sich durch den englischen Charakter eine nicht unbedeutende Ader von „Tollheit“ ziehe. Mag nun dieser Ausdruck auch übertrieben sein, so lässt sich’s doch nicht leugnen, dass sogar unsre besten Freunde ausgesprochene Exzentricität bei uns gefunden haben wollen.. Eine der merkwürdigsten Kundgebungen dieser Neigung ist die übertriebene und unzeitige Selbstunterschätzung, und obschon sie nicht allgemein ist — wir haben auch Optimisten und sogar Prahler unter uns — so wird sie doch zu Zeiten so lärmend, dass sie die Aufmerksamkeit der Welt auf sich zieht, die dadurch vollständig über unsre wahre Lage und unsern wirklichen Charakter getäuscht wird. Von alters her stösst der Geschichtsschreiber und Forscher in unsrer Chronik auf dies Phänomen. Ich bin überzeugt, der blauhäutige Wilde hat bereits die Entartung seines Stamms bejammert, während er sein ledernes Boot oder Coracle durch die kleinen Buchten vorwärts stiess. Mit der Zeit hat diese Neigung zugenommen, so dass Grossbritannien, welches über seine eigne Unfähigkeit seufzt und stöhnt, heutzutage ein lächerlicheres Schauspiel bietet als je vorher.

Um diese unsre nationale Anlage ins rechte Licht zu setzen, braucht man nur die englische Presse der letzten Monate mit der deutschen zu vergleichen. Wer die deutschen Artikel liest, möchte glauben, dass Deutschland nicht nur voll Zuversicht der Zukunft entgegensieht, sondern auch alle Ursache hat, mit dem bisherigen Erfolg seiner Leistungen zufrieden zu sein, während man aus den Äusserungen der britischen Presse auf Verzagtheit schliessen muss, weil nichts, was wir in diesem Kriege geleistet haben, uns Ursache gibt, uns befriedigt zu fühlen.

Dabei zweifeln wir in unserm innersten Herzen so wenig an dem endlichen Sieg unsrer Waffen, wie daran, dass auch morgen die Sonne wieder aufgehn wird, — und eine ruhige, von Leidenschaft nicht beeinflusste Übersicht muss den Historiker davon überzeugen, dass wir in keinem der grossen Kriege, in die unser Land verwickelt gewesen ist, in demselben kurzen Zeitraum ähnliche Errungenschaften aufzuweisen hatten wie die in den letzten 14 Monaten erzielten glänzenden Erfolge. Unsre Schwierigkeiten sind die unsrer Bundesgenossen. Unsre Siege haben wir zum grössten Teil uns selber zu verdanken.

Was haben wir vollbracht?

Wir wollen, was wir in dieser kurzen Zeit geleistet haben, einmal näher betrachten und der Eröffnung unsrer andern grösseren Kriege vergleichend gegenüberstellen. In unserm Kriege gegen die französische Republik verstrichen fast zwei Jahre, ehe Howes Sieg uns einen Schimmer von Erfolg brachte. Der grosse Krieg gegen Napoleon hatte ebenfalls bereits zwei Jahre gewährt, als Trafalgar der Furcht vor einer nahe bevorstehenden Invasion ein Ende machte, und erst nach zwölf Jahren häufig wechselnden Glücks hatten wir völlig gewonnen. Halten wir die Leistungen dieser vierzehn Monate dagegen. Mit Ausnahme von Ostafrika und einem Teil von Kamerun, haben wir das ganze grosse Kolonialreich Deutschlands annektiert. Der glänzenden Betätigung unsrer Flotte danken wir es, dass die deutsche Kriegs- und Handelsflagge vom Ozean weggefegt ist. Deutschlands Flotte ist durch uns vollständig nutzlos gemacht worden. Seine beachtenswerteren unterseeischen Angriffe haben wir zurückgewiesen und unser Spiel so geschickt gespielt, dass wir nach Verlauf dieser Zeit uns anstatt schwächer, stärker finden. Von den Türken eroberten wir Südmesopotamien; jeder ihrer Versuche in Ägypten einzudringen ist zurückgeworfen worden. Wir haben zur Rettung von Paris beigetragen. Den Vormarsch des Feindes auf Calais haben wir aufgehalten, allerdings mit dem Beistand der Belgier und Franzosen, hauptsächlich jedoch durch unsre eignen Anstrengungen, und wir haben dabei den Deutschen einen Verlust von mehreren hunderttausend Mann zugefügt. Unserm Eingreifen verdankt die belgische Armee es, dass sie sich bei Antwerpen aus der Schlinge zu ziehen vermochte.

Unsre grösste Leistung bleibt schliesslich die Erhebung eines ungeheuern freiwilligen Heeres, gross genug, um der Wage unter den europäischen Heeresmächten einen andern Ausschlag zu geben. Unser gutes Anpassungsvermögen machte es möglich, dass wir uns gewissermassen zum Lagerhaus und zur Werkstätte für die Munition unsrer Alliierten machen konnten. All dieses dürfen wir als unser „Guthaben" anführen, und wer eine solche Leistung nicht bewundert, ist nicht nur pessimistisch, sondern auch blind.

Was haben wir dagegen auf der Debetseite unsres Hauptbuchs zu verzeichnen? Wir wollen nur von den grossen Posten, nicht vom Detail reden.

Haben wir uns verrechnet, und wo?

Auf der ganzen Welt kann selbst der strengste Kritiker nur auf eine Stelle weisen — die Dardanellen. Und ist das Unternehmen in der Tat verfehlt? Meiner Ansicht nach ist es der Mühe wert gewesen, sollte der Durchbruch der Meerenge auch nie gelingen. Wir haben 100.000 Mann eingebüsst. Wie viel aber verloren die Türken? Sicherlich nicht weniger. Eine grosse Heeresabteilung ihrer besten Truppen, welche im andern Falle gegen uns auf der ägyptischen oder mesopotamischen Front operiert haben würde, oder vielleicht im Kaukasus gegen die Russen, haben wir festgehalten. Ian Hamilton konnte dem Andrang der Feinde gegen Maxwell einerseits und gegen Nixon auf der andern Seite wehren. Für den grössten Gewinn, den uns die Dardanellen-Expedition gebracht hat, halte ich es jedoch, dass durch sie unser Bündnis mit Russland bedeutend gefestigt worden ist, ja mehr, als es durch irgend etwas sonst hätte geschehen können. Russland kann sich jetzt nicht darüber beklagen, dass wir nur an unser eigenes Reich dächten, was es sonst möglichenfalls getan hätte. Um die Tore zu öffnen, die Russland eingeschlossen hielten, haben wir unser Blut und unsre Schiffe hergegeben. Wenn diese Expedition, — gleich dem Durchgang von Duckworth im Jahre 1807, — nur noch eine historische Erinnerung bleibt, wird dieses bedeutende Resultat doch bestehen.

Der Wert der Dardanellen-Expedition.

Noch eine Folge, die von höchster Wichtigkeit werden kann, mag sich aus der Dardanellen-Expedition ergeben. Der Vorstoss der Zentralmächte nach Süden wurde unternommen, um unsern Operationen und der Gefahr, welche durch sie ihrem Bundesgenossen drohte, zu begegnen und sie abzulenken. Somit ist eine neue Front eröffnet, welche die Deutschen mit Mannschaft und Munition versorgen müssen. Das bedeutet einen neuen Aderlass in einem Körper, der schon langsam verblutet. Was können sie hier möglicherweise gewinnen? Wenn wir alle Visionen des Grössenwahns, die sich ein Vorrücken gegen Indien vorgaukeln, beiseite lassen, welch praktisches Ziel haben sie hierbei? Gewiss, es wird uns zu Herzen gehen, wenn sie sich Serbiens bemächtigen; da Serbien jedoch seit vielen Monaten zur Untätigkeit gezwungen gewesen ist, kann es für den Verlauf des Krieges keine Bedeutung haben. Oder denken sie daran, auf Konstantinopel loszurücken, trotz der starken Heeresmacht der Alliierten auf ihrer Flanke bei Salonika? Ist es wahrscheinlich, dass die Türken ein Heer von Bulgaren und andern Erbfeinden, die auf Kosten ihrer Erbfreunde in ihre Hauptstadt einrücken, willkommenheissen würden? Nehmen wir alles dies an, wie auch ihren Einmarsch in Konstantinopel, was dann? Auf welche Weise wollen sie die ägyptische Wüste durchqueren, um gegen die Viertelmillion, die wir am Suez-Kanal aufstellen können, vorzugehen? Was nützt ihnen ihre Stärke in Kleinasien, wenn sie im Osten und Westen aufgerieben und geschwächt werden und die Alliierten ihre sich beständig verdichtenden Heerschaaren vorwärts ins Innre ihres Landes werfen, um auf Berlin zu marschieren? Schaut man diesen phantastischen Befürchtungen fest ins Auge, so schrumpfen sie zu Phantomen der Einbildungskraft zusammen. Die Vorteile der deutschen Expedition liegen im weiten und sind unbestimmt und schattenhaft. Die Nachteile dagegen liegen auf der Hand und in nächster Nähe. Und der Druck, den die Dardanellen ausüben, hat sie hervorgerufen.

Ist unsre Dardanellen-Expedition nun wirklich ein Fehlschlag? Darüber zu urteilen ist es noch zu früh. Man hat Winston Churchill scharf mitgenommen, weil er sagte, nur wenige Meilen schieden uns vom Siege. Eine böswilligere und unverständigere Kritik wird nicht leicht zu finden sein. Was er sagte, war eine augenscheinliche Tatsache, die heute noch so wahr ist wie damals. Wenn er den Ausdruck „wenige Wochen“ oder selbst „Monate“ gebraucht hätte, könnte man eine derartige Kritik begreifen. Er aber brauchte den Ausdruck „Meilen“, und da hat er augenscheinlich recht. Was er uns damit klar machen wollte und klar gemacht hat, ist dies, im Fall unsres Sieges kann man uns seiner Früchte nicht berauben, wie damals die Deutschen ihres Paris beraubt wurden; sobald wir unsern Erfolg errungen haben, fällt der Preis uns in die Hände. Er hat die grosse Aufgabe nicht unterschätzt. Das wird jetzt erst recht keiner tun. Wir wissen jedoch wenig von den Schwierigkeiten, die unsre Feinde haben. Wir können nicht voraussehn, was sie schwächen und einen Umschwung veranlassen mag. Wir selber sind völlig vorbereitet zu Land und zu Wasser, und das Wort, dass es nur auf einen glücklichen Stoss ankommt, ist jetzt noch so wahr wie je. Die Dardanellen als einen Verlust auf die Debetseite unsres Hauptbuchs einzutragen, ist zweifellos noch verfrüht. Noch einmal aber wiederhole ich : der Historiker der Zukunft mag sehr wohl finden, dass die Operationen weitreichende und folgenschwere Resultate hatten, selbst wenn der Durchbruch der Meerenge nie erzwungen würde.

Unser Feldzug im Westen.

Die grossen militärischen Ereignisse unsres Feldzugs in Frankreich und Flandern spielen sich zu sehr in unsrer Nähe ab, als dass sie uns nicht mit ihren rasch aufeinanderfolgenden Zusammenstössen verwirren sollten. Man muss sich geistig loszulösen versuchen, um sie richtig nach ihrem Verhältnis und in ihrer Beziehung auf einander, sowie nach ihrer dauernden geschichtlichen Wichtigkeit bewerten zu können. So weit der britische Feldzug in Frage kommt, wird man die folgende Übersicht in den Hauptpunkten zutreffend finden. Der Feldzug begann mit Niederlagen (zwar mit ehrenhaften und unvermeidlichen, aber immerhin mit Niederlagen) bei Mons (August 23) und Le Cateau (August 26). Darauf folgte der Sieg an der Marne (September 6—11), bei dem die grössten Ehren unserm französischen Bundesgenossen zukommen, und die unentschiedene Schlacht an der Aisne (September 13), in welcher zum erstenmale unbewegliche Linien gebildet wurden, ein stillschweigendes Zugeben des Gegners von seinem Misserfolg. Dann kam die langausgedehnte, unentschiedene Schlacht bei La Bassee (Oktober 12—31) mit wiederum erzwungen festliegenden Heeresmassen. Zu gleicher Zeit fand die erste Schlacht bei Ypern statt (Oktober 20 —November 13), in der die deutschen wiederholten Versuche, die Stadt zu nehmen, mit sehr schweren Verlusten für sie zurückgeworfen wurden. So kam der Kampf von 1914 zu Ende, mit Ausnahme von jenem scharfen Treffen bei Festubert (Dezember 19—21), wo die Briten am ersten Tage zurückweichen mussten, dies jedoch am zweiten Tage durch einen gelungenen Gegenangriff wieder ausglichen.

Der Feldzug von 1915 wurde mit dem teuer erkauften Siege der Briten bei Neuve Chapelle eröffnet, (März 10), der auch die dauernde Einnahme des Dorfes mit sich brachte. Die lokalen, doch sehr hitzigen Gefechte um den Hügel 60, die zur Zeit mit dem vollständigen Sieg der Briten endeten, folgten; späterhin allerdings wurde die Besatzung vermittelst Giftgases vertrieben (Mai 5). Die darauf folgende zweite Schlacht von Ypern währte vom April 22 bis Mai 24, eine der grössten Schlachten in der Weltgeschichte. Wiederum misslang der Hauptzweck der Deutschen, die Stadt einzunehmen und die Schlachtlinie zu durchbrechen; es gelang ihnen jedoch, uns vier schwere Geschütze und einige Gefangene abzunehmen und auf einer Front von 20 Meilen etwa 2 Meilen vorzurücken. Billigerweise rechnen wir dies als einen der deutschen Erfolge. Noch ehe dies Gefecht zu Ende ging, brach weiter unten auf der Linie eine zweite Schlacht aus, die Schlacht von Richebourg (Mai 9-24), die mit der blutigen Zurückweisung des britischen Angriffs begann, jedoch mit einem beträchtlichen, dauernden Bodengewinn endete. Danach kamen die Gefechte bei Hooge, die sich fast durch den ganzen Sommer hingezogen haben und in denen das Glück der feindlichen Parteien sich so ziemlich gleich blieb. Die Deutschen hatten einen ausgesprochenen Erfolg am Juli 30—31, die Briten einen entschiedenen Sieg am Juni 15—16 und wiederum am August 9. Zuletzt fand die Schlacht von Loos statt, September 25, die selbst jetzt (Okt. 25) kaum als beendet angesehen werden kann, jedoch ohne Zweifel als britischer Sieg gerechnet werden muss, da sie Bodengewinn, Gefangene und Geschütz einbrachte. Das ist das kurze Verzeichnis unsrer militärischen Leistungen bis dato. Wir dürfen dabei nicht vergessen, dass die Deutschen während der ersten sechs Monate uns an Zahl bedeutend überlegen waren, und, in der zweiten Hälfte, nachdem sich dies ausgeglichen, eine noch bedeutendere Übermacht an Munition und Geschütz besassen. Die glänzenden Anstrengungen der Alliierten im Westen haben uns jetzt in Bezug auf Mannschaft die Übermacht verschafft; in Bezug auf Munition stehen wir zum mindesten gleich. Was dürfen wir daher von der Zukunft erhoffen?

Wir haben unsre Partie gut gespielt.

Wir haben uns nichts vorzuwerfen; im Gegenteil, was den Krieg selber anbetrifft, so gibt es viel, wozu wir uns gratulieren dürfen. Auch, scheint mir's, haben wir vorher nur wenig

Fehler gemacht. Der Festigkeit McKennas in Bezug auf die acht grossen Schlachtschiffe, und der treibenden Energie Churchills in den dem Krieg unmittelbar vorangehenden Jahren verdanken wir es, dass unsre Flotte besser als je vorher für dieses äusserste Ringen im Weltkrieg vorbereitet war. Wir hatten ursprünglich höchstens vier Armeekorps ins Ausland zu senden geplant, zwei und ein halbes kamen zeitig genug, um an dem ersten Zusammenstoss teilnehmen zu können, der Rest folgte ihnen binnen kurzer Frist. Wir haben unsre Partie so gespielt, wie wir uns vorgenommen, und insoweit wir Gewinn und Verlust zwischen uns und Deutschland zu übersehen vermögen, haben wir das Spiel gewonnen. Wenn aber McKenna und Churchill uns zu Wasser in eine starke Position brachten, so schmiedete dagegen Haldane jene Waffe, die uns zu Lande solch grosse Dienste leistete. Die britische Militärmaschine, so wie wir (und auch die Deutschen) sie kennen gelernt haben, die treffliche Territorial-Armee, die Ausbildungsschule für Offiziere (Officers' Training Corps), die uns die allerwesentlichsten Dienste geleistet hat,— und dass die Expeditionsarmee zur praktischen Wirklichkeit werden konnte, dies alles ist aus seinem klaren und weitblickenden Geist entsprungen.

Erinnert man sich an seine lange Verteidigung der Territorialen, an die Spöttereien und Hänseleien, denen er wie sie ausgesetzt gewesen, an das Hohngelächter, mit dem man seine Behauptung, auch nach Ausbruch des Krieges sei es noch Zeit, sie zu guten Truppen heranzubilden, ehe sie ins Feld zögen, aufnahm, und sieht man nun ein, wie alles, was er vorhergesagt, sich durchaus bewahrheitet hat, so weiss man nicht, worüber man sich mehr verwundern soll, ob über seine weise Voraussicht oder über den Undank und die Verkehrtheit so vieler seiner Landsleute. Ich meinesteils glaube, die künftigen Generationen werden in Lord Haldane einen der Retter des Landes erblicken.

Wir hatten nach Ausbruch des Kriegs auch ganz besonderes Glück in der Wahl unsrer Führer. Man wird die ruhmreichen Annalen der britischen Geschichte vergeblich durchsuchen, um einen Mann aufzustöbern, der durch Natur und

Erziehung besser für die Stellung eines obersten Kriegsleiters geeignet wäre, als Lord Kitchener. Sein kühl mathematisches Gehirn, seine Fähigkeit, in die Bedingungen des auf das nächste Jahr folgenden sich hineinzudenken, seine ausdauernde, unbeugsame Willenskraft, der Umstand, dass er sich der Politik gänzlich fern hält, alles dies sind Eigenschaften, die ihn zum idealen Führer in solch einem Kriege stempeln. Und was für einen vorzüglichen Mitarbeiter besitzt er an Lloyd George, der gerade das hinzufügt, was dem Soldaten mangelt, die Berührung mit der Demokratie, die feurige Macht der Rede, und die Kenntnis der praktischen Verhältnisse britischen Lebens. Mit solchen Männern in der Heimat, und mit Führern wie wir sie besitzen, von Jellicoe und French die ganze Stufenleiter hinunter, dürfen wir wahrlich leichten Herzens der Zukunft entgegensehen. Unsre Schwierigkeiten sind meist dadurch entstanden, dass während einer begrenzten Periode die geheimen Vorbereitungen der Zentralmächte ihnen zu Lande ein Übergewicht über ihre Nachbarn verschafften. Wir müssen dasjenige, worin wir zurückstehen, herbeischaffen, voll machen, woran wir in Stärke zu kurz kamen. Durch ein Wunder von Organisation und nationaler Gesinnung wird uns das gelingen.

Unsinniger Pessimismus.

Das Schlimmste an diesem unsinnigen Pessimismus ist, dass er Leute, welche ihrer Meinung nach ihr Bestes geleistet haben, entmutigt und ihnen das Gefühl gibt, als bestehe kein Unterschied zwischen Gut und Schlecht. Dazu wirkt er niederschlagend auf das Volk, dem er die unbestimmte Furcht einflösst, es gehe alles schief, während doch fast alles gut gegangen ist. Glücklicherweise ist das Verhalten und die Führung der Flotte grösstenteils von den Nörglern verschont geblieben. Nehmen wir als Beispiel aber einmal die häufig wiederholte Redensart von der Konfusion im Kriegsministerium! Nun gehört die ausserordentliche Leistungsfähigkeit unseres Kriegsministeriums zu den Überraschungen, die der Krieg mit sich gebracht hat. War da ein Wirrwarr, als es so schnell,—so vollständig,—ausgerüstet mit einem Kommissariat, das nicht seines gleichen hat (wie jedermann zugeben muss), und mit einem Transport- und -Sanitäts-Dienst, um den die Alliierten uns beneiden, — die Expeditionsmacht ins Ausland sandte? Mit Anerkennung sprechen wir von der zehnfachen Vergrösserung unsrer Armee, — kann Lord Kitchener so etwas durch das Schwingen eines Zauberstabs vollbringen? Durch die schwere Arbeit und die Organisationskraft des Kriegsministeriums sind alle diese Dinge ausgeführt worden. Das Kriegsministerium hat dies Jahr zehnfache Pflichten auf sich genommen. Was die Munitionsfrage angeht, so hat diese uns und die ganze Welt überrascht; es ist jedoch allbekannt, dass nicht administrative, sondern ökonomische Ursachen den Aufschub in der Herstellung von Sprengstoffen verschuldeten. Ohne Zweifel besitzt der Freihandel seine Vorzüge, er hat aber auch dementsprechende Mängel, und wenn man für Wesentliches von andern Leuten abhängt, anstatt die Vorbereitungen zur Produktion im eignen Lande überwachen zu können, darf man sich nicht wundern, wenn solch eine Krise eintritt, wie wir sie nun glücklich überwunden haben.

Tag für Tag lesen wir unsre Geschichte, und oftmals scheint der Tag finster genug. In künftigen Zeiten wird sie nicht auf diese Weise geschrieben werden. Jetzt bemerken wir jede kleine Regenlache, jedes Stauwässerchen; der Mann der Zukunft aber wird einzig den Lauf des Hauptstroms beachten. Da gibt es keinen Grund zum Pessimismus; wir haben vielmehr alle Ursache, auf den Knien der Macht, die unser Geschick lenkt, Dank darzubringen für den augenscheinlichen Beweis, dass auch jetzt noch Englands klarer Kopf Pläne zu entwerfen weiss, und dass sein starker Arm noch, wie vor alters, zu schlagen versteht.

Arthur Conan Doyle

Kindheitserinnerungen

Ich wurde am 22. Mai 1859 in Edinburgh geboren, genauer gesagt in Picardy Place. Der Name geht auf französische Hugenotten zurück, die sich dort einst angesiedelt hatten. Zur Zeit ihrer Ankunft war es noch ein Dorf außerhalb der Stadtmauern, jetzt aber liegt es am Ende der Queen Street, in unmittelbarer Nähe zum Leith Walk. Bei meinem letzten Besuch schien es ein wenig heruntergekommen, doch damals war es eine gut beleumundete Wohngegend.

Mein Vater war der jüngste Sohn von John Doyle, der unter dem nom de crayon „H. B.“ von cirka 1825 bis 1850 in London in hohem Ansehen stand. Er war um das Jahr 1815 von Dublin zugezogen und darf als Vater der liebenswürdigen Karikatur gelten, denn vormals kam Satire in der ungeschlachten Form daher, das Objekt ihres Spotts mit grotesker Gestalt und Miene darzustellen. Gilray und Rowlandson verfolgten einzig und allein diese Absicht. Mein Großvater war ein Gentleman, er zeichnete Gentlemen für Gentlemen, und die Satire lag im Witz der Abbildung und nicht in der Verunstaltung von Gesichtern. Damals war diese Idee neu, fand jedoch in der Folge bei den meisten Karikaturisten Zuspruch, sodass wir heute damit vertraut sind. In jenen Tagen gab es keine Satirezeitschriften, und „H.B.“s wöchentlicher Cartoon wurde als Lithografie unter die Leute gebracht. Wie mir gesagt wurde, übte er keinen geringen Einfluss auf die Politik aus und war mit vielen führenden Männern der Zeit gut bekannt. Ich erinnere mich an ihn, als er schon alt war, ein sehr gut aussehender und würdevoller Mann mit den ausgeprägten Zügen eines Anglo-Iren, wie sie auch der Duke of Wellington besaß. Er starb 1868.

Mein Großvater war Witwer mit einer vielköpfigen Familie, von der vier Knaben und ein Mädchen überlebten. Von den Söhnen machte sich jeder einen Namen, denn sie alle hatten die künstlerische Ader ihres Vaters geerbt. Der älteste, James Doyle, verfasste The Chronicles of England, die er eigenhändig in Farbe illustrierte – Farbdrucke einer Qualität, die alles Spätere auf diesem Gebiet, was mir bisher vor Augen gekommen ist, übertreffen. Er verwandte zudem dreizehn Jahre auf The Official Baronage of England, ein wunderbares Monument von Fleiß und Gelehrsamkeit. Ein weiterer Bruder war Henry Doyle, ein großer Kenner alter Gemälde und späterer Leiter der National Gallery in Dublin, wofür er zum Companion of the Order of the Bath ernannt wurde. Der dritte Sohn war Richard Doyle, der mit seinem schrulligen Humor im Punch Berühmtheit erlangte. Das von ihm gestaltete Titelblatt mit den tanzenden Elfen dürfte immer noch vielen vertraut sein. Zu guter Letzt kam Charles Doyle, mein Vater.

Die Familie Doyle hatte offenbar dank den Talenten meines Großvaters ein recht gutes Auskommen. Man wohnte in London, Cambridge Terrace. Eine Skizze des Familienlebens findet sich in Dicky Doyle's Diary. Man lebte dem Einkommen gemäß, was mit sich brachte, dass für die Söhne entsprechende Stellungen gefunden werden mussten. Als meinem Vater im Alter von erst neunzehn Jahren ein Posten im Regierungsamt für öffentliche Bauten in Edinburgh angeboten wurde, nahm er ihn an. Dort verbrachte er sein Arbeitsleben, und so kam es, dass ich – von Abkunft Ire – in der schottischen Hauptstadt zur Welt kam.

Die Doyles waren anglo-normannischer Herkunft und streng römisch-katholisch. Der Stammvater Doyle, oder D'Oil, war ein jüngerer Spross der Staffordshire Doyles, denen Sir Francis Hastings Doyle und viele andere herausragende Männer entstammten. Dieser Spross nahm an der Eroberung Irlands teil und wurde mit Ländereien in der Grafschaft Wexford entlohnt, wo ein großer Klan von Abkömmlingen aus ehelichen und unehelichen Kindern heranwuchs, die alle den Namen des Feudalherren trugen; nicht anders hatten die de Burghs den Burke-Klan begründet. Unser einziger Anspruch darauf, der Hauptlinie anzugehören, besteht darin, dass wir Charakter und Aussehen mit den englischen Doyles gemein haben und seit jeher sowohl Helmzier als auch Wappen teilen.

Wie die meisten alteingesessenen irischen Familien im Süden hielten meine Vorfahren bei der Reformation dem alten Glauben die Treue und fielen in der Folge der Strafgesetzgebung zum Opfer. Der Landadel hatte dermaßen schwer darunter zu leiden, dass mein Urgroßvater sein Anwesen aufgab und sich als Seidenhändler in Dublin niederließ, wo „H.B.“ zur Welt kam. Diese Familiengeschichte wurde merkwürdigerweise von Monsignore Barry Doyle bestätigt, einem Nachfahren des jüngeren Bruders meines Urgroßvaters und, wie ich glaube, zu einem hohen Würdenträger der Katholischen Kirche ausersehen.

Der Leser möge mir meine Abschweifungen in diese Familienangelegenheiten nachsehen, die für die Familie zwar von eminenter Wichtigkeit sind, den Außenstehenden jedoch langweilen dürften. Da ich gerade beim Thema bin, möchte ich ein Wort über die Familie meiner Mutter verlieren, umso mehr als sie sich sehr für Ahnenforschung interessierte. Mit der Hilfe von Sir Arthur Vicars, dem King of Arms der Provinz Ulster und außerdem mit ihr verwandt, hatte sie ihre Herkunft mehr als fünfhundert Jahre zurückverfolgt und einen Stammbaum aufgezeichnet, den ich gerade vor mir ausgebreitet habe und auf dem manch eine große Persönlichkeit ihren Platz gefunden hat.

Ihr Vater, William Foley, Doktor des Trinity College, verstarb jung und ließ seine Familie in vergleichsweiser Armut zurück. Er hatte eine gewisse Katherine Pack geheiratet, deren Totenbett – oder vielmehr die auf jenem Bett liegende wächserne Gestalt – meine allererste Lebenserinnerung darstellt. Ein naher Verwandter von ihr – der Onkel, wenn ich mich nicht täusche – war Sir Denis Pack, der die Schottische Brigade in Waterloo kommandierte. Den Packs lag das

Kämpfen im Blut, was nicht verwundert, stammen sie doch in direkter Linie von einem Major in Cromwells Armee ab, der sich in Irland niedergelassen hatte. Einer von ihnen, Anthony Pack, ging in der oben genannten Schlacht eines Teils seines Kopfes verlustig. Daher befürchte ich, es gehört zu unserer Familientradition, dass wir im Gefecht den Kopf verlieren. Sein Hirn wurde daraufhin mit einer Silberplatte abgedeckt, und er lebte noch viele Jahre ohne Beschwerden, sieht man einmal von äußerst heftigen Wutanfällen ab, die manch einer von uns aus weit geringerem Grund bekommt.

Besondere Bedeutung gewann die Familiengeschichte dadurch, dass um die Mitte des siebzehnten Jahrhunderts Reverend Richard Pack, Vorsteher des Kilkenny College, Mary Percy ehelichte, Erbin des irischen Zweigs der Percys von Northumberland. Das war bereits das dritte Mal, dass wir in das illustre Geschlecht der Plantagenets einheirateten (und mir liegt jede Generation namentlich vor, so wie es meine liebe Mutter aufgezeichnet hat). Man trägt mithin ein paar ungeahnte Tropfen Blut von edler Herkunft in sich, und man kann nur hoffen, es sei auch edel in der Anlage.

Diese Ahnengeschichte änderte nichts an der Tatsache, dass Katherine Pack, die irische Dame von Stand, sehr arm war, als sie verwitwet nach Edinburgh kam. Mir war nie ganz klar, warum sie ausgerechnet nach Edinburgh zog. Nachdem sie sich eine Wohnung genommen hatte, ließ sie verlauten, dass ihr ein Untermieter willkommen wäre. Just zu der Zeit, also um 1850 herum, entsandte man Charles Doyle von London mit einem Empfehlungsschreiben an die Geistlichkeit, man solle die jungen Sitten und den knospenden Glauben des Neuankömmlings behüten. Wie konnte man dem besser entsprechen als durch seine Einquartierung bei einer rechtgläubigen Witwe aus gutem Hause? Und so fanden sich zwei unterschiedliche Linien von irischen Auswanderern unter einem Dach wieder.

Ich besitze ein kleines Bündel Briefe aus jener Zeit, die mein Vater geschrieben hat. Sie sind des Lobes voll über die Freundlichkeit, die ihm begegnete, enthalten aber ebenso viele interessante Bemerkungen über die raue, trinkfeste und gutmütige schottische Gesellschaft, mit der er in einem gefährlich jungen Alter konfrontiert wurde, zumal in Anbetracht seines künstlerischen Temperaments. Zwar diente ihm die Religion als guter Leitfaden, doch seine Umgebung machte es ihm alles andere als leicht. Im Haus lebte auch eine jüngere Tochter, Mary, die sehr intelligent war und strahlende Augen hatte. Sie reiste bald nach Frankreich ab und kehrte als sehr kultivierte junge Dame zurück. Die Romanze lässt sich leicht erklären, und so heiratete Charles Doyle im Jahr 1855 Mary Foley, meine Mutter. Vorerst wohnten sie weiterhin bei meiner Großmutter.

Ihre Mittel waren begrenzt, denn sein Gehalt als Staatsbeamter betrug nicht mehr als etwa 240 Pfund. Er verdiente sich mit seinen Zeichnungen etwas hinzu. Daran änderte sich praktisch sein Lebtag lang nichts, denn er war nicht sonderlich ehrgeizig und wurde bei Beförderungen für gewöhnlich übergangen. Der Malerei widmete er sich nur sporadisch, und der Erlös kam nicht immer der Familie zugute – Edinburgh ist voller Aquarelle, die er verschenkte. Es ist eines meiner unausgeführten Projekte, so viele seiner Bilder wie möglich zusammenzutragen und eine Charles-Doyle-Ausstellung in London zu veranstalten. Die Kritiker würden überrascht feststellen, was für ein großartiger und origineller Künstler er war – meiner Meinung nach der mit Abstand größte unserer Familie. Sein Pinsel war nicht nur um Elfen und derlei zarte Themen bemüht, sondern auch um wilde und furchterregende Motive, sodass sein Werk ein ganz eigenständiger Stil auszeichnete, verfeinert durch einen natürlichen Sinn für Humor. Er war furchteinflößender als Blake und nicht so morbid wie Wiertz. Seine Einzigartigkeit zeigt sich insbesondere darin, dass man kaum weiß, mit wem man ihn vergleichen könnte. Im prosaischen Schottland jedoch rief er anstatt Bewunderung vielmehr Verwunderung hervor, und im großen, weltläufigen London war er lediglich für seine Federzeichnungen als Buchillustrator bekannt, und darin lag seine Stärke nicht gerade. Kurzum, all seine Einkünfte zusammengenommen, standen meiner Mutter nie mehr als durchschnittlich 300 Pfund im Jahr zur Verfügung, um eine große Familie aufzuziehen. Wir lebten in der kargen und abhärmenden Atmosphäre der Armut, und einer nach dem anderen gaben wir unser Bestes, um unsere jüngeren Geschwister zu unterstützen. Meine edelmütige Schwester Annette, die just dann verstarb, als der Sonnenschein besserer Tage in unser Leben drang, ging in einem sehr zarten Alter als Gouvernante nach Portugal und schickte ihren gesamten Lohn nach Hause. Meine jüngeren Schwestern Lottie und Connie taten es ihr gleich. Und ich half, wo ich konnte. Dennoch war es meine liebe Mutter, auf deren Schultern die schwere Last hauptsächlich ruhte. Oft sagte ich zu ihr: „Wenn du einmal alt bist, Mama, sollst du im Samtkleid und mit einer goldenen Brille gemütlich am Kaminfeuer sitzen." Gott sei Dank ging das in Erfüllung. Mein Vater, fürchte ich, war ihr keine große Hilfe. Er schwebte immer in den Wolken und konnte dem Ernst des Lebens nichts abgewinnen. Der Welt, nicht der Familie, gelten die Früchte des Genies.

Über meine Kindheit gibt es wenig zu sagen, außer dass sie zu Hause spartanisch und in der Schule noch spartanischer verlief, wo ein Schlagriemen schwingender Lehrer von altem Schrot und Korn uns das junge Leben zur Hölle machte. Von sieben bis neun Jahren litt ich unter diesem pockennarbigen, einäugigen Schuft, der leibhaftig aus Dickens Seiten entstiegen zu sein schien. Abends waren Elternhaus und Bücher mein einziger Trost, abgesehen von freien Wochenenden. Meine Kameraden waren raue Burschen, und aus mir wurde ebenfalls ein rauer Bursche. Sollte der Vorstellung der Wiedergeburt etwas Wahres anhaften – eine Frage, auf die ich noch keine schlüssige Antwort habe –, dann muss ich früher einmal als grimmiger Kämpfer gelebt haben, zeigte sich dieser Zug doch deutlich in meiner Jugend, wenn ich mich lustvoll ins Kampfgetümmel stürzte. Wir wohnten eine Zeit lang in einer Sackgasse, in der es sehr lebhaft zuging und eine unerbittliche Fehde zwischen den kleinen Jungs der beiden Straßenseiten ausgetragen wurde. Schließlich kam es zu einem Entscheidungskampf zwischen den beiden Champions. Ich vertrat die ärmeren Jungs aus den Mietshäusern, und mein Rivale die reicheren Jungs aus den Villen der anderen Straßenseite. Wir traten im Garten einer dieser Villen gegeneinander an und trugen einen hochkarätigen Kampf über viele Runden aus. Keiner von uns beiden verfügte jedoch über die Kraft, den anderen niederzuringen. Als ich nach dem Kampf nach Hause kam, rief meine Mutter aus: „Oh, Arthur, dein Auge sieht ja furchtbar aus!“ Worauf ich erwiderte: „Du solltest mal Eddie Tullochs Auge sehen!“

Ich erlitt verdientermaßen einen Rückschlag, als ich den Gesellen eines Stiefelmachers herausforderte, der in unserem Viertel eine Auslieferung besorgte. In seiner Hand hatte er eine grüne Flanelltasche, die einen schweren Stiefel enthielt, und er schwang sie mir mit solcher Wucht an den Schädel, dass ich das Bewusstsein verlor. Das war mir eine nützliche Lehre. Ich halte mir jedoch zugute, dass ich trotz meiner Angriffslust niemals auf Schwächere losging, ja dass einige meiner Eskapaden darauf zielten, Schwächeren beizustehen. Wie das Kapitel über Sport zeigen wird, habe ich meine Neigungen in eine spätere Lebensphase mitgenommen.

Ein paar Momentaufnahmen gibt es noch, die der Erinnerung wert sind. Wenn die vornehmen Londoner Freunde meines Großvaters durch Edinburgh reisten, pflegten sie zu unserer gelegentlichen Beschämung bei der kleinen Wohnung vorbeizukommen, um „nachzusehen, wie sich Charles so macht“. Ich war noch ganz klein, als ein solcher Besucher seine Aufwartung machte, groß, mit weißem Haar und sehr umgänglich. Ich war noch so jung, dass es mir wie ein verschwommener Traum vorkommt, und doch erfüllt es mich mit Wohlgefallen, wenn ich daran denke, auf Thackerays Knien gesessen zu haben. Er war ein großer Bewunderer meiner zierlichen Mutter mit ihren grauen, irischen Augen und ihrem lebhaften keltischen Naturell. In der Tat begegnete ihr niemand, den sie nicht in ihren Bann schlug.

Einmal war mir sogar ein Blick in die Geschichte vergönnt. Es war 1866, wenn ich mich richtig erinnere, als uns wohlhabende irische Verwandte für einige Wochen zu sich einluden, und wir verlebten diese Zeit in einem großen Anwesen in King's County. Ich brachte viel davon mit den Pferden und Hunden zu und freundete mich mit dem jungen Stallburschen an. Von den Stallungen gelangte man durch einen Torbogen mit darüberliegender Dachkammer auf eine Landstraße. Eines Morgens – ich hielt mich gerade im Hof auf – sah ich den jungen Stallburschen ganz verängstigt in den Hof stürmen und eiligst die Tore schließen und verriegeln. Dann stieg er zur Dachkammer hoch und winkte mich zu sich hinauf. Vom Fenster aus sahen wir eine Bande vierschrötiger Gesellen, ungefähr zwanzig an der Zahl, die behäbig den Weg entlangschlenderten. Auf Höhe des Tores angelangt, blieben sie stehen, schauten zu uns hinauf und drohten uns fluchend mit den Fäusten. Der Stallbursche erwiderte nicht weniger wortreich. Später erfuhr ich, dass es sich bei diesen Männern um Fenier gehandelt hatte und ich Zeuge von Unruhen geworden war, die das arme alte Irland immer wieder heimsuchten. Vielleicht geht es jetzt endlich damit zu Ende.

In den ersten zehn Lebensjahren war ich ein begieriger Leser, so begierig, dass die kleine Bücherei, die wir benutzten, meiner Mutter mitteilte, Bücher würden nicht häufiger als zweimal pro Tag ausgetauscht. Meine Vorlieben waren ganz die eines Jungen, denn Mayne Reid war mein Lieblingsautor, und seine Scalp Hunters mein Lieblingsbuch. In jungen Jahren schrieb ich selbst ein kleines Buch und illustrierte es auch. Darin kamen ein Mann und ein Tiger vor, die bald nach ihrer Begegnung ineinander verschmolzen. Ich erklärte meiner Mutter neunmalklug, dass man Menschen leicht in eine schwierige Lage bringen, sie aber nicht ganz so leicht wieder daraus befreien könne – eine Erfahrung, die sicherlich jeder Autor von Abenteuergeschichten gemacht hat.

Max Kleinschmidt

Conan Doyle und die Detektivgeschichte

Nachwort

[zu A. Conan Doyle, Das Geheimnis von Cloomber.
Die Rechtschreibung der Originalveröffentlichung wurde beibehalten]

Der Verfasser des „Geheimnisses von Cloomber Hall“, Sir Arthur Conan Doyle, stammt aus einer künstlerisch hervorragend begabten Familie. Sein Großvater und sein Onkel waren berühmte Karikaturenzeichner, letzterer auch langjähriger Mitarbeiter des Witzblattes „Punch“, dessen Umschlagzeichnung von ihm stammt. Auch sein Vater, der am Finanzamt in Edinburg angestellt war, hatte ausgesprochen künstlerische Neigungen und Fähigkeiten.

Conan Doyle wurde am 22. Mai 1859 in Edinburg [sic!] geboren, empfing die Grundlagen seiner Bildung auf dem katholischen Gymnasium Stonyhurst und in Deutschland, studierte an der Edinburger Universität Medizin und ließ sich 1882 als praktischer Arzt in dem Badeort Southsea bei Portsmouth nieder, wo er sich 1886 verheiratete.

Nachdem er größere Reisen nach den Polargegenden und nach der Westküste von Afrika gemacht hatte, gab er 1890 seine ärztliche Praxis auf, um sich ganz der Literatur zu widmen.

Den Burenkrieg machte er als Militärarzt mit; für seine Bemühungen, die Zeitgenossen in Europa und in den Vereinigten Staaten über die Ursachen des Krieges und seine Führung durch die Engländer aufzuklären, wurde er 1902 in den

Ritterstand erhoben. Weniger erfolgreich war er in der Politik: seine Versuche, im Jahre 1900 als Vertreter von Edinburg ins Parlament zu gelangen, waren vergeblich.

Die in diesem Bändchen veröffentlichte Erzählung „Das Geheimnis von Cloomber Hall“ gehört zu Doyles frühen Werken, zeigt aber seine Kunst, mit einfachsten Mitteln atemlose Spannung zu wecken, zu unterhalten und überraschende Lösungen herbeizuführen, schon voll ausgebildet. Der Stoff lag einem Engländer nicht so fern wie einem Deutschen der damaligen Zeit. Das Interesse für den Buddhismus war durch Edwin Arnolds Gedicht „Die Leuchte Asiens“ in weiteste Kreise getragen und hatte durch die theosophische Werbetätigkeit der Frau Blavatzki neue Nahrung erhalten. Der Glaube an übernatürliche Kräfte, die im Menschen schlummern und durch die sogenannte Jogatechnik geweckt werden können, ist in den englisch sprechenden Ländern weit verbreitet; die in Deutschland bis in die jüngste Zeit herrschende Skepsis hat es dort nie gegeben. Die Verwendung eines Motivs, wie es das der gespenstischen Klingel ist, das man in Deutschland früher nur in der Kolportageliteratur geduldet hätte, erregte daher bei englischen Lesern um so weniger Anstoß, je gebildeter sie waren.

Anerkannter und unerreichter Meister ist Conan Doyle aber in einer Literaturgattung modernen Ursprungs, in der sogenannten Detektivgeschichte.

Das Mutterland der Detektivgeschichte ist Frankreich, und ihr Vater ein bekehrter Dieb namens Vidocq, der im Jahre 1817 in Paris das erste amtliche Detektivbureau organisierte und nach zehnjähriger Tätigkeit im Staatsdienste durch die Herausgabe seiner Erinnerungen die Detektivliteratur ins Leben rief. Diese Erinnerungen wurden sofort ins Englische übersetzt und erlebten viele Auflagen, in England sowohl wie in den Vereinigten Staaten. Die größten Meister der Erzählungskunst: Balzac, Alexander Dumas, Eugen Sue, Victor Hugo in Frankreich, Dickens in England, verdanken diesen Memoiren eines ehemaligen Verbrechers die wertvollsten Anregungen; und die Meister der Detektivgeschichte, der

Amerikaner Edgar Allan Poe, der Franzose Gaboriau, der Engländer Conan Doyle wurzeln ganz und gar darin.

Der Detektiv muß Eigenschaften in sich vereinigen, die bis zu einem gewissen Grade einander ausschließen: er muß ein Dichter sein, um das Seelenleben seiner Gegner nacherleben zu können; er muß ein scharfer Denker sein, um aus den geringfügigen Einzelheiten, die seiner Beobachtung zugänglich sind, lange Ketten von Schlüssen ziehen zu können; er muß endlich ein Mann der Tat sein, um sein Opfer, nachdem er es aufgespürt hat, auch zur Strecke bringen zu können.

Dupin, der Held der Poeschen Erzählungen, verkörpert den rein intellektuellen Detektiven, den Dichter, der sich mit dem Verbrecher seelisch identifiziert und dadurch in den Stand versetzt wird, dessen Gedanken noch einmal zu denken, der aber mit dieser Fähigkeit des Einfühlens und Nacherlebens den zergliedernden Verstand des Mathematikers verbindet. Bei Poe gibt es keine atemlosen Verfolgungen über Dächer und Gasometer, wie sie Ernst Reichert und Max Landa so gern im Film zeigen; Dupin ist nur ein Rätselrater und Problemlöser. Eine Frau und ihre Tochter werden in einem Hause der Rue Morgue in Paris ermordet aufgefunden. Nachbarn haben eine seltsame Stimme gehört: der Mörder muß übermenschliche Kraft und Gewandtheit besessen haben und kann nur am Blitzableiter in das Zimmer der Ermordeten hineingelangt sein. Jedes glaubhafte Motiv für die Tat fehlt. Die Polizei ist ratlos; nur Dupin kommt auf die Vermutung, daß nicht ein Mensch, sondern ein großer Affe der Täter gewesen sein muß, und die Bekenntnisse des Eigentümers des Affen bestätigen seine Annahme.

Ein Rätsel lösen, das man selbst aufgegeben hat, ist schließlich kein Kunststück: Poe zeigte aber, daß er ebenso schwierige Rätsel auch dann lösen konnte, wenn sie von ändern aufgegeben waren, indem er z. B. die sehr verwickelte Fabel des damals gerade erscheinenden Romans „Our Mutual Friend“ (Unser gemeinsamer Freund) von Charles Dickens lange vor dem Erscheinen der letzten Lieferung richtig angab und im „Mystery of Marie Roget“ einen rätselhaften Mord aufklärte, der im Jahre 1842 an einer Neuyorker Zigarrenmacherin ähnlichen Namens begangen war. Auch hier waren alle Anstrengungen der Polizei, das Geheimnis aufzuklären, vergeblich gewesen; als aber zwei an dem Morde Beteiligte später ein Geständnis ablegten, stellte es sich heraus, daß alles sich genau so zugetragen hatte, wie Poe erzählt hatte.

Das Meisterstück dieser Glättung ist „The Purloined Letter“ (Der entwendete Brief). Ein intriganter Minister hat einer hochgestellten Persönlichkeit einen kompromittierenden Brief stehlen lassen. Die Polizei durchsucht das Haus des Ministers, öffnet alle Schränke, Schreibtische, Kommoden, durchsägt Tisch- und Stuhlbeine, überfällt den Minister auf der Straße und durchsucht ihn auch persönlich; alles vergebens. Der Polizeipräfekt ist eben nur ein gewandter Routinier, ein bloßer Mathematiker, kein Dichter, der fähig ist, fremdes Seelenleben wie eigenes zu erleben. Nur so kann er aber verstehen, was für Vorsichtsmaßregeln ein Verbrecher treffen wird. Dupin wird zu Rate gezogen, verspricht, den Brief bis zum nächsten Tage herbeizuschaffen und liefert ihn auch richtig zur angegebenen Zeit ab. Seine Methode ist ebenso genial wie einfach. Er sagt sich: der Minister kennt den Polizeipräfekten und die gedankenlose Gleichmäßigkeit polizeilicher Maßnahmen. Er wird den Brief daher ganz sicher nirgends versteckt haben, wo die Polizei ihn suchen würde. Die Polizei sucht aber ganz sicher das Haus und die Person des Ministers ab. Also hat er den Brief weder in seinem Hause noch an seiner Person versteckt; ja noch mehr: wahrscheinlich hat er ihn überhaupt nicht versteckt, sondern irgendwo ganz offen hingelegt, wo ihn jeder auf den ersten Blick sehen muß. Je offener der Brief nämlich daliegt, um so weniger wird ein Polizist auf den Gedanken kommen, daß dies das so lange vergeblich gesuchte Schriftstück sein könnte. Er wird den Brief zwar sofort sehen, aber gerade deswegen überhaupt nicht beachten. Dupin besucht also den Minister, sieht den Brief ganz offen in einem Kartenhalter stecken, vertauscht ihn bei einem zweiten Besuch mit einem ähnlich aussehenden und liefert den richtigen Brief an den Eigentümer ab.

Das Gegenstück zu diesem rein geistigen Detektiven Poes sind die Helden Gaboriaus, Vater Tabaret, der Amateur, und

Lecoq, der Professional. Beide sind weder Denker noch Dichter, sondern Jäger. Sie analysieren nicht und spinnen keine Theorien, sondern hetzen den Verbrecher wie Bluthunde, die eine Fährte verfolgen. Kombiniert man diese beiden Typen und stattet sie mit den Kenntnissen eines modernen Chemikers, Physikers, Bakteriologen, Graphologen und Mediziners aus, so hat man Sherlock Holmes, den Helden der Conan Doyleschen Erzählungen. Dupin ist verkörperter Geist, Lecoq verkörperte Energie: Sherlock Holmes ist Energie, beherrscht von Geist und maskiert durch ruhige Gleichgültigkeit. Er verbindet die Eigenschaften Dupins und Lecoqs, aber er ist wahrscheinlicher als beide, weil er außer Geist und Energie auch exakte Kenntnisse besitzt und daher mehr seinen Fähigkeiten, weniger dem Zufall verdankt als die beiden andern. Auch in der Darstellung verbindet Conan Doyle die knappe Berichterstattung Poes mit der Art Gaboriaus, die eigentliche Erzählung zu unterbrechen, um durch die eingefügte Lebensgeschichte des Verbrechers dessen Beweggründe darzulegen.

Außer diesen literarischen Mustern scheint Doyle aber auch noch ein lebendiges Vorbild für seinen Helden gehabt zu haben. Er hatte als Student in Edinburg bei einem Professor Dr. Bell gehört, der die Fähigkeit und die Gewohnheit hatte, aus den geringfügigsten, von allen andern übersehenen Kleinigkeiten die ganze Lebensweise des Patienten, seinen Charakter und seine Vergangenheit aufzubauen. Dieser lebende Dupin scheint das Modell für Sherlock Holmes gewesen zu sein.

Das Schema der Sherlock-Holmes-Geschichten ist fast immer dasselbe. Ein Dr. Watson besucht seinen Freund Sherlock Holmes in dessen Wohnung in Baker Street, erhält dort einen neuen Beweis von dessen durchdringender Verstandeskraft oder wird von ihm in irgendein neues Geheimnis eingeweiht. Die Klingel geht und ein Klient kommt herein. Wenn Holmes seinen Freund nicht schon über die Wünsche des Klienten aufgeklärt hat, so erzählt dieser jetzt seine Geschichte; im andern Falle bringt er neue Einzelheiten dazu. Nachdem der Detektiv sich bereit erklärt hat, den Fall aufzuklären, geht der Klient weg, und bald darauf macht sich Holmes entweder allein oder in Gesellschaft seines Freundes auf den Weg nach dem Schauplatz des Verbrechens, untersucht alles genau und verhört diese oder jene ihm verdächtig erscheinende Person. Die Lösung des Rätsels erfolgt entweder zu Hause oder an Ort und Stelle nach aufregenden Zwischenfällen. In jedem Falle liebt Holmes eine überraschende Enthüllung. Einen Bauunternehmer aus Norwood räuchert er aus seinem Versteck heraus; einem geängstigten Diplomaten zeigt er ein gestohlenes Dokument in demselben Kasten, aus dem es entwendet worden ist: er streicht ein vermißtes Rennpferd an und läßt es in einem Jagdrennen unter den Augen des ahnungslosen Eigentümers laufen, oder er serviert in einer Schüssel zum Frühstück den Vertrag, dessen Verlust den Frühstückenden zu ruinieren gedroht hat.

Obgleich Holmes in erster Linie ein Denker ist, erweist er sich doch zuweilen als genau so tätig wie ein Detektiv aus der Schule Gaboriaus. In der Erzählung „A Scandal in Bohemia“ soll er kompromittierende Briefe wieder holen, die sich in den Händen einer Abenteurerin befinden. Er verfolgt die Dame zu ihrer heimlichen Trauung, tritt hervor, um dabei als Zeuge zu dienen, verkleidet sich als Geistlicher, arrangiert einen Streit vor ihrem Hause und läßt Watson „Feuer!“ rufen, damit er, als die Dame ihre Papiere vor der vermeintlichen Gefahr in Sicherheit bringt, sich den Ort merken kann, wo sie diese versteckt hat. In „The Adventure of Milverton“ brechen Holmes und Watson auf der Suche nach gewissen Dokumenten in das Haus eines Erpressers ein, werden Zeugen der Ermordung des Erpressers durch seine Geliebte, verbrennen den Inhalt seines Geldschranks und entkommen.

Seine eigentliche Spezialität ist aber die scharfsinnige und phantasievolle Ausdeutung von scheinbar belanglosen Kleinigkeiten. Aus der Form eines Hutes erschließt er den Charakter seines Trägers; an einem goldenen Kneifer erkennt er, daß dessen Eigentümerin eine gut angezogene Dame mit runden Schultern, gerunzelter Stirn, spähendem Gesichtsausdruck, dicker Nase und dicht zusammenstehenden Augen ist, die in der letzten Zeit zweimal beim Optiker gewesen sein muß. In seiner „Double-Barrelied Detective Story“ (Eine

„doppelläufige“ Detektiv-Geschichte) hat Mark Twain diesen fast übermenschlichen Scharfsinn sehr lustig parodiert, indem er zeigt, daß man aus denselben Voraussetzungen mit genau derselben Folgerichtigkeit auch das Gegenteil schließen kann.

Conan Doyle hat, wie erwähnt, seine Erziehung zum Teil in Deutschland empfangen, und auf diesen Umstand ist vielleicht der recht unenglische Charakter seines Helden zurückzuführen. Holmes ist nämlich alles andere als ein Geschäftsmann; aufs Geldverdienen versteht er sich gar nicht; im Gegenteil: er zeigt in diesem Punkte die ganze Gleichgültigkeit des echten Künstlers, dem es nur um sein Werk, nicht um die Entlohnung zu tun ist. Er spürt Verbrechen auf, weil ihm die Lust an der Jagd und am Geheimnis im Blute sitzt, Geld nimmt er nur selten an und ist es ganz zufrieden, wenn seine berufsmäßigen Kollegen die Belohnung einheimsen, die er verdient hat. Das ist sehr ideal und sehr deutsch, auf keinen Fall aber englisch. Englisch waren die Methoden des berüchtigten englischen Detektiven Jonathan Wild, der erst das Verbrechen selbst veranlaßte, dann die Verbrecher zur Strecke brachte, die Belohnung dafür einsteckte und sich dann auch noch für die Wiederherbeischaffung der gestohlenen Waren bezahlen ließ.

BIBLIOGRAPHISCHER ANHANG

Reihenüberblick

Sir Arthur Conan Doyle. Ausgewählte Werke
Verlag 28 Eichen, Barnstorf

Band 1: Das Geheimnis von Cloomber
Band 2: Ein gefährlicher Ausflug
Band 3: Im Giftstrom
Band 4: Die Abenteuer des Louis de Laval
Band 5: Mammon & Co.
Band 6: Die verlorene Welt
Band 7: Der Parasit
Band 8: Geschichten am Kamin
Band 9: Die Abenteuer des Brigadier Gérard. Band 1
Band 10: Die Abenteuer des Brigadier Gérard. Band 2
Band 11: Die grüne Flagge
Band 12: Mein Freund der Mörder
Band 13: Die Réfugiés
Band 14: Die Abenteuer des Micha Clarke
Band 15: Ein Duett
Band 16: Lady Sannox
Band 17: Sherlock Holmes 1: Späte Rache
Band 18: Sherlock Holmes 2: Das Zeichen der Vier
Band 19: Sherlock Holmes 3: Die Abenteuer
Band 20: Sherlock Holmes 4: Die Erinnerungen

Band 21: Sherlock Holmes 5: Der Baskerville-Hund
Band 22: Sherlock Holmes 6: Die Auferstehung
Band 23: Sherlock Holmes 7: Das Tal der Angst
Band 24: Sherlock Holmes 8: Die Zugabe
Band 25: Sherlock Holmes 9: Das Archiv
Band 26: Der Krieg in Südafrika
Band 27: Das Congoverbrechen
Band 28: Der Tauchbootkrieg
Band 29: Lord Barrymore
Band 30: Die rote Lampe
Band 31: Die Bekenntnisse des Stark Munro
Band 32: Der Silberspiegel
Band 33: Das Grauen
Band 34: Der Skandal im Regiment
Band 35: Das Duell
Band 36: Das Nebelland
Band 37: Der Rand des Unbekannten
Band 38: Sir Nigel
Band 39: Mr. Raffles Haw
Band 40: White Company
Band 41: Vor der Stadt
Band 42: Napoleons großer Schatten
Band 43: Rodney Stone
Band 44: Erinnerungen und Abenteuer

Supplement 1: Das Spukhaus

Titelverzeichnis

Romane und Buchausgaben

Originaltitel • deutscher Titel
Ü[bersetzer] – (Medienteam Verlagsgesellschaft abgekürzt als: MV)

Die Sortierung der Titel folgt streng alphabetisch, wobei auch Artikel in die Sortierung einbezogen sind. (Die althergebrachte bibliothekarische Gepflogenheit, bestimmte und unbestimmte Artikel bei der Sortierung unberücksichtigt zu lassen, mag für die Arbeit mit Karteikarten und Zettelkästen sinnvoll gewesen sein; ich habe mich immer schon daran gestört, da zu einem Buchtitel nun einmal auch der führende Artikel gehört und es viel einfacher ist, den Titel so zu nehmen, wie er ist und nicht wie er – nach bibliographischen Regeln, die alle jahrelang ohnehin wechseln – sein sollte.)

A Duett with an Occasional Chores • Ein Duett
Ü: Leopold Rosenzweig
A Study in Scarlet • Sherlock Holmes 1: Späte Rache
Ü: MV
Beyond the City • Vor der Stadt
Ü: Olaf R. Spittel
Danger • Der Tauchbootkrieg
Ü: Stanislaus Schanzer
Danger! And Other Stories • Lady Sannox / Lord Barrymore / Der Tauchbootkrieg
Ü: Reinhard Hillich, Adolf Gleiner, Anne Koch, Rudolf Lautenbach, MV, Olaf R. Spittel, Sara Walczyk, Stanislaus Schanzer
His Last Bow • Sherlock Holmes 8: Die Zugabe
Ü: MV
Memories and Adventures • Erinnerungen und Abenteuer
Ü: Mandana Bagheri, Maximilian Boßeler, Martin Fischer, Heike Holtsch, Britta Köhler, Kristina Mund, Eva Scharenberg, Anja Schindler, Jennifer Thomas, Sara Walczyk, Constanze Wehnes, Fabienne Weuffen
Micah Clarke • Die Abenteuer des Micha Clarke
Ü: Robert Koenig

My Friend the Murderer • Mein Freund der Mörder
Ü: Nadine Erler, Adolf Gleiner, Reinhard Hillich
Mysteries and Adventures. s.: The Gully of Bluemansdyke and Other Stories
Rodney Stone • Rodney Stone
Ü: Mandana Bagheri, Martin Fischer, Heike Holtsch, Britta Köhler, Kristina Mund, Eva Scharenberg, Anja Schindler, Jennifer Schwartz, Jennifer Thomas, Sara Walczyk, Constanze Wehnes, Zita Weiß, Fabienne Weuffen
Round the Fire Stories • Geschichten am Kamin
Ü: Carl Feßler, Reinhard Hillich, Olaf R. Spittel
Round the Red Lamp • Lady Sannox / Die rote Lampe
Ü: Reinhard Hillich / Nadine Erler
Sir Nigel • Sir Nigel
Ü: Nadine Erler
Tales of Long Ago • Der Silberspiegel
Ü: Nadine Erler
The Adventures of Gerard • Die Abenteuer des Brigadier Gérard. Bd. 1
Ü: Luise Schroeter, Rudolf Lautenbach, MV, Reinhard Hillich
The Adventures of Sherlock Holmes • Sherlock Holmes 3: Die Abenteuer
Ü: MV
The Captain of the Polestar • Lady Sannox / Lord Barrymore
Ü: Reinhard Hillich, Adolf Gleiner, Anne Koch, Rudolf Lautenbach, MV, Olaf R. Spittel, Sara Walczyk
The Case-Book of Sherlock Holmes • Sherlock Holmes 9: Das Archiv
Ü: MV
The Crime of the Congo • Das Congoverbrechen
Ü: Kurt Abel-Musgrave
The Doings of Raffles Haw • Mr. Raffles Haw
Ü: Bastian Ludwig
The Edge of the Unknown • Der Rand des Unbekannten
Ü: Reinhard Hillich
The Exploits of Brigadier Gérard • Die Abenteuer des Brigadier Gérard. Bd. 2
Ü: Luise Schroeter, Rudolf Lautenbach
The Firm of Girdlestone • Mammon & Co.
Ü: NN
The Great Shadow • Napoleons großer Schatten
Ü: Detlef Fischer
The Green Flag and Other Stories of War and Sport • Die grüne Flagge
Ü: Reinhard Hillich, MV, Olaf R. Spittel
The Gully of Bluemansdyke and Other Stories / Mysteries and Adventures • Mein Freund der Mörder
Ü: Nadine Erler, Adolf Gleiner, Reinhard Hillich
The Hound of the Baskervilles • Sherlock Holmes 5: Der Baskerville-Hund
Ü: MV
The Land of Mist • Das Nebelland
Ü: Eve Fritsche
The Last Galley • Lady Sannox / Der Silberspiegel
Ü: Reinhard Hillich, Nadine Erler

The Lost World • Die verlorene Welt
Ü: Reinhard Hillich
The Maracot Deep and Other Stories • Das Grauen
Ü: Detlef Fischer
The Memoirs of Sherlock Holmes • Sherlock Holmes 4: Die Erinnerungen
Ü: MV
The Mystery of Cloomber • Das Geheimnis von Cloomber
Ü: Max Kleinschmidt
The Parasite • Der Parasit
Ü: Reinhard Hillich
The Poison Belt • Im Giftstrom
Ü: Leopold Wölfling
The Refugees • Die Réfugiés
Ü: NN
The Return of Sherlock Holmes • Sherlock Holmes 6: Die Auferstehung
Ü: MV
The Sign of Four • Sherlock Holmes 2: Das Zeichen der Vier
Ü: MV
The Stark Munro Letters • Die Bekenntnisse des Stark Munro
Ü: Reinhard Hillich
The Tragedy of the Korosko • Ein gefährlicher Ausflug
Ü: Ferdinand Mangold
The Valley of Fear • Sherlock Holmes 7: Das Tal der Angst
Ü: MV
The War in South Africa • Der Krieg in Südafrika
Ü: NN
The White Company • White Company
Ü: Nadine Erler
Uncle Bernac • Die Abenteuer des Louis de Laval
Ü: Victor Eltz

Deutsche Originalausgaben:

• Das Duell
Ü: Ilona Limke-Bollweg
• Der Skandal im Regiment
Ü: Olaf R. Spittel
• Das Grauen
Ü: Detlef Fischer
• Das Spukhaus
Ü: Olaf R. Spittel, Jürgen Meyer, NN, Martin Fischer, Max Kleinschmidt

Erzählungen

Originaltitel • deutscher Titel
In [dem Band]. Ü[bersetzer] – (Medienteam Verlagsgesellschaft = MV)

A Case of Identity • Ein Fall von Identität
In: Sherlock Holmes 3 - Die Abenteuer. Ü: MV
A False Start • Ein Fehlstart
In: Die rote Lampe. Ü: Nadine Erler
A Foreign Office Romance • Ein Abenteuer vor dem Außenministerium
In: Die grüne Flagge. Ü: Reinhard Hillich
A Literary Mosaic / Cyprian Overbeck Wells • Ein literarisches Mosaik
In: Lord Barrymore. Ü: Olaf R. Spittel
A Medical Document • Mediziner unter sich
In: Die rote Lampe. Ü: Nadine Erler
A Night among the Nihilists • Auch ein Kornhandel
In: Mein Freund der Mörder. Ü: Adolf Gleiner
A Pastoral Horror • Ein Dorf in Angst
In: Lady Sannox. Ü: Reinhard Hillich
A Physiologist's Wife • Die Frau eines Physiologen
In: Die rote Lampe. Ü: Nadine Erler
A Point of Contact • Eine Begegnung
In: Der Silberspiegel. Ü: Nadine Erler
A Point of View • Ein Mann von Ehre
In: Lord Barrymore. Ü: Olaf R. Spittel
A Question of Diplomacy • Eine Frage der Diplomatie
In: Die rote Lampe. Ü: Nadine Erler
A Regimental Scandal • Der Skandal im Regiment
In: Der Skandal im Regiment. Ü: Olaf R. Spittel
A Scandal in Bohemia • Skandal in Böhmen
In: Sherlock Holmes 3 - Die Abenteuer. Ü: MV
A Shadow Before • Schatten an der Wand
In: Die grüne Flagge. Ü: Olaf R. Spittel
A Sordid Affair • Ein schlechtes Geschäft
In: Der Skandal im Regiment. Ü: Olaf R. Spittel
A Straggler Of '15 • Die Nachhut von '15
In: Die rote Lampe. Ü: Nadine Erler
Actor's Duel s. :The Tragedians • Die Tragödienspieler
In: Das Duell. Ü: Ilona Limke-Bollweg

An Exciting Christmas Eve; or, My Lecture on Dynamite
• Eine aufregende Weihnacht
In: Das Duell. Ü: Ilona Limke-Bollweg
An Iconoclast • Ein Bilderstürmer
In: Der Silberspiegel. Ü: Nadine Erler
An Impression of the Regency • Englands Tugend und Weisheit
In: Der Skandal im Regiment. Ü: Olaf R. Spittel
B. 24 • B 24. Eine Geschichte aus dem Zuchthaus
In: Geschichten am Kamin. Ü: Carl Feßler
Behind the Times • Ein Relikt
In: Die rote Lampe. Ü: Nadine Erler
Bones. The April Fool of Harvey's Sluice • Der Aprilscherz von Harvey's Sluice
In: Mein Freund der Mörder. Ü: Nadine Erler
Borrowed Scenes • Mit fremden Federn
In: Lord Barrymore. Ü: Olaf R. Spittel
Brigadier Gerard at Waterloo: The Adventure of the Forest Inn
• Die Geschichte in der Waldschenke
In: Die Abenteuer des Brigadier Gerard 2. Ü: Luise Schroeter, Rudolf Lautenbach
Brigadier Gerard at Waterloo: The Adventure of the Nine Prussian Horseman • Die Geschichte von den neun preußischen Reitern
In: Die Abenteuer des Brigadier Gerard 2. Ü: Luise Schroeter, Rudolf Lautenbach
Captain Sharkey • Kapitän Sharkey
In: Die grüne Flagge. Ü: Reinhard Hillich
Crabbe's Practice • Crabbes Praxis
In: Das Duell. Ü: Ilona Limke-Bollweg
De Profundis • De Profundis
In: Der Silberspiegel. Ü: Nadine Erler
Gentlemanly Joe • Gentleman Joe
In: Das Duell. Ü: Ilona Limke-Bollweg
Giant Maximin • Der Riese Maximinus
In: Der Silberspiegel. Ü: Nadine Erler
His First Operation • Seine erste Operation
In: Lady Sannox. Ü: Reinhard Hillich
His Last Bow • Sein letzter Fall
In: Sherlock Holmes 8 - Die Zugabe. Ü: MV
How Copley Banks slew Captain Sharkey
• Wie Copley Banks den Kapitän Sharkey umbrachte
In: Die grüne Flagge. Ü: Reinhard Hillich
How it Happened • Wie es geschah
In: Lady Sannox. Ü: Reinhard Hillich
How the Brigadier Played for a Kingdom
• Wie der Brigadier das Schicksal Deutschlands in der Tasche hatte
In: Die Abenteuer des Brigadier Gerard 2. Ü: Luise Schroeter, Rudolf Lautenbach

How the Brigadier Bore Himself at Waterloo / Brigadier Gerard at Waterloo
• Wie sich der Brigadier bei Waterloo auszeichnete
In: Die Abenteuer des Brigadier Gerard 2. Ü: Luise Schroeter, Rudolf Lautenbach

How the Brigadier Came to the Castle of Gloom
• Wie der Brigadier nach der Schreckensburg kam
In: Die Abenteuer des Brigadier Gerard 2. Ü: Luise Schroeter, Rudolf Lautenbach

How the Brigadier Captured Saragossa
• Wie der Brigadier Saragossa eroberte
In: Die Abenteuer des Brigadier Gerard 1. Ü: Luise Schroeter, Rudolf Lautenbach

How the Brigadier Held the King • Wie der Brigadier der König hatte
In: Die Abenteuer des Brigadier Gerard 1. Ü: Luise Schroeter, Rudolf Lautenbach

How the Brigadier Lost His Ear • Wie der Brigadier das Ohr verlor
In: Die Abenteuer des Brigadier Gerard 1. Ü: Luise Schroeter, Rudolf Lautenbach

How the Brigadier Rode to Minsk • Wie der Brigadier nach Minsk ritt
In: Die Abenteuer des Brigadier Gerard 2. Ü: Luise Schroeter, Rudolf Lautenbach

How the Brigadier Saved an Army • Wie der Brigadier eine Armee rettete
In: Die Abenteuer des Brigadier Gerard 1. Ü: Luise Schroeter, Rudolf Lautenbach

How the Brigadier Slew the Brothers of Ajaccio
• Wie der Brigadier die „Brüder“ erschlug
In: Die Abenteuer des Brigadier Gerard 1. Ü: Luise Schroeter, Rudolf Lautenbach

How the Brigadier Slew the Fox / The Crime of the Brigadier
• Das Verbrechen des Brigadiers
In: Die Abenteuer des Brigadier Gerard 1. Ü: Reinhard Hillich

How the Brigadier Took the Field Against the Marshal Millefleurs
• Wie der Brigadier gegen Millefleurs zog
In: Die Abenteuer des Brigadier Gerard 1. Ü: Luise Schroeter, Rudolf Lautenbach

How the Brigadier Triumphed in England / The Brigadier in England
• Wie der Brigadier in England Triumphe feierte
In: Die Abenteuer des Brigadier Gerard 2. Ü: Luise Schroeter, Rudolf Lautenbach

How the Brigadier was Tempted by the Devil
• Wie der Brigadier vom Teufel versucht wurde
In: Die Abenteuer des Brigadier Gerard 2. Ü: Luise Schroeter, Rudolf Lautenbach

How the Brigadier Won His Medal • Wie sich der Brigadier seine Medaille holte
In: Die Abenteuer des Brigadier Gerard 2. Ü: Luise Schroeter, Rudolf Lautenbach

How the Governor of St. Kitt's came Home
• Wie der Gouverneur von St. Kitt nach Hause kam
In: Die grüne Flagge. Ü: Reinhard Hillich
How the King Held the Brigadier • Wie der König den Brigadier hatte
In: Die Abenteuer des Brigadier Gerard 1. Ü: Luise Schroeter, Rudolf Lautenbach
How Watson Learned the Trick • Dr. Watson kann es jetzt auch
In: Das Spukhaus. Ü: Jürgen Meyer
I Saw HIM Crucified *aka* The Centurion • Der Zenturio
In: Der Silberspiegel. Ü: Nadine Erler
J. Habakuk Jephson's Statement • J. Habakuk Jephsons Bericht
In: Lady Sannox. Ü: Reinhard Hillich
Jelland's Voyage • Die Reise der Toten
In: Geschichten am Kamin. Ü: Carl Feßler
John Barrington Cowles • John Barrington Cowles
In: Lord Barrymore. Ü: Adolf Gleiner, Rudolf Lautenbach
John Huxford's Hiatus • Die unterbrochene Existenz des John Huxford
In: Lord Barrymore. Ü: Jürgen Meyer
Lot No. 249 • Los Nr. 249
In: Lady Sannox. Ü: Reinhard Hillich
My Friend the Murderer • Mein Freund der Mörder
In: Mein Freund der Mörder. Ü: Adolf Gleiner
One Crowded Hour • Eine erfüllte Stunde
In: Lord Barrymore. Ü: Anne Koch
Out of the Running • Aus dem Rennen
In: Der Silberspiegel. Ü: Nadine Erler
Our Midnight Visitor • Ein Gast um Mitternacht
In: Der Skandal im Regiment. Ü: Olaf R. Spittel
Our Derby Sweepstakes • Unsere Derby-Wette
In: Mein Freund der Mörder. Ü: Nadine Erler
Playing with Fire • Wenn man mit dem Feuer spielt
In: Geschichten am Kamin. Ü: Carl Feßler
Preface • Vorwort
In: Der Silberspiegel. Ü: Nadine Erler
Preface to the Author's Edition • Vorwort
In: Die Abenteuer des Brigadier Gerard 1. Ü: Luise Schroeter, Rudolf Lautenbach
Selecting a Ghost • Die Geister von Goresthorpe Grange
In: Mein Freund der Mörder. Ü: Nadine Erler
Sweethearts • Die Liebenden
In: Die rote Lampe. Ü: Nadine Erler
That Little Square Box • Das geheimnisvolle Kästchen
In: Mein Freund der Mörder. Ü: Adolf Gleiner
That Veteran • Der Veteran
In: Das Duell. Ü: Ilona Limke-Bollweg
The „Slapping Sal" • Die „Slapping Sal"
In: Die grüne Flagge. Ü: Jürgen Meyer

Actor's Duel / The Tragedians • Die Tragödienspieler
In: Das Duell. Ü: Ilona Limke-Bollweg
The Adventure of the Musgrave Ritual • Das Musgrave-Ritual
In: Sherlock Holmes 4 - Die Erinnerungen. Ü: MV
The Adventure of Bläck Peter • Der schwarze Peter
In: Sherlock Holmes 6 - Die Auferstehung. Ü: MV
The Adventure of Charles Augustus Milverton
• Charles Augustus Milverton
In: Sherlock Holmes 6 - Die Auferstehung. Ü: MV
The Adventure of Shoscombe Old Place • Shoscombe Old Place
In: Sherlock Holmes 9 - Das Archiv. Ü: MV
The Adventure of Silver Blaze • Silver Blaze
In: Sherlock Holmes 4 - Die Erinnerungen. Ü: MV
The Adventure of th Missing Three-Quarter • Der vermißte Rugbyspieler
In: Sherlock Holmes 6 - Die Auferstehung. Ü: MV
The Adventure of the Brucs-Partington Plans • Die Bruce-Partington-Pläne
In: Sherlock Holmes 8 - Die Zugabe. Ü: MV
The Adventure of the Abbey Grange • Abbey Grange
In: Sherlock Holmes 6 - Die Auferstehung. Ü: MV
The Adventure of the Beryl Coronet • Das Diadem
In: Sherlock Holmes 3 - Die Abenteuer. Ü: MV
The Adventure of the Blanched Soldier • Der bleiche Soldat
In: Sherlock Holmes 9 - Das Archiv. Ü: MV
The Adventure of the Blue Carbuncle • Der blaue Karfunkel
In: Sherlock Holmes 3 - Die Abenteuer. Ü: MV
The Adventure of the Cardboard Box • Das Abenteuer mit dem Pappkarton
In: Sherlock Holmes 8 - Die Zugabe. Ü: MV
The Adventure of the Copper Beeches • Das Haus bei den Rotbuchen
In: Sherlock Holmes 3 - Die Abenteuer. Ü: MV
The Adventure of the Creeping Man • Der kriechende Mann
In: Sherlock Holmes 9 - Das Archiv. Ü: MV
The Adventure of the Crooked Man • Der Krüppel
In: Sherlock Holmes 4 - Die Erinnerungen. Ü: MV
The Adventure of the Dancing Men • Die tanzenden Männchen
In: Sherlock Holmes 6 - Die Auferstehung. Ü: MV
The Adventure of the Devil's Foot • Das Abenteuer mit des Teufels Fuß
In: Sherlock Holmes 8 - Die Zugabe. Ü: MV
The Adventure of the Dying Detective • Der sterbende Detektiv
In: Sherlock Holmes 8 - Die Zugabe. Ü: MV
The Adventure of the Empty House • Das leere Haus
In: Sherlock Holmes 6 - Die Auferstehung. Ü: MV
The Adventure of the Engineer's Thumb • Der Daumen des Ingenieurs
In: Sherlock Holmes 3 - Die Abenteuer. Ü: MV
The Adventure of the Final Problem • Das letzte Problem
In: Sherlock Holmes 4 - Die Erinnerungen. Ü: MV
The Adventure of the "Gloria Scott" • Die Geschichte der „Gloria Scott"
In: Sherlock Holmes 4 - Die Erinnerungen. Ü: MV

The Adventure of the Golden Pince-nez • Der goldene Kneifer
In: Sherlock Holmes 6 - Die Auferstehung. Ü: MV
The Adventure of the Greek Interpreter • Der griechische Dolmetscher
In: Sherlock Holmes 4 - Die Erinnerungen. Ü: MV
The Adventure of the Illustrious Client • Der vornehme Klient
In: Sherlock Holmes 9 - Das Archiv. Ü: MV
The Adventure of the Lion's Mane • Die Mähne des Löwen
In: Sherlock Holmes 9 - Das Archiv. Ü: MV
The Adventure of the Mazarin Stone • Der blaue Stein
In: Sherlock Holmes 9 - Das Archiv. Ü: MV
The Adventure of the Naval Treaty • Der geheime Seerechtsvertrag
In: Sherlock Holmes 4 - Die Erinnerungen. Ü: MV
The Adventure of the Noble Bachelor • Der Junggeselle von Adel
In: Sherlock Holmes 3 - Die Abenteuer. Ü: MV
The Adventure of the Norwood Builder • Der Baumeister von Norwood
In: Sherlock Holmes 6 - Die Auferstehung. Ü: MV
The Adventure of the Priory School • Spuren im Moor
In: Sherlock Holmes 6 - Die Auferstehung. Ü: MV
The Adventure of the Red Circle • Der Rote Kreis
In: Sherlock Holmes 8 - Die Zugabe. Ü: MV
The Adventure of the Reigate Squires • Das Reigate-Rätsel
In: Sherlock Holmes 4 - Die Erinnerungen. Ü: MV
The Adventure of the Resident Patient • Der Hauspatient
In: Sherlock Holmes 4 - Die Erinnerungen. Ü: MV
The Adventure of the Retired Colourman • Das Abenteuer des Pensionärs
In: Sherlock Holmes 9 - Das Archiv. Ü: MV
The Adventure of the Second Stain • Der zweite Fleck
In: Sherlock Holmes 6 - Die Auferstehung. Ü: MV
The Adventure of the Six Napoleons • Die sechs Napoleons
In: Sherlock Holmes 6 - Die Auferstehung. Ü: MV
The Adventure of the Solitary Cyclist • Die einsame Radfahrerin
In: Sherlock Holmes 6 - Die Auferstehung. Ü: MV
The Adventure of the Speckled Band • Das gesprenkelte Band
In: Sherlock Holmes 3 - Die Abenteuer. Ü: MV
The Adventure of the Stockbroker's Clerk • Der junge Börsenmakler
In: Sherlock Holmes 4 - Die Erinnerungen. Ü: MV
The Adventure of the Sussex Vampire • Der Vampir von Sussex
In: Sherlock Holmes 9 - Das Archiv. Ü: MV
The Adventure of the Three Gables • Die drei Giebel
In: Sherlock Holmes 9 - Das Archiv. Ü: MV
The Adventure of the Three Garridebs • Die drei Garridebs
In: Sherlock Holmes 9 - Das Archiv. Ü: MV
The Adventure of the Tree Students • Die drei Studenten
In: Sherlock Holmes 6 - Die Auferstehung. Ü: MV
The Adventure of the Veiled Lodger • Die verschleierte Mieterin
In: Sherlock Holmes 9 - Das Archiv. Ü: MV
The Adventure of the Yellow Face • Das gelbe Gesicht
In: Sherlock Holmes 4 - Die Erinnerungen. Ü: MV

The Adventure of Wisteria Lodge • Das Abenteuer in der Wisteria Lodge
In: Sherlock Holmes 8 - Die Zugabe. Ü: MV
The American's Tale • Die Erzählung des Amerikaners
In: Mein Freund der Mörder. Ü: Nadine Erler
The Beetle Hunter • Der Käfersammler
In: Geschichten am Kamin. Ü: Carl Feßler
The Black Doctor • Der schwarze Doktor
In: Geschichten am Kamin. Ü: Carl Feßler
The Blighting of Sharkey • Wie Sharkey ausmanövriert wurde
In: Die grüne Flagge. Ü: Reinhard Hillich
The Blood-Stone Tragedy: A Druidical Story • Die Tragödie am Blut-Stein
In: Lord Barrymore. Ü: Olaf R. Spittel
The Boscombe Valley Mystery • Das Geheimnis von Boscombe Valley
In: Sherlock Holmes 3 - Die Abenteuer. Ü: MV
The Brazilian Cat • Der schwarze Panther
In: Geschichten am Kamin. Ü: Carl Feßler
The Brown Hand • Die braune Hand
In: Geschichten am Kamin. Ü: Carl Feßler
The Bully of Brocas Court • Der Schläger von Brocas Court
In: Der Skandal im Regiment. Ü: Olaf R. Spittel
The Cabman's Story • Geschichte eines Kutschers
In: Das Duell. Ü: Ilona Limke-Bollweg
The Captain of the Polestar • Der Kapitän des „Polarstern“
In: Lord Barrymore. Ü: Rudolf Lautenbach
The Case of Lady Sannox • Der Fall Lady Sannox
In: Lady Sannox. Ü: Reinhard Hillich
The Centurion • Der Zenturio
In: Der Silberspiegel. Ü: Nadine Erler
The Club-Footed Grocer • Der Krämer mit dem Klumpfuß
In: Geschichten am Kamin. Ü: Carl Feßler
The Colonel's Choice • Die Entscheidung des Colonels
In: Der Skandal im Regiment. Ü: Olaf R. Spittel
The Coming of the Huns • Der Tag des Zorn
In: Der Silberspiegel. Ü: Nadine Erler
The Confession • Die Beichte
In: Der Skandal im Regiment. Ü: Olaf R. Spittel
The Contest • Der Wettstreit
In: Lady Sannox. Ü: Reinhard Hillich
The Crime of the Brigadier / How the Brigadier Slew the Fox • Das Verbrechen des Brigadiers
In: Die grüne Flagge. Ü: Reinhard Hillich
The Croxley Master • Der Meister von Croxley. In: Die grüne Flagge
Ü: Reinhard Hillich
The Curse of Eve • Evas Fluch
In: Die rote Lampe. Ü: Nadine Erler
The Dealings of Captain Sharkey with Stephan Craddock • Wie Kapitän Sharkey mit Stephen Craddock verfuhr
In: Die grüne Flagge. Ü: Reinhard Hillich

The Last Adventure of the Brigadier / How Etienne Gerard said Good-bye to his Master • Wie der Brigadier sein letztes Abenteuer bestand
In: Die Abenteuer des Brigadier Gerard 2. Ü: Luise Schroeter, Rudolf Lautenbach
The Last Galley • Die letzte Galeere
In: Der Silberspiegel. Ü: Nadine Erler
The Last of the Legions • Die letzte Legion
In: Der Silberspiegel. Ü: Nadine Erler
The Last Resource • Das letzte Mittel
In: Der Skandal im Regiment. Ü: Olaf R. Spittel
The Leather Funnel • Der Ledertrichter
In: Geschichten am Kamin. Ü: Reinhard Hillich
The Lift • Der Aufzug
In: Das Grauen. Ü: Detlef Fischer
The Lonely Hampshire Cottage • Das einsame Hampshire Cottage
In: Das Duell. Ü: Ilona Limke-Bollweg
The Lord of Chateau Noir • Der Herr von Chateau Noir
In: Die grüne Flagge. Ü: Jürgen Meyer
The Lord of Falconbridge • Die Boxerlegende
In: Der Silberspiegel. Ü: Nadine Erler
The Los Amigos Fiasco • Das Fiasko von Los Amigos
In: Lady Sannox. Ü: Reinhard Hillich
The Lost Special • Der verschwundene Sonderzug
In: Geschichten am Kamin. Ü: Carl Feßler
The Man from Archangel • Der Mann aus Archangelsk
In: Mein Freund der Mörder. Ü: Nadine Erler
The Man with the Twisted Lip • Der Mann mit der Narbe
In: Sherlock Holmes 3 - Die Abenteuer. Ü: MV
The Man with the Watches • Der Mann mit den Uhren
In: Geschichten am Kamin. Ü: Carl Feßler
The Maracot Deep • Prof. Maracot und die Schrecken der Tiefsee
In: Das Grauen. Ü: Detlef Fischer
The Marriage of the Brigadier • Die Hochzeit des Brigadiers
In: Die Abenteuer des Brigadier Gerard 1. Ü: Jürgen Meyer
The Mystery of Sasassa Valley • Das Geheimnis des Sasassatals
In: Mein Freund der Mörder. Ü: Reinhard Hillich
The New Catacomb • Die neue Katakombe
In: Die grüne Flagge. Ü: Reinhard Hillich
The Nightmare Room • Das Zimmer des Grauens
In: Das Spukhaus. Ü: Olaf R. Spittel
The Parish Magazine • Das Kirchenblatt
In: Der Skandal im Regiment. Ü: Olaf R. Spittel
The Parson of Jackman's Gulch • Pastor Hopkins
In: Mein Freund der Mörder. Ü: Adolf Gleiner
The Pot of Caviare • Die Kaviardose
In: Geschichten am Kamin. Ü: Olaf R. Spittel
The Preface • Vorwort
In: Die rote Lampe. Ü: Nadine Erler

The Prisoner's Defence • Das Plädoyer des Angeklagten
In: Lady Sannox. Ü: Reinhard Hillich
The Problem of Thor Bridge • Thor Bridge
In: Sherlock Holmes 9 - Das Archiv. Ü: MV
The Recollections of Captain Wilkie • Die Erinnerungen von John Wilkie
In: Der Skandal im Regiment. Ü: Olaf R. Spittel
The Red-Headed League • Der Klub der Rothaarigen
In: Sherlock Holmes 3 - Die Abenteuer. Ü: MV
The Red Star • Der rote Stern
In: Der Silberspiegel. Ü: Nadine Erler
The Retirement of Signor Lambert • Signor Lambert tritt ab
In: Der Skandal im Regiment. Ü: Olaf R. Spittel
The Ring of Thoth • Der Ring des Thoth
In: Lord Barrymore. Ü: Anne Koch
The Sealed Room • Das versiegelte Zimmer
In: Geschichten am Kamin. Ü: Carl Feßler
The Silver Hatchet • Das silberne Beil
In: Mein Freund der Mörder. Ü: Nadine Erler
The Silver Mirror • Der Silberspiegel
In: Der Silberspiegel. Ü: Nadine Erler
The Singular Experience of Mr. John Scott Eccles
• Das einmalige Erlebnis des Mr. John Scott Eccles
In: Sherlock Holmes 8 - Die Zugabe. Ü: MV
The Slapping Sal: s. The „Slapping Sal"
The Stone of Boxman's Drift • Der Stein von der Boxman Fuhrt
In: Das Duell. Ü: Ilona Limke-Bollweg
The Story of a Bengal Tiger • Die Geschichte von dem Königstiger
In: Das Spukhaus. Ü: Olaf R. Spittel
The Story of Spedegue's Dropper • Ein denkwürdiges Spiel
In: Der Skandal im Regiment. Ü: Olaf R. Spittel
The Striped Chest • Die gestreifte Truhe
In: Die grüne Flagge. Ü: Reinhard Hillich
The Surgeon of Gaster Fell • Der Chirurg von Gaster Fell
In: Lord Barrymore. Ü: Olaf R. Spittel
The Surgeon Talks • Der Chirurg
In: Die rote Lampe. Ü: Nadine Erler
The Terror of Blue John Gap • Das Ungeheuer von Blue John Gap
In: Lady Sannox. Ü: Reinhard Hillich
The Third Generation • Die dritte Generation
In: Die rote Lampe. Ü: Nadine Erler
The Tiger of San Pedro • Der Tiger von San Pedro
In: Sherlock Holmes 8 - Die Zugabe. Ü: MV
The Tragedians / Actor's Duel • Die Tragödienspieler
In: Das Duell. Ü: Ilona Limke-Bollweg
The Three Correspondents • Drei Korrespondenten
In: Die grüne Flagge. Ü: Reinhard Hillich
The Usher of Lea House School • Der Lehrer an der Lea House Schule
In: Geschichten am Kamin. Ü: Carl Feßler

The Voice of Science • Die Stimme der Wissenschaft
In: Der Skandal im Regiment. Ü: Olaf R. Spittel
The Winning Shot • Der Schuß des Siegers
In: Das Duell. Ü: Ilona Limke-Bollweg
Touch and Go. A Midshipsman's Story • Das war knapp
In: Das Duell. Ü: Ilona Limke-Bollweg
Through the Veil • Durch den Schleier
In: Lady Sannox. Ü: Reinhard Hillich
Uncle Jeremy's Household • Onkel Jeremys Haushalt
In: Das Duell. Ü: Ilona Limke-Bollweg
When the World Screamed • Die Erde schreit
In: Das Grauen. Ü: Detlef Fischer

QUELLEN

Quellen, Originaltitel und Übersetzer

Arthur Conan Doyle: Das Zimmer des Grauens (The Nightmare Room). Erstveröffentlichung des Originals in: Strand Magazine, Dezember 1921, Vol. 62, S. 545-549. Erste Buchausgabe des Originals in: Tales of Terror and Mystery. John Murray, London 1922. Aus dem Englischen von Olaf R. Spittel. Erstveröffentlichung dieser Übersetzung.

Arthur Conan Doyle: Dr. Watson kann es jetzt auch. (How Watson Learned the Trick). Englische Erstausgabe des Originals in: The Book of the Queen's Doll's House Library. Methuen & Co. Ltd., London 1924. Aus dem Englischen von Jürgen Meyer. Erstveröffentlichung dieser Übersetzung.

Arthur Conan Doyle: Nichts leichter als das. (The Field Bazaar). Englische Erstausgabe des Originals unter dem Titel: „The Memoires of Sherlock Holmes. »The Field Bazaar«" in: „Student", Edinburgh, 20. November 1896. Erste Buchveröffetnlichung des Originals: The Athenaeum Press, London 1934. Aus dem Englischen von Olaf R. Spittel. Erstveröffentlichung dieser Übersetzung.

Arthur Conan Doyle: Das Spukhaus von Goresthorpe. (The Haunted Grange of Goresthorpe). Geschrieben ca. 1877. Erstveröffentlichung des Originals durch The Arthur Conan Doyle Society, Ash Tree Press Ashcroft, British Columbia, Canada, 2000. Aus dem Englischen von Olaf R. Spittel. Deutsche Erstveröffentlichung.
Conan Doyle sandte das Manuskript dieser Erzählung Ende der 1870er Jahre an das Blackwood's Magazine in Edinburgh, wo es zwar nicht gedruckt aber immer hin wohlverwahrt

wurde, bis es im Jahre 2000 die Arthur-Conan-Doyle-Society veröffentlichte. Das Manuskript befindet sich nunmehr in der National Library of Scotland (MS 4791).
Quelle: http://www.sshf.com/encyclopedia/index.php/The_Haunted_Grange_of_Goresthorpe. Mit besonderem Dank an Alexis Barquin, http://www.arthur-conan-doyle.com/.

Arthur Conan Doyle: Waterloo. (oder: A Story of Waterloss). A play in one act. Based od A.Conan Doyle's short story „A Straggler of '15". Prince's Theater, Bristol, 21. September 1894. Erste Druckausgabe des Originals als: Sir Arthur Conan Doyle: Waterloo. Samuel French, Ltd., New York und London 1907. Aus dem Englischen von Olaf R. Spittel. Deutsche Erstveröffentlichung.

Arthur Conan Doyle: The Old Huntsman.
Erstveröffentlichung des Originals in: Speaker, 5. März 1898, Vol. 17, S. 298. Erste Buchveröffentlichung des Originals in: Songs of Action. Smith, Elder & Co., London 1898. Das Gedicht wurde nicht übersetzt, da der Herausgeber prinzipiell Gedichte für unübersetzbar hält.

Arthur Conan Doyle. Ich klage an! Eine Flucht in die Öffentlichkeit. Gustav Riecke, Berlin o.J. Übersetzer NN. The Story of Mr George Edalji / The Case of Mr. George Edalji. Das englische Original erschien zuerst 1907 als Beiträge in „The Daily Telegraph", danach in Buchausgaben unter dem Titel „The Story of Mr. George Edalji" bei T. Harrison Roberts, London 1907 und unter dem Titel „The Case of Mr. George Edalji", Blake & Co., London 1907.

Arthur Conan Doyle: Ein Blick auf den Krieg. Eine Erwägung d. Kriegsaussichten. Darling & Son, London 1915. Übersetzer: Kurt Abel-Musgrave (anonym erschienen). Originaltitel: The Outlook on the War. 1915. Erstausgabe des Originals in „New York Times" am 24. Oktober 1915 unter dem Titel: „Conan Doyle Sees Victory for England. One Successful Pounce Will Win". Englische Erstausgabe in „The

Daily Chronicle“, 25. Oktober 1915. Erste Buchausgabe des Originals: United Newspapers, London 1915.

Arthur Conan Doyle: Kindheitserinnerungen (Auszug aus: Erinnerungen und Abenteuer. Aus dem Englischen von Martin Fischer. (Early Recollections). Auszug aus: A. Conan Doyle: Memories and Adventures. Hodder and Stoughton Limited, London 1924. Deutsche Ausgabe: Sir Arthur Conan Doyle: Erinnerungen und Abenteuer. Verlag 28 Eichen, Barnstorf 2017.

Klauspeter Bungert: Conan Doyle als Prosaschriftsteller. Originalbeitrag für diesen Band.

Max Kleinschmidt: Conan Doyle und die Detektivgeschichte. Aus: Nachwort zu: Arthur Conan Doyle, Das Geheimnis von Cloomber-Hall, Philipp Reclam jun., Leipzig, ca. 1911. Roman-Bibliothek zu Reclams Universum [44]. Die Rechtschreibung wurde beibehalten.

Arthur Conan Doyle: Die Geschichte von dem Königstiger (The Story of a Bengal Tiger). Ca. 1865. Der in einem alten Schreibtisch aufgefundene Ausriß wurde von Mary Doyle (Arthur Conan Doyles Mutter) an Conan Doyles zweite Frau übergeben. Aus dem Englischen vom Herausgeber.

Verzeichnis der Abbildungen

43: Thure de Thulstrup. In:Harper's Monthly Magazine (Januar – Juni 1893 [UK/US]).
44: Thure de Thulstrup. In: Harper's Monthly Magazine (Januar – Juni 1893 [UK/US]).
47: „HMP". In: A. Conan Doyle: Micah Clarke. Longmans, Green & Co., London und New York, 1889.
48: NN. Frontispiz zu : A. Conan Doyle. Micah Clarke. T. Neldon & Sons, London and Edinburgh, Paris, Leipzig [1912] (Nelson's Library).
50: Cover der Ausgabe: Arthur Conan Doyle: A Duett with an Occasional Chorus. George Newnes Ltd., London 1909.
52: William T. Smedley. Illustration zu „The Adventure of the Final Problem" In: Harper's Monthly Magazine, September 1892.
58: Sidney Paget. In: The Strand Magazine, Dezember 1893.
61: Schwarzweiß-Wiedergabe einer südafrikanischen Briefmarke, die Arthur Conan Doyle neben Winston Churchill abbildet, in der Mitte die Queen's South Africa Medal, ausgegeben 2000 in der Reihe: Boerenoorlog in de literatuur. (Rand 4,40).
62: Frontispiz zu Arthur Conan Doyle: The Crime of the Congo. Hutchinson & Co., London 1909.
64: Edward S. Hodgson. In: The Strand Magazine (Juli 1914 [UK]).
66: Henry M. Brock. In: The Strand Magazine (Dezember 1912 [UK]).
68: NN. In The Courier-Journal, Louisville, 2. Juni 1894 [US].
70: Charles Altamont Doyle. Ausschnitt aus: „The Close Embrace" (1889). Cover zu: Sir Arthur Conan Doyle: Die Bekenntnisse des Stark Munro. Sir Arthur Conan Doyle: Ausgewählte Werke, Band 31. Verlag 28 Eichen, Barnstorf 2009.
72: Arthur Twidle. In: The Strand Magazine, August 1909.
75: W. R. S. Stott. In: The Strand Magazine, November 1913.
77: W. R. S. Stott. In: The Strand Magazine, November 1913.
77: Walter S. Stacey. In: The Strand Magazine Januar / Juni 1891.
79: Richard Caton Woodville. In: The Boy's Own Paper (8. Januar – 19. Februar 1887 [UK]).
83: Ernst Dietrich. Das Nebelland (dt. Ausgabe). H. Wille Verlagsbuchhandlung, Berlin 1926. Wille's Illustrierte Kriminal-Bücherei, 27/28.
85: Sir Arthur Conan Doyle (links) und Harry Houdini. Anonyme Aufnahme, Amerika 1923.
88: Arthur Twidle. In: The Strand Magazine 1905 –1906.
89: Arthur Twidle. In: The Strand Magazine 1905–1906.

92: Illustration zu „The Black Doktor“ von Joseph Finnemore. In: The Strand Magazine, London 1898.

96: Arthur Twidle, Frontispiz zu: Arthur Conan Coyle: The White Company, Smith, Elder & Co., London 1891.

99: Paul Hardy. in: Arthur Conan Doyle: The Grat Shadow and Beyond the City. J. W. Arrowsmith, Bristol 1893.

101: Kurt Lange. In: A. Conan Doyle: Onkel Bernac. Verlagsbuchhandlung Hugo Wille, Berlin 1929.

104: Sidney Paget. In: The Strand Magazine, Januar bis Dezember 1896.

105: Sidney Paget. In: The Strand Magazine, Januar bis Dezember 1896.

108: A. Conan Doyle in Bloemfontein. In: Arthur Conan Doyle: Sir Arthur Conan Doyle: Erinnerungen und Abenteuer. Verlag 28 Eichen, Barnstorf 2017.

111: Foto: B. L. Singley: Dr. A. Conan Doyle in his tent at Bloemfontein, South Africa. Stereophotographie der Keystone View Company, 1900. Quelle: Library of Congress Prints and Photographs Division Washington, D.C. 20540 USA.

271: Sir (John) Bernard Partridge. Karikatur von A. Conan Doyle. In: Punch, 12.5.1926.

Arthur Conan Doyle

Die Geschichte von dem Königstiger

[Nur ein Fetzen Papier, darauf wenige Worte mit Bleistift gekritzelt, ist erhalten geblieben von Conan Doyles erstem Versuch, eine Geschichte zu schreiben. Vermutlich ist es der erste Versuch – wer kann hierin schon sicher sein? Der späte Erfolg adelt nicht unbedingt die ersten Versuche; sie bleiben, was sie sind. Aber sie zeigen zumindest doch eines: den sehr frühen Willen eines jungen Menschen, ein Schriftsteller zu werden. In diesem Sinne also: seine ersten Worte als die letzten dieses Bandes …

Der Herausgeber.]

The Story of a Bengal Tiger
[ca. 1865, also im Alter von etwa 6 Jahren]

"…ne but each man Carring a Knife gun and [?] Pistle We ran on till We Came to a Cave on the Side of the rock we rushed in the first thing we saw Was a fine Bengal …"

„… aber jeder Mann, der ein Messer, ein Gewehr oder eine Pistole trug. Wir rannten, bis wir an der Seite des Felsens zu einer Höhle kamen. Wir stürmten hinein. Das erste, was wir erblickten, war ein prächtiger Königstiger …"

Bernard Partridge